DESAFIO DO NAMORO COM PROPÓSITO

JÚNIOR MEIRELES
DESAFIO DO NAMORO COM PROPÓSITO

40 PASSOS PARA UM
RELACIONAMENTO SÓLIDO E FELIZ

THOMAS NELSON
BRASIL

Copyright © 2022 por Júnior Meireles
Publicado por GodBooks Editora

Edição Maurício Zágari
Preparação Geisiane Alves
Revisão Rosa M. Ferreira
Capa Rafael Brum
Diagramação Luciana Di Iorio

Os pontos de vista dessa obra são de responsabilidade dos autores e colaboradores diretos, não refletindo necessariamente a posição da GodBooks, da Thomas Nelson Brasil ou de suas equipes editoriais.

CIP-Brasil. Catalogação na publicação
Sindicato Nacional dos Editores de Livros, RJ

J92d   Júnior Meireles
Desafio do namoro com propósito: 40 passos para um relacionamento sólido e feliz / Júnior Meireles. – 1.ed. – Rio de Janeiro: GodBooks; Thomas Nelson Brasil , 2022.
352 p.; 13,5 x 20,8 cm.

ISBN : 978-65-56893-78-5

1. Casamento. 2. Relacionamento amoroso – Aspectos religiosos. 3. Santificação. 4. Vida cristã. I. Título.

01-2022/32   CDD 248.844

Índice para catálogo sistemático:
1. Casamento : Aspectos religiosos : Vida cristã 248.844

Categoria: Namoro e casamento

Publicado no Brasil com todos os direitos reservados por:
GodBooks Editora
Rua Almirante Tamandaré, 21/1202, Flamengo
Rio de Janeiro, RJ, Brasil, CEP 22210-060
Telefone: (21) 2186-6400
Fale conosco: contato@godbooks.com.br
www.godbooks.com.br

1ª edição: março de 2022

Aos solteiros e aos casais de namorados e noivos que entendem a importância do preparo e do planejamento para a construção de um casamento firme e inabalável. Vocês são o namoro com propósito.

AGRADECIMENTOS

À minha esposa, Michele, que sempre me apoia.

Aos meus filhos, Heitor e Isabela, por serem tão compreensivos.

Ao meu tio, Marcos Meireles, que tem sido um grande parceiro.

Ao querido amigo Maurício Zágari, por todo o suporte que tem dado a mim e ao ministério Namoro com Propósito.

INTRODUÇÃO

Este livro é um manual sobre relacionamentos amorosos e foi escrito com dois propósitos: 1) ajudar você e seu parceiro (ou futuro parceiro) a acertar possíveis detalhes no relacionamento entre vocês e torná-lo um namoro com propósito; 2) auxiliar você e a pessoa com quem se relaciona a descobrir e revelar informações importantes um ao outro, para que, com base no conhecimento dessas informações, tomem a decisão consciente de se casar ou não.

Leia os capítulos, reflita sobre o que leu e ponha em prática as atividades propostas ao final de cada capítulo. As atividades são separadas em duas categorias: para namorados e para solteiros. Os namorados devem fazer as atividades juntos, conversar sobre o tema e agir quando forem desafiados. Para os solteiros, deixamos, basicamente, reflexões e instruções a fim de que estejam preparados para um relacionamento futuro, estando prontos para tratar o assunto abordado quando surgir a oportunidade. Porém, acredito que um solteiro também pode fazer as atividades dos namorados com algum amigo com quem tenha liberdade.

Sugiro que, ao final da leitura do capítulo, você poste uma foto com a *hashtag*: #DesafioDoNamoroComProposito e compartilhe o que você aprendeu para que eu e os outros participantes possamos acompanhar sua experiência durante a leitura.

IMPORTANTE!

Você vai perceber que eu uso o termo "parceiro" e não faço distinção entre "parceiro" e "parceira". Isso ocorre porque ficaria cansativo repetir a sentença: "seu parceiro ou sua parceira" ou até mesmo encher o texto com a letra "a" entre parêntesis — por exemplo, parceiro(a) ou ele(a) — sempre que fosse distinguir o gênero feminino do masculino. Portanto, estou usando a palavra "parceiro" como um termo neutro que diz respeito à pessoa com quem você se relaciona ou vai se relacionar, independentemente se é homem ou mulher.

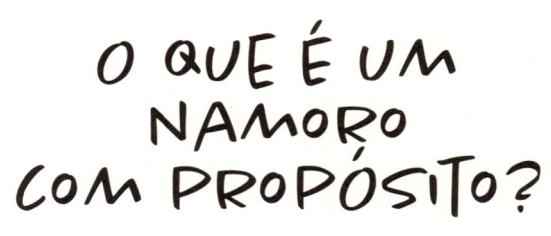

O QUE É UM NAMORO COM PROPÓSITO?

Portanto, quer comais quer bebais, ou façais outra qualquer coisa, fazei tudo para glória de Deus.
1 CORÍNTIOS 10.31

Você sabe o que é um namoro com propósito? Consegue identificar se está em um namoro com propósito ou se um futuro relacionamento será um namoro com propósito? Algumas pessoas sabem, muitas pensam que sabem, e outras não poderiam estar mais erradas a respeito do que significa ter um relacionamento assim. Dessa forma, como vamos tratar sobre o que chamo de *desafio do namoro com propósito*, é importante defini-lo. Vejamos:

1. UM RELACIONAMENTO PARA A GLÓRIA DE DEUS

O apóstolo Paulo escreveu que devemos "fazer tudo para glória de Deus" — tudo é tudo! E isso quer dizer que também precisamos ter um namoro para a glória de Deus. Os princípios que veremos neste livro são marcas de um relacionamento que glorifica a Deus e, ao ler sobre eles, você entenderá melhor sobre o que é e como ter um relacionamento assim. Porém, é necessário que fique claro desde já que se trata de um relacionamento em que a vontade de Deus está acima de tudo, inclusive dos desejos e da vontade do próprio casal.

2. UM COMPROMISSO SÉRIO COM O PROPÓSITO DO CASAMENTO

Todo namoro é um namoro com algum propósito, mas nem todo propósito é correto. Muitos namoram para não ficar sozinhos, ter alguém ao seu lado, satisfazer carências, mostrar aos outros que estão namorando e, até mesmo, para fazer sexo ou passar tempo. Esses são alguns tipos de propósito, mas estão errados. O propósito correto para um namoro que agrada a Deus é o que tem a intenção de casamento. Em um namoro com propósito, o casal não quer passar tempo ou perder tempo. Ao contrário, os namorados estão decididos a fazer do namoro um compromisso sério que tem por objetivo o casamento.

Para um cristão, não existe essa de "namorar para ver no que vai dar". Quem namora deve ter o objetivo de se preparar para passar a vida toda ao lado daquela pessoa, e não apenas um momento. E para que isso seja possível, é preciso que haja o compromisso mútuo de fazer tudo o que for necessário para o namoro dar certo e se transformar em um casamento.

3. UM TEMPO DE APERFEIÇOAMENTO PARA O CASAL SE ENCAIXAR

Todas as vezes em que penso em namoro com propósito, associo ao contato entre uma porquinha e um parafuso. Já tentou unir um parafuso novo a uma porquinha nova? Se sua resposta for sim, garanto que não foi uma tarefa fácil na primeira vez.

A questão é que tanto a porquinha quanto o parafuso estão novos e, para que o encaixe aconteça, um precisa ir removendo as arestas do outro e roendo os defeitos, até que se ajustem de forma correta.

É assim que eu vejo o namoro: um tempo no qual o casal vai se conhecendo, se moldando, e um vai se encaixando e aperfeiçoando o outro. Para que o encaixe possa se realizar da melhor maneira possível, algum incômodo acontecerá, algumas renúncias serão necessárias, e um terá de se adaptar ao estilo do outro. Porém, à medida que o tempo for passando, o casal vai se conhecendo, as arestas vão desaparecendo e os dois vão se ajustando com mais facilidade.

É isto que se espera de um namoro, para que ele se torne um compromisso de casamento: o casal precisa ir se encaixando, se aperfeiçoando e se tornando melhor à medida que o tempo passa.

4. UM TEMPO DE PREPARO PARA O CASAMENTO

Existem duas maneiras de um namoro levar ao casamento: a primeira é porque ele começa com esse propósito; e a segunda, porque simplesmente acontece. O problema do namoro que conduz ao casamento porque "simplesmente acontece" é que o casal não se prepara para isso. E, em muitos casos, por essa razão, ao se casar, os cônjuges enfrentam situações e problemas com os quais não sabem lidar, assim o divórcio "simplesmente acontece". Por outro lado, isso não ocorre em um namoro com propósito, afinal, o casal já começa o relacionamento visando ao casamento. Assim, tendo esse propósito, essas pessoas podem se preparar melhor, fazer cursos, ler livros, focar no conhecimento um do outro, ir se adaptando, se moldando e se organizando para que o casamento aconteça da melhor maneira possível.

Não tenho dúvida de que a maioria dos divórcios são frutos de casamentos que "simplesmente aconteceram". E, se não quer ser mais um entre tantos processos de divórcios, obviamente você deve escolher ter um namoro com propósito e fazer uso desse tempo a fim de se preparar para o casamento.

5. UM TEMPO DE DECISÃO

No ponto 2 deste capítulo, ficou claro que todo namoro deve ter a intenção de se preparar para o casamento. Mas é importante destacar que nem todo namoro — mesmo um namoro com propósito — resulta em casamento. Isso acontece porque casar é um compromisso sério que deve ser assumido de maneira consciente, tendo a decisão baseada no conhecimento do outro e no entendimento de que o casamento é um relacionamento para a vida toda. Desse modo, conforme o casal está se conhecendo, os indivíduos precisam usar esse tempo para decidir se são capazes ou não de permanecerem juntos ao lado um do outro. Portanto, a decisão de se casar só deve ser tomada quando conhecemos a pessoa com quem nos relacionamos a ponto de saber se conseguiremos aceitá-la por completo — com seus defeitos e qualidades — e conviver com ela desde o dia do sim até que a morte nos separe.

ATIVIDADE DO DIA

MOTIVO DE ORAÇÃO

Ore junto com seu parceiro para que Deus os ajude a transformar seu relacionamento em um namoro com propósito ou, se você está solteiro, ore para que Deus o ajude a encontrar alguém com quem possa edificar um namoro com propósito.

NAMORADOS

Conversem para saber se o namoro de vocês é um namoro com propósito. Caso descubram que ainda não é, se esforcem para saber onde estão errando e como podem transformar o relacionamento de vocês em um namoro com propósito no centro da vontade de Deus.

SOLTEIROS

Reflita se a causa de alguma frustração em sua vida sentimental até aqui não foi por você ter começado relacionamentos sem propósito. Pense sobre isso e faça o compromisso com você mesmo de não entrar em um relacionamento que não tenha propósito.

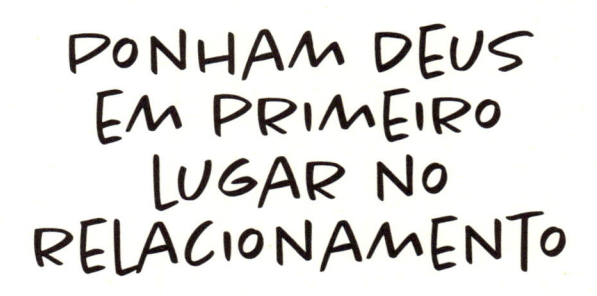

PONHAM DEUS EM PRIMEIRO LUGAR NO RELACIONAMENTO

Jesus respondeu: "Ame o Senhor, seu Deus, com todo o coração, com toda a alma e com toda a mente." Este é o maior mandamento e o mais importante.

MATEUS 22.37-38

Jesus disse que amar a Deus sobre todas as coisas é o maior e mais importante mandamento. Sendo assim, devemos aplicá-lo e vivenciá-lo em todas as áreas da vida, inclusive na área sentimental. Um relacionamento de sucesso é aquele em que o casal consegue colocar Deus no lugar de honra na relação e em suas vidas. As pessoas que amamos, nossos relacionamentos, desejos e projetos devem estar abaixo de Deus e da vontade dele em nossas vidas. Ele deve ser o mais importante em tudo o que fizermos.

Mas, além de ser um mandamento, por quais outros motivos é fundamental que um casal tenha Deus em primeiro lugar no relacionamento?

1. QUANDO AMAMOS A DEUS ACIMA DE TODAS AS COISAS, ELE CUIDA DOS NOSSOS RELACIONAMENTOS NA TERRA

Na Bíblia temos exemplos de pessoas que amavam a Deus intensamente e foram abençoadas com a companhia de alguém que também amava Deus. Em Gênesis 24, por exemplo, podemos ver a história de Isaque, um homem que estava solteiro aos 40 anos e parecia não se importar com isso. Qual era o segredo de Isaque? Ele tinha tempo com Deus, amava-o, e Deus o preenchia de tal maneira que não lhe faltava mais nada.

Certo dia, enquanto estava orando, Isaque olhou para a estrada e viu que um grupo de pessoas vinha em sua direção. Entre elas, estava Rebeca, a mulher com quem ele se casaria. Você entendeu? Isaque conheceu sua esposa enquanto orava, e isso nos diz de forma clara que, assim como ele, enquanto cuidamos do nosso relacionamento com Deus e nos ocupamos em amá-lo acima de tudo, o Senhor cuida do nosso futuro relacionamento.

Se você ainda está solteiro, dedique-se a amar a Deus de todo o seu coração e, enquanto você segue seu caminho amando-o, poderá encontrar alguém que ame o Senhor tanto quanto você. E você, que já está em um relacionamento, não deixe de amar a Deus e nunca permita que nada nem ninguém ocupe o lugar dele em sua vida, afinal, uma atitude assim pode custar muito caro.

2. SE DEUS NÃO ESTIVER EM PRIMEIRO LUGAR, OUTRA COISA ESTARÁ

É uma questão de lógica: Deus precisa estar em primeiro lugar em nossa vida, deve ser o que temos de mais importante e, se por acaso ele não for a prioridade, existe algo ocupando o lugar de Deus em nós.

Timothy Keller, em sua obra *Deuses falsos*, nos convida a uma reflexão importante sobre idolatria. Ele explica que idolatria não é apenas adoração a imagens e faz com que os leitores entendam que mesmo cristãos de fé protestante podem cometer o erro de colocar sua esperança em outra coisa ou pessoa que não seja Deus: "O coração do homem toma coisas boas como uma carreira de sucesso, amor, bens materiais e até a família e faz delas seus bens últimos. Nosso coração as diviniza como se fossem o centro da nossa vida, porque achamos que podem nos dar significado e proteção, segurança e satisfação, se as alcançarmos".[1]

Muitos cristãos pecam na questão da idolatria, tornando seus parceiros ou até mesmo o relacionamento um ídolo. Eles têm tanto medo de perder seus relacionamentos, que são capazes de agir de modo que desagrade a Deus para manter a pessoa com quem se relacionam. Isto é idolatria: amar e querer satisfazer alguém mais do que amamos e desejamos agradar a Deus!

Já pensou sobre isso? Será que seu parceiro ou seu relacionamento não é um ídolo? É fundamental que você reflita se não há algo ocupando o lugar de Deus em sua vida, pois, se alguma coisa deste mundo é mais importante do que Deus para sua felicidade e para que você encontre sentido na vida, então essa coisa se tornou um ídolo para você. Ela tomou o lugar do Senhor em seu coração e está recebendo o amor, a intensidade e a dedicação que você deveria dar apenas a Deus.

---

[1] KELLER, Timothy. *Deuses falsos*. São Paulo: Vida Nova, 2018, p. 13.

3. SE DEUS NÃO FOR O CENTRO EM NOSSA VIDA E EM NOSSO RELACIONAMENTO, ELE NEM MESMO FAZ PARTE

Eis o problema da idolatria: ela não apenas tira Deus do lugar de honra em nossa vida como também o remove dela. Deus não disputa espaço na vida de ninguém, ele não barganha por nossos sentimentos e, portanto, não aceita ficar em segundo lugar em nenhuma área. Isso quer dizer que, se o Senhor não for o primeiro, ele nem mesmo está em nossa vida. Por isso, é importante ficar alerta, pois se há algo tentando tomar o lugar de Deus em sua vida, duas coisas podem acontecer: você pode perder o que colocou no lugar de Deus ou, o que é bem pior, perder a presença dele.

Se você pensa que ficar sem um amor é ruim, não queira perder Deus! Ele é o próprio amor, e, sem ele, estamos perdidos.

4. SÓ EXISTE UM ABENÇOADOR, E QUEM DESEJA A BÊNÇÃO DE DEUS DEVE COLOCÁ-LO EM PRIMEIRO LUGAR EM SUA VIDA E EM SEU RELACIONAMENTO

A regra é clara: para cada "eu te abençoarei" de Deus, existe um "se". A bênção de Deus está condicionada à obediência a ele, e isso fica claro quando lemos Deuteronômio 28, que fala sobre as bênçãos e sobre ser obediente. No primeiro versículo do capítulo 28, podemos ler que todas as bênçãos que o texto descreve estão condicionadas à seguinte exigência: "Se ouvires atentamente a voz do Senhor teu Deus, tendo cuidado de guardar todos os seus mandamentos que eu hoje te ordeno...". Fica claro que Deus tem grandes bênçãos para nós, mas ele só vai nos abençoar "se" o ouvirmos e "se" colocarmos em prática a sua boa, perfeita e agradável vontade.

Assim, para que um casal seja abençoado por Deus, não existe outro caminho, esse casal precisa colocar Deus acima de tudo em sua vida e em seu relacionamento. Quem não fizer isso não terá uma vida abençoada e muito menos um relacionamento abençoado.

5. UM RELACIONAMENTO QUE VEM DE DEUS NOS FAZ AMÁ-LO MAIS E NOS APROXIMA AINDA MAIS DELE

A maior evidência de que alguém está em um relacionamento com uma pessoa de Deus para a vida dela é a resposta para a pergunta: "Desde que comecei este relacionamento, estou mais perto ou mais longe de Deus?". Faça essa pergunta a si mesmo e pense que, se a resposta for: "Estou mais perto de Deus", então não há dúvida de que você está ao lado de uma pessoa de Deus; mas, se a resposta for o contrário, e você estiver mais distante do Senhor desde que começou esse relacionamento, inevitavelmente a pessoa com quem você se relaciona não faz parte dos planos de Deus para sua vida. Um homem e uma mulher que estão em um relacionamento que vem da vontade de Deus se aproximam mutuamente de Deus e não possuem dificuldade para colocá-lo em primeiro lugar no relacionamento; isso é natural.

ATIVIDADE DO DIA

MOTIVO DE ORAÇÃO

Ore para que Deus ajude você a ter um relacionamento onde ele é o primeiro e o mais importante.

NAMORADOS

Conversem e descubram se Deus ocupa o primeiro lugar no relacionamento de vocês. Se a resposta for positiva, façam de tudo para que ele nunca saia desse lugar. Mas, se a resposta for negativa, descubram o que está impedindo que ele seja o primeiro e façam o que for preciso para Deus ocupar o primeiro lugar em sua vida e seu relacionamento.

SOLTEIROS

Deus está em primeiro lugar em sua vida? Se a resposta for negativa, você precisa corrigir isso, afinal, uma vida em que Deus não está em primeiro lugar resultará em um relacionamento em que Deus não é prioridade.

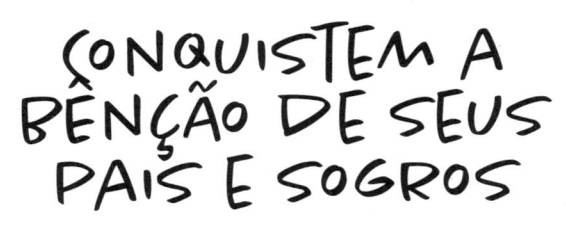

CONQUISTEM A BÊNÇÃO DE SEUS PAIS E SOGROS

Vou mandar um dilúvio para cobrir a terra, a fim de destruir tudo o que tem vida; tudo o que há na terra morrerá. Mas com você eu vou fazer uma aliança. Portanto, entre na barca e leve com você a sua mulher, os seus filhos e as suas noras.

GÊNESIS 6.17-18

Existem muitas piadas sobre a convivência das noras de Noé com a sogra durante o tempo em que passaram na arca enquanto o dilúvio durou. Porém, tudo é conjectura. Não há nenhuma evidência de que elas tenham enfrentado problemas. E quer saber? Pode até ser que tenha havido atritos entre sogra e noras. Afinal, quem nunca teve algum problema com os sogros? Embora não existam indicações de que as noras e os sogros enfrentaram dificuldades na relação uns com os outros, o texto bíblico mostra que as noras de Noé só foram salvas do dilúvio porque faziam parte da família dele! Percebe como a família do nosso parceiro pode ser um instrumento de Deus em nossa vida ou como nós podemos ser um instrumento de Deus na vida deles?

O casamento é um sonoro e retumbante: BEM-VINDO À FAMÍLIA, e casar-se é tomar a decisão de se tornar parte não apenas da história de uma pessoa, mas da história e da realidade de toda uma família. Isso quer dizer que, ao se casar, inevitavelmente você fará parte da história da família do seu parceiro, e eles da sua. A grande questão é se a participação de vocês nas histórias uns dos outros será positiva ou negativa. É importante que o casal se esforce para conquistar a família um do outro, para que cada um seja bem recebido nas famílias e elas sejam aliadas do relacionamento, não inimigas.

Neste capítulo quero dar orientações que podem ajudá-lo a conquistar a família do seu parceiro ou resolver possíveis problemas que existam entre você e a família dele.

1. SE VOCÊ ENTROU NA FAMÍLIA DA MANEIRA ERRADA, RECOMECE E FAÇA DO JEITO CERTO

O rapaz que começa a namorar uma garota sem pedir autorização aos pais dela está entrando na família de maneira errada, e isso pode fazer com que a família crie resistência a ele. Não importa se os tempos são outros, princípios são princípios, eles nunca mudam, e a Bíblia nos mostra que os pais são autoridades constituídas por Deus sobre a vida dos filhos (leia Dt 30.19). É necessário que o homem seja responsável a ponto de pedir a bênção dos pais da namorada, antes de iniciar um relacionamento com ela. Além disso, nossos pais são os portadores da bênção de Deus e guardiões instituídos por ele em nossa vida. Dessa forma, se você não tem a bênção deles, não tem proteção, está vulnerável, e seu relacionamento pode acabar facilmente. O mesmo não acontece em relacionamentos que os pais abençoam — ou ocorre como menos frequência —, visto que a bênção dos pais fortalece o relacionamento, e o fato de o casal ser querido pelos pais um do outro faz com que o relacionamento seja muito mais leve.

Se você entrou na família da maneira errada — e agora deseja seguir em direção ao noivado e ao casamento com seu parceiro —, não cometa o mesmo erro, procure a família do outro e peça aos pais que abençoem a intenção de vocês. Mas, se vocês ainda não estão prontos para o noivado, nunca é tarde para recomeçar. O rapaz ainda pode ir à casa da namorada, conversar com os pais dela, reconhecer que errou e, assim, pedir a bênção deles sobre o relacionamento. Uma atitude assim vai demonstrar seriedade.

2. QUEM DISSE QUE A MULHER NÃO PODE PEDIR A BÊNÇÃO DA FAMÍLIA DO PARCEIRO?

Culturalmente, a responsabilidade de pedir a bênção dos pais é do rapaz. Ele é quem deve ir até os pais da moça e pedir que eles abençoem o relacionamento. Mas, como cristãos, sabemos que bênção nunca é demais. Nesse caso, o que há de errado em uma moça também pedir a bênção dos pais do parceiro? Não estou dizendo que ela deve fazer isso no lugar do homem. Ele é o responsável, mas ela também pode pedir a bênção dos pais dele.

Antes de minha conversão, eu tive uma vida promíscua. Mas, mesmo vivendo sem princípios, sempre quis algo que fosse sério, por isso, quando ficava mais tempo ao lado de uma garota, logo a pedia em namoro. Resultado? Tive muitos namoros de curto prazo. Todas as minhas ex-namoradas frequentaram minha casa, e minha mãe simplesmente não gostava de nenhuma delas. Compreendo que minha mãe foi usada por Deus para afastar as garotas erradas da minha vida. Porém, eu também sabia que a questão era um problema ligado ao ciúme e ao excesso de proteção por parte dela.

Após minha conversão, encontrei Michele e, sabendo que o comportamento da minha mãe poderia afetar nosso relacionamento, contei a ela sobre esse problema, e sabe o que Michele fez? Foi à minha casa, conversou com minha mãe, disse o quanto a bênção dela era importante e perguntou se minha mãe poderia fazer uma oração pelo nosso relacionamento com o propósito de nos abençoar. Minha mãe orou por nós, e Michele passou a ser tratada não como "uma nora que quer roubar o filhinho da mamãe", mas como uma filha. Tudo isso porque ela teve discernimento espiritual e maturidade para fazer a coisa certa. Que tal orar, pedir a direção de Deus e fazer o mesmo no seu relacionamento?

Surge, então, uma pergunta importante: o que fazer quando os pais estão resistentes? Nesse caso, é necessário dar três passos fundamentais.

1. ORE E DESCUBRA SE A RESISTÊNCIA DOS PAIS É UM "NÃO" DE DEUS OU UM "ESPERE"

Não tenho dúvidas de que Deus confirma sua bênção por meio da vida dos pais. Porém, é importante entender que a resistência dos pais pode ser Deus nos dizendo: "Eu não faço parte deste relacionamento" ou "Eu tenho um propósito, mas ainda não é o tempo".

Tenho um amigo que sonhava em ser pastor, e um dia, após ter se dedicado muito, sua igreja reconheceu seu chamado e quis enviá-lo para um seminário com tudo pago. Era a realização de um sonho. O problema é que, quando ele foi conversar com o pai, este disse que não o abençoaria. E agora, o que fazer? Meu amigo pensou: "Se este é o chamado de Deus para minha vida, ele precisa me mostrar fazendo com que meu pai me abençoe". Mesmo chateado, ele disse ao pai: "Eu não vou agora para o seminário, mas acredito que, se este for o propósito de Deus para minha vida, ele vai confirmar este propósito através da bênção do senhor". Felizmente, tempos mais tarde, o pai o chamou e disse que lhe daria sua bênção, mas não apenas para que fosse, também o abençoaria com os recursos, pagando as despesas do seminário como uma forma de ofertar para a obra de Deus.

O que aconteceu? Deus tinha um propósito, e, quando ele tem um propósito, nada pode impedir que a vontade dele se cumpra. A vontade de Deus vai se cumprir, ainda que ele precise mover o coração de uma pessoa e mudar a forma como ela pensa. Tudo o que nós temos de fazer é confiar no Senhor e obedecer aos nossos pais, para que não estejamos em pecado. Por isso, se seus pais não aprovam seu relacionamento, procure-os e diga-lhes: "Eu amo muito o fulano, sinto que ele faz parte da vontade de Deus para minha vida e que nós nos casaremos um dia. Porém, sei que vocês não aprovam nosso relacionamento, e, por isso, gostaria de dizer que decidimos interromper nosso namoro por um tempo e passar esse período nos encontrando apenas para orar e pedir a Deus que, se nosso relacionamento estiver de acordo com a vontade dele, que ele confirme isso por meio da bênção de vocês".

Você pode fazer isso, ainda que seus pais não sejam cristãos praticantes. Afinal, dificilmente alguém — mesmo que não seja cristão — não entenderá o princípio da bênção. Ao fazer isso, a pessoa resistente ao relacionamento vai perceber que você está mostrando o quanto a aprovação dela é importante e o quão maduro você está sendo. Além disso, agir assim é dizer para Deus: "Senhor, eu confio em ti e sei que a vontade do Senhor é boa, perfeita e agradável. Sei que, se o Senhor é por nós, ninguém será contra, e ninguém pode separar quem o Senhor escolheu unir. Por isso, vou me afastar por um tempo da pessoa que amo e com quem quero passar a vida, vamos nos encontrar apenas para orar e pedir ao Senhor que nos mostre por meio da vida dos meus pais (ou por meio da vida dos pais da outra pessoa), que nosso relacionamento faz parte da sua vontade". Se você confia em Deus, não terá dificuldade em fazer isso. Se a resposta de Deus não for a que você espera e se os pais não abençoarem o relacionamento, certamente a vontade de Deus será melhor que a sua e no futuro você vai entender por que não deu certo.

2. POSICIONE-SE COMO UM ALIADO DA FAMÍLIA

A família do seu parceiro precisa ver você como um aliado, e não como um inimigo. É importante que eles enxerguem que você quer algo sério com o filho deles, que você o está ajudando a se tornar uma pessoa melhor, e não o atrapalhando. Por isso, seja um incentivo para seu parceiro para que ele melhore nos estudos, mude seu comportamento com os pais, com os irmãos e com as outras pessoas. Os pais dele precisam ver você como parte dessas mudanças positivas, e não parte do problema. Nenhum pai e nenhuma mãe deseja que o filho esteja ao lado de alguém que não o ajuda a crescer e melhorar, mas eles se alegram em ver o filho ao lado de alguém que o impulsiona a ser uma pessoa melhor. Seja esse tipo de pessoa.

3. CHAME A PESSOA QUE É CONTRA PARA UMA CONVERSA E TENTE RESOLVER A SITUAÇÃO

Antes de Michele ir à minha casa conversar com minha mãe, procurei a mãe dela e pedi-lhe que abençoasse nosso relacionamento. Foi um momento muito gratificante. Ela impôs as mãos sobre nós, nos abençoou e orou pedindo a Deus que quebrasse toda e qualquer maldição familiar que pudesse existir em nossas vidas. Essa oração foi importante, porque tanto eu quanto Michele tínhamos pais separados e, pelo contexto da nossa família, o divórcio era uma maldição que rondava os casamentos.

Também me encontrei com o pai de Michele para pedir que ele abençoasse nosso relacionamento. Mas, nesse caso, a questão era mais complicada! Algumas pessoas nos avisaram que o pai dela era contra o namoro. No entanto, isso não me impediu de ir até ele. Marcamos um dia, fomos à casa dele, almoçamos juntos, e, antes de pedir a bênção dele, chamei-o para uma conversa em particular e fui direto ao ponto: "Senhor João, eu vim aqui para pedir que o senhor abençoe meu relacionamento com Michele, mas fiquei sabendo que o senhor não gostou muito de mim, por isso, gostaria de saber como posso mudar isso". Ele sorriu e disse que o problema era que ele não me conhecia, mas, quando me conheceu, mudou seu pensamento ao meu respeito e agora não via problema algum em abençoar nosso relacionamento. Então nós entramos, sentamos juntos à mesa, e eu pedi que ele orasse por nós nos abençoando.

Pronto! Problema cortado pela raiz. Já imaginou se eu deixasse de ir até ele porque imaginava que poderia nos negar a sua bênção? Ele continuaria tendo uma imagem errada sobre mim, e nós poderíamos ter um problema muito maior de inimizade entre nós. Felizmente, uma atitude de maturidade mudou tudo.

Vejo com frequência casais de namorados que, diante da falta da concordância dos pais, decidem se casar assim mesmo. Não aconselho que você se case sem antes conquistar a bênção dos seus pais. Mas também não posso impedir alguém de fazer isso. Se os seus pais não os abençoam, no entanto ainda assim vocês pretendem se casar, devo dizer: "Tudo bem, isso é um direito seu". Porém, você precisa ter maturidade para assumir a responsabilidade e as consequências da decisão que está tomando. Deve saber que não é nada agradável estar dividido entre aqueles que amamos, podendo surgir problemas maiores entre vocês e a pessoa que não aprova o relacionamento. Essa situação pode, inclusive, levar a algum tipo de perseguição, prejudicando a harmonia no relacionamento de vocês.

Além disso, não ter um bom relacionamento com os pais da pessoa que amamos pode ser um obstáculo para a felicidade de um dos cônjuges ou até mesmo para a felicidade do casamento. Portanto, pense muito bem antes de dar esse passo sem a bênção e a aprovação de seus pais ou dos seus sogros. Mas se forem fazer isso independentemente da bênção deles, sejam responsáveis ao assumir todas as possíveis consequências que essa decisão pode gerar.

ATIVIDADE DO DIA

MOTIVO DE ORAÇÃO

Ore pedindo a Deus que você possa desfrutar da bênção de estar ao lado de alguém que sua família ama. E que você seja amado pela família dessa pessoa.

NAMORADOS

Seu relacionamento tem a bênção dos seus pais e sogros? Se a resposta é positiva, que tal procurá-los e pedir que eles orem pelo relacionamento de vocês, renovando a bênção deles? Se a resposta é negativa, peçam a bênção deles. E, caso exista alguém resistente ao relacionamento, procure essa pessoa e pergunte o que você pode fazer para que ela mude de ideia e aprove o relacionamento.

SOLTEIROS

Esteja pronto para tratar desse assunto no seu futuro relacionamento e reflita sobre a importância de ser um parceiro da família e de ter a família como aliada do relacionamento.

OREM JUNTOS!

Não se preocupem com nada, mas em todas as orações peçam a Deus o que vocês precisam e orem sempre com o coração agradecido. E a paz de Deus, que ninguém consegue entender, guardará o coração e a mente de vocês, pois vocês estão unidos com Cristo Jesus.

FILIPENSES 4.6-7

Paulo diz que não devemos andar ansiosos por nada, mas, ao contrário, precisamos apresentar a Deus em oração tudo aquilo que desperta a nossa ansiedade e ter fé que ele nos ouve. Paulo também nos orienta a orar sempre e ter um coração agradecido. E, por fim, afirma que, se tivermos uma vida de oração, a paz de Deus guardará o nosso coração e a nossa mente. Assim, fica claro que a oração é um antídoto para a ansiedade, e, quando passamos tempo com Deus, ele conserva nosso coração e nossa mente em paz.

A oração é tão importante que posso garantir que, se você tivesse orado, ouvido a voz de Deus, percebido os sinais e obedecido ao que ele havia falado e mostrado sobre seus relacionamentos anteriores, não teria investido em relacionamentos que o feriram tanto. E tenho certeza de que, se você que está em um relacionamento aprender a orar por seu parceiro e com ele, a relação de vocês será muito mais feliz e abençoada.

A oração é uma marca importante de um namoro com propósito. Todo solteiro que deseja um namoro com propósito precisa aprender a orar por isso, e os membros de todo casal que quer transformar seu namoro em um namoro com propósito têm de aprender a desenvolver uma vida de oração juntos.

Para ajudá-lo a entender melhor a importância da oração, quero compartilhar cinco motivos pelos quais a oração é fundamental para os solteiros e para o namoro.

1. ORAR É GARANTIR QUE DEUS ESTEJA NO CENTRO DA NOSSA VIDA E DO NOSSO RELACIONAMENTO

Deus espera ser convidado para fazer parte dos seus planos, e Provérbios 16.3 diz que, se apresentarmos nossos planos a Deus, eles darão certo. Quando um solteiro ora por sua vida sentimental, ele a entrega nas mãos do Senhor. E, quando um casal ora, os dois estão convidando Deus para fazer parte da relação, colocando-o em primeiro lugar e trazendo um forte aliado para o relacionamento. É por meio da oração que se forma aquele cordão de três dobras que Salomão cita em Eclesiastes 4.12, que "não se arrebenta facilmente". Um relacionamento sem Deus pode acabar por qualquer motivo, mas o que possui a presença dele sobrevive, afinal "ninguém pode separar aquilo que Deus uniu". Sei que muitos dizem que namoro é a dois, mas, no nosso caso, como cristãos, namoro bom é a três: você, Deus e a pessoa que você ama.

2. ORAR É ESTABELECER UMA BASE SEGURA PARA A VIDA E PARA O RELACIONAMENTO

A oração é uma base segura sobre a qual podemos edificar nosso relacionamento e nossas decisões, ao contrário dos nossos sentimentos. Já pensou como seríamos bem-sucedidos e felizes se aprendêssemos a orar, consagrar nossa intenção e consultar a Deus antes de tomar decisões? Pois é, tenho certeza de que erraríamos menos. Afinal, além de ser um ato de devoção, a oração também é uma atitude de consagração. Quando oramos por algo ou por alguém, nós estamos consagrando aquilo que apresentamos a Deus. Você já fez isso? Seu relacionamento ou futuro relacionamento já foi consagrado a Deus? Você tem o hábito de orar por sua vida sentimental e por seu relacionamento? Se sua resposta for não, você precisa mudar isso e começar a orar para que sua vida e seu relacionamento estejam firmados em Deus. Tudo o que é firmado em Deus é inabalável.

3. ORAR JUNTO AJUDA O CASAL A SUPERAR PROBLEMAS

A Bíblia conta que Jesus e seus discípulos foram convidados para um casamento em Caná da Galileia. Ali havia um casal que estava prestes a enfrentar uma situação muito constrangedora. Os noivos não tinham planejado bem a quantidade de vinho que deveriam comprar para servir todos os convidados durante os sete longos dias de celebração de um casamento judeu, e o vinho acabou no meio da festa.

A mãe de Jesus, que também estava naquela festa, foi até ele e contou que o vinho havia acabado. Então, Jesus pediu que os serviçais pegassem os potes em que os judeus armazenavam água para a cerimônia de purificação (um ritual de lavar as mãos e os pés antes das refeições) e colocassem água neles. Após terem enchido com água aqueles seis potes, nos quais cabiam em torno de cento e vinte litros, Jesus mandou que eles pegassem um pouco da água e, sem provar, levassem para o dirigente da festa.

Consegue imaginar eles conversando entre si enquanto levavam aquele líquido para o dirigente da festa? Talvez estivessem com medo de lhe servir água enquanto ele esperava vinho. Contudo, fizeram o que Jesus mandou e, para a surpresa deles, o dirigente chamou o noivo e disse: "Todos costumam servir primeiro o vinho bom e, depois que os convidados já beberam muito, servem o vinho comum. Mas você guardou até agora o melhor vinho" (Jo 2.10). Esse casal esteve perto de passar uma grande vergonha. Afinal, faltar vinho em um casamento judeu é tão constrangedor quanto faltar comida em um casamento no Brasil. Imagine quão desagradável seria algo assim acontecer no dia do seu casamento. Seria muito constrangedor, não é? Pois é, esses noivos erraram na organização da festa, mas acertaram em convidar Jesus para o casamento.

A Bíblia é muito clara ao enfatizar que Jesus só estava ali porque havia sido convidado. E, porque Jesus estava ali, aquele casal, que estava prestes a passar por um grande constrangimento e ser humilhado logo no primeiro dia de casamento, foi honrado pelo dirigente da festa, que elogiou o noivo publicamente pelo vinho que serviu. Precisamos aprender com esse casal e entender que, quando oramos e chamamos o Senhor para nossa vida, estamos convidando um Deus maravilhoso que pode nos dar grandes livramentos e nos ajudar a resolver problemas que poderiam nos fazer muito mal.

4. ORAR JUNTO APROXIMA O CASAL UM DO OUTRO E DE DEUS

Desde o princípio, o homem e a mulher foram criados para se unirem e viverem em unidade com Deus. Então, quando um casal ora, se aproxima do Senhor, e isso gera a unidade desse casal. A oração é algo muito íntimo, e, quando oramos, ficamos mais próximos de Deus, nos tornando cada vez mais semelhantes a ele. Dessa forma, orar juntos faz com que enxerguemos a imagem de Deus na pessoa com quem nos relacionamos, e assim vamos aprendendo a amar um ao outro com o amor de Deus.

Consequentemente, quanto mais nos aproximamos de Deus junto com a pessoa que amamos, mais ficamos próximos um do outro. Além disso, os membros do casal que têm tempo de devoção juntos na presença de Deus podem enfrentar suas batalhas e desafios juntos no mundo espiritual por meio da oração. E isso é importante porque todos encaramos momentos difíceis, mas, felizmente, apesar disso, Deus nunca permite que os dois docasal se enfraqueçam ao mesmo tempo, e é por meio da oração que erguemos a pessoa que amamos quando ela cai ou quando se encontra fraca.

5. ORAR É CRIAR O FUTURO EM DEUS

Precisamos aprender a parar de esperar oportunidades e começar a criá-las em Deus, assim como parar de esperar que o futuro simplesmente aconteça, mas nos preparar para ele. Pois, quando oramos por nosso futuro e pelas coisas que desejamos, estamos criando essas coisas pela fé em oração.

A Bíblia diz que a fé é a certeza das coisas que não vemos, mas nas quais cremos. Assim, mesmo que você ainda não consiga ver seu futuro, você pode orar por ele e acreditar que, se você viver em santidade na presença de Deus, as coisas serão melhores do que você espera. Portanto, quem ainda está solteiro deve orar por seu futuro cônjuge e por seu casamento. Mesmo que o fato de você ainda não conhecer a pessoa com quem vai se casar o impossibilite de abraçar, beijar e sentir o cheiro dela, nada pode impedir suas orações. Você pode fechar os olhos agora e pela fé imaginar a cerimônia do seu casamento, seus convidados e a sua felicidade nesse dia. Você pode imaginar sua família, seu marido ou esposa, seus filhos e as viagens de férias que vocês farão. É tudo uma questão de fé, e pela fé você pode orar para que tudo ocorra de acordo com a vontade de Deus, que é o melhor que lhe pode acontecer.

E você que já está em um relacionamento deve aproveitar a oportunidade para orar junto com seu parceiro. Vocês precisam orar um pelo outro, pelo relacionamento, pelo futuro de vocês, pelo casamento que vão ter, pela família que vão formar e por seus filhos. Eu apresentava meus filhos em oração desde o namoro. Orei por eles e por cada aspecto do futuro deles quando ainda estavam no ventre de Michele, e, mesmo que minha filha, Isabela, tenha apenas 7 anos, e o Heitor, 3 anos, já oro pelo meu futuro genro e por minha futura nora, pedindo a Deus que os guarde, que os santifique e que os use como instrumentos na vida dos meus filhos. Isso é orar com fé! É orar sem conhecer a pessoa. Mas os que namoram e já conhecem a pessoa com quem pretendem se casar têm a obrigação de orar com ela, por ela e pelo futuro que desejam construir juntos.

ATIVIDADE DO DIA

MOTIVO DE ORAÇÃO

Ore para que Deus faça você entender a importância de orar por sua vida, por seu relacionamento (ou futuro relacionamento) e por seu futuro de modo geral.

NAMORADOS

Assumam o compromisso de orar juntos por pelo menos cinco minutos sempre que se encontrarem. Vocês podem orar pelo relacionamento de vocês, pedindo ajuda a Deus para superar problemas, tentações, pecados e, é claro, para orar pelo futuro. Façam da oração uma prática importante no relacionamento que pretendem construir.

SOLTEIROS

Faça o compromisso de orar pelo seu futuro. Você deve orar pela pessoa com quem você vai se casar mesmo que ainda não a conheça. Ore para que Deus guarde essa pessoa, livre-a de escolhas erradas e que ajude você e ela a se prepararem para o casamento.

LEIAM A BÍBLIA JUNTOS!

Quem ouve esses meus ensinamentos e vive de acordo com eles é como um homem sábio que construiu a sua casa na rocha. Caiu a chuva, vieram as enchentes, e o vento soprou com força contra aquela casa. Porém ela não caiu porque havia sido construída na rocha.

MATEUS 7.24-25

Jesus narra a história de dois homens que construíram suas casas (Mt 7.24-27). Um deles construiu sobre a areia, e o outro, sobre a rocha. Depois de um tempo, veio uma grande tempestade, e as duas casas foram açoitadas por chuva, enchentes e ventos. A casa edificada sobre a areia desmoronou, mas a casa que estava sobre a rocha suportou a tempestade. É interessante que essa parábola é muito atual e se repete todos os dias. Cada um de nós tem a oportunidade de construir seu futuro, e, para o nosso bem, precisamos aproveitá-la de forma sábia, levando em conta que tudo o que edificarmos será testado pelas dificuldades da vida e pelo tempo. Caso contrário, veremos tudo o que construirmos sendo destruído. Para evitar que você continue sofrendo por ver seus sonhos e relacionamentos desmoronando, aconselho que você mude a base sobre a qual tem edificado e passe a construir sua vida e relacionamento sobre a Palavra de Deus. Como fazer isso?

1. TENHA COMUNHÃO COM A PALAVRA DE DEUS

Não se deve esperar ter um relacionamento para começar a ler a Bíblia, assim como não dá para "forçar a barra" no seu namoro para que vocês leiam a Bíblia todos os dias se você mesmo não tem essa prática. É muito importante que a Bíblia faça parte de nossa vida e tenhamos tempo de qualidade para ler e meditar nela diariamente. Portanto, para que a Bíblia seja a base das suas decisões, de tudo o que você faz e, em especial, da sua vida sentimental, separe um momento do seu dia para se dedicar à leitura à meditação da Palavra de Deus. Quem sabe ler um capítulo por dia?

2. VOCÊ PRECISA CUMPRIR O QUE A PALAVRA DE DEUS DIZ

Não basta apenas ler, ouvir ou conhecer a Bíblia, nós precisamos praticar o que ela diz. Desse modo, após ler a Palavra, procure descobrir o que ela ensina sobre a vontade de Deus para sua vida, sobre quais são as marcas de uma vida aprovada por ele e quais atitudes os servos do Senhor tomaram nas mais diversas situações. Fazendo isso, será mais fácil agir de acordo com o que a Bíblia diz e tomar decisões baseadas nela.

3. A BÍBLIA PRECISA DIRIGIR SUAS ESCOLHAS E SUAS DECISÕES

É comum as pessoas tomarem decisões baseadas em sentimentos, desejos ou naquilo que é bom para o momento.

Todos os dias muitos começam ou terminam seus relacionamentos apoiando-se apenas naquilo que sentem ou desejam. Mas a Bíblia diz em Jeremias 17.9 que o nosso coração é enganoso, e isso quer dizer que não podemos confiar em nossos sentimentos para tomar decisões. E o que falar dos nossos desejos? Eles também não são confiáveis! A Bíblia revela que nossos desejos vêm da carne, e, como o apóstolo Paulo afirmou, a carne é inimiga do Espírito e quer sempre o que é contrário à vontade de Deus (Gl 5.16-17). Também não devemos tomar decisões baseadas apenas no momento, pois momentos passam, mas aquilo que fizemos sem pensar pode deixar marcas profundas.

Para que nossas decisões sejam bem-sucedidas, é importante consultar a Bíblia antes de agir, saber o que ela diz e, somente após isso, tomar uma decisão guiada por ela. Vale lembrar que não são apenas os desejos da carne que vão passar, mas a Bíblia diz que aqueles que são guiados por esses desejos também passarão, porém quem faz a vontade de Deus e é guiado por sua Palavra permanecerá (1Jo 2.15-17).

4. COLOQUE A BÍBLIA NO CENTRO DO SEU RELACIONAMENTO

Para que um casal tenha um relacionamento baseado na Palavra de Deus, é necessário que a Bíblia faça parte dele. Desse modo, você e a pessoa com quem se relaciona precisam separar um tempo dentro dos momentos que passam juntos para lerem a Bíblia e conversar sobre o que vocês leram. Vocês podem fazer um propósito de ofertar os primeiros quinze minutos de cada encontro de vocês a Deus e passar um tempo lendo a Palavra e orando.

Garanto que, se passarem pelo menos os quinze primeiros minutos de seus encontros na presença de Deus, o restante do tempo em que estiverem juntos será mais santo e feliz.

5. APLIQUE O QUE A BÍBLIA DIZ SOBRE RELACIONAMENTO À SUA RELAÇÃO

A Bíblia nos ensina sobre como um homem e uma mulher devem se comportar em um relacionamento para serem felizes. Ela trata direta ou indiretamente de todos os assuntos e tem respostas para todas as áreas da nossa vida. Por exemplo, pelo fato de o namoro ser um traço recente da nossa cultura moderna, a Bíblia não menciona expressamente o namoro, mas namorar não é pecado, e existem princípios universais que podemos aplicar ao namoro para que ele esteja de acordo com a vontade de Deus. Um desses princípios é o que Paulo diz em 1Coríntios 10.31: "quer comais, quer bebais ou quer façais qualquer outra coisa, fazei tudo para a glória de Deus". À luz desse versículo, fica claro que o namoro deve ser vivenciado para a glória de Deus e, nesse caso, também entendemos que o pecado não deve fazer parte dele, pois, além de não glorificar a Deus, o pecado também traz consigo a morte e a destruição da nossa vida e de nossos relacionamentos (Rm 6.23).

Além desses princípios, a Bíblia ensina sobre o verdadeiro amor (1Co 13.1-10) e diz que devemos: amar o próximo como amamos a nós mesmos (Mt 22.39); tratar um ao outro como gostaríamos de ser tratados (Lc 6.31); ser humildes (Mt 11.28), misericordiosos (Mt 5.7), pacíficos (Mt 5.9), pacientes (Gl 5.22), fiéis (Ml 2.10-16) e perdoadores (Mt 5.21-25); reconhecer nossos erros (Mt 7.1-5); servir um ao outro (Mc 10.42-45) e colaborar para a santificação um do outro (1Co 7.14). Além disso, a Bíblia instrui que o homem deve amar a mulher como Cristo ama a igreja, e a mulher tem de se comportar em relação ao homem como a igreja se comporta com Cristo (Ef 5.25-27). Tudo isso mostra como devemos manter e viver nossos relacionamentos com todas as pessoas e, em especial, como um homem e uma mulher devem se se portar durante um relacionamento amoroso diante de Deus.

Já imaginou como o mundo seria se as pessoas praticassem esses princípios? Seria bem melhor, não é mesmo? Portanto, se você acredita nisso, comece a aplicar esses princípios a sua vida e relacionamentos, e, assim, torne o mundo ao seu redor melhor, inspirando as pessoas, sobretudo as que estão mais próximas a você, a viverem uma vida de acordo com a Palavra de Deus.

ATIVIDADE DO DIA

MOTIVO DE ORAÇÃO

Ore para que Deus ajude você a ter um relacionamento íntimo e profundo com a Bíblia, a ler e meditar nela diariamente.

NAMORADOS

Quando vocês se encontrarem, leiam a Bíblia juntos. Meditem no que leram, conversem sobre o que entenderam e tentem encontrar uma conexão entre o que leram e a vida de vocês ou com o relacionamento. Assumam o compromisso de lerem a Bíblia juntos. Sugiro que comecem lendo um capítulo de Provérbios, um salmo ou os livros do Novo Testamento a cada vez que se encontrarem. Tenho certeza de que, além de terem assunto para conversar, estarão edificando o relacionamento com a Palavra de Deus.

SOLTEIROS

Faça o compromisso de ler a Bíblia diariamente de forma devocional. Sugiro que comece lendo um capítulo de Provérbios, um salmo ou os livros do Novo Testamento. Além de ler, registre em um diário de oração ou no bloco de notas do celular o que você leu, entendeu e o que foi mais impactante. Isso ajudará você a memorizar e a guardar a Bíblia no coração.

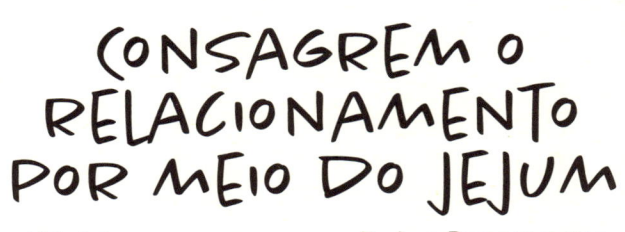

CONSAGREM O RELACIONAMENTO POR MEIO DO JEJUM

Nós jejuamos e oramos, pedindo a Deus que nos protegesse, e ele atendeu as nossas orações.

ESDRAS 8.23

O livro de Esdras narra o retorno do povo de Israel do cativeiro babilônico para Jerusalém. Um primeiro grupo já havia retornado, e agora, no capítulo 8, vemos Esdras e sua comitiva voltando para Jerusalém. Quando Deus libertou seu povo do Egito, eles conquistaram muitas terras e tornaram as nações conquistadas seus servos, mas agora os israelitas haviam sido dominados pela Babilônia, estavam enfraquecidos e, como o grupo de Esdras era pequeno, ele temia que fossem atacados por seus inimigos durante o percurso para Jerusalém. Mesmo podendo pedir que o rei Artaxerxes enviasse uma tropa de soldados para escoltá-los, Esdras não quis fazê-lo. Acontece que Esdras havia falado com o rei sobre o poder de Deus e sobre como ele guarda seu povo, portanto seria incoerente não confiar no Senhor naquele momento. Assim, Esdras preferiu pedir ao próprio Deus que lhe enviasse a proteção. Ele convocou o povo para jejuar e orar, pedindo ao Senhor que os protegesse. E assim aconteceu! Esdras nos diz: "Deus atendeu as nossas orações".

Jejuar é ficar sem comer por um período, abrir mão dos alimentos de que o corpo necessita para buscar ao Senhor e se alimentar daquilo que o espírito precisa. Dessa forma, não é só ficar um tempo sem comer, é também dedicar um momento à leitura da Bíblia e à oração. Por isso, ao jejuar, é importante estabelecer um propósito (motivo) claro para o jejum. Por exemplo, você pode jejuar porque quer passar um tempo separado com Deus ou pode jejuar pedindo a ele uma resposta, uma direção, consagrando algo ou alguém ao Senhor. Mas por que é essencial que um solteiro ou um casal de namorados pratique a disciplina do jejum?

1. O JEJUM É UM ATO DE CONSAGRAÇÃO A DEUS

O propósito do jejum é ser um tempo no qual nos separamos das coisas do mundo e nos dedicamos a Deus. É um momento de santidade. Quando um solteiro jejua, ele está consagrando sua vida, seus desejos e seu futuro a Deus. Quando um casal jejua apresentando sua união a Deus, além de cada indivíduo estar consagrando sua vida, ambos estão apresentando o relacionamento e o futuro desse relacionamento ao Senhor. Você já consagrou seu relacionamento ou futuro relacionamento a Deus? Se ainda não o fez, faça! Estipule um período para jejuar em favor disso. Se você já tem alguém, combine com essa pessoa para vocês separarem o mesmo dia e jejuarem, estabelecendo juntos alvos pelos quais jejuar. Mas, se você ainda está solteiro, comece fazendo do jejum uma prática em sua vida e, mais tarde, poderá fazer isso ao lado da pessoa com quem vai passar todos os seus dias.

2. O JEJUM É UM ALIMENTO ESPIRITUAL PARA FORTALECER NOSSO ESPÍRITO NA LUTA CONTRA O PECADO

Quando comemos um alimento físico, fornecemos energia ao nosso corpo, mas, quando deixamos de nos alimentar motivados por um propósito de jejum, fortalecemos nosso espírito. Estamos vivendo um tempo em que existem muitas pessoas fisicamente fortes, mas espiritualmente fracas. É muito interessante um solteiro ou um casal ir à academia para se exercitarem e ficarem com um corpão, porém, tão importante quanto cuidar do corpo, que é o templo do Espírito Santo, é zelar pela vida espiritual, que é o nosso elo de comunhão com Deus. Na verdade, cuidar do espírito é mais importante, ainda mais nos dias de hoje, afinal nossa carne tem sido bombardeada por estímulos pecaminosos. Sendo assim, só seremos capazes de vencer a luta contra o pecado e resistir às tentações, seja na vida de solteiro, seja no namoro, fortalecendo nosso espírito. Caso contrário, viveremos pecando, nos afastando de Deus e tendo de colher os resultados amargos de uma vida de escravidão à carne e ao pecado. Desse modo, para que você não tenha um espírito fraco, pratique exercícios espirituais: leia a Bíblia, ore e jejue. Isso vai fortalecer seu espírito e ajudá-lo a vencer a luta contra a carne e o pecado.

3. O JEJUM É UMA MANEIRA DE OBTER A DIREÇÃO DE DEUS

Além das disciplinas espirituais da oração e da leitura bíblica, o jejum também é uma arma poderosa nas mãos de um cristão. Podemos ver no relato de Esdras que Deus atende aqueles que jejuam, e temos outros exemplos de personagens bíblicos que jejuaram e alcançaram êxito no que buscavam, entre eles:

Moisés, que jejuou quarenta dias e recebeu os mandamentos de Deus para o povo (Êx 34.28); Elias, que jejuou quarenta dias e recebeu forças do Senhor para continuar sua jornada como profeta (1Rs 19.8); Daniel, que jejuou 21 dias e alcançou a resposta da sua oração (Dn 10.3); Jesus Cristo, que jejuou quarenta dias e saiu do deserto para começar seu ministério, curando e libertando os cativos (Lc 4.2); Paulo, que jejuou várias vezes antes de tomar uma decisão (At 9.9; 2Co 6.5; 2Co 11.27); os cristãos de Antioquia, que jejuaram e Deus mandou que eles separassem Paulo e Barnabé para o ministério (At 13.1-3).

Quando essas pessoas praticaram o jejum, foram fortalecidas, receberam poder de Deus, direção para sua vida e alcançaram aquilo que buscavam. Não será diferente com você e com seu parceiro; se vocês jejuarem, o Senhor os guiará.

4. O JEJUM É UMA FORMA DE EXERCER DOMÍNIO PRÓPRIO, MORTIFICAR A CARNE E VENCER O PECADO

Todos nós carregamos duas naturezas: a carne, que representa a antiga natureza; e o espírito regenerado, o novo nascimento. Gosto de imaginar que essas duas naturezas são dois leões. Um desses leões, a carne, é alimentado pelos pensamentos imorais, pela pornografia, pelos desejos incontroláveis e pela busca por satisfação momentânea. O outro, o espírito, é alimentado pelo amor — puro e simples amor — a Deus, ao próximo e a nós mesmos. Esses dois leões são inimigos, vivem em guerra e querem destruir um ao outro para assumir o controle da nossa vida. E sabe o que determina qual leão vai vencer? Aquele que alimentarmos mais. Isto é, se você alimentar sua carne, ela vencerá seu espírito, mas, se você fortificar seu espírito, ele estará pronto para triunfar sobre sua carne e seus desejos pecaminosos.

A melhor maneira de mortificar a carne é simplesmente deixando-a morrer de fome, e não estou falando apenas de maneira figurada, como algo do tipo: "Fique sem assistir à pornografia, pensar em coisas imorais ou deixe de agir de modo errado para que sua carne morra de fome". É claro que tudo isso é importante e precisamos pôr em prática, mas quando digo: "deixar a carne morrer de fome", estou falando de maneira literal. Se você parar de alimentar a carne e começar a alimentar o espírito, este dominará a carne, e essa é a essência e o poder do jejum. Veja como Paulo tratava a carne: "esmurro o meu corpo e faço dele meu escravo, para que, depois de ter pregado aos outros, eu mesmo não venha a ser reprovado" (1Co 9.27).

A única maneira de esmurrar a carne é jejuando e alimentando o espírito com a Palavra de Deus e com a oração. Quando jejuamos e subjugamos a carne à fome, estamos mostrando ao nosso corpo e aos desejos carnais que somos nós que mandamos neles.

5. O JEJUM É UMA FORMA DE RECEBER PODER DO CÉU

Houve um momento em que os discípulos de Jesus foram desafiados a expulsar o demônio de um garoto que estava possesso, mas eles não conseguiram. Então, Jesus disse-lhes que há castas de demônios que só saem com jejum e oração (Mt 17.21). Preste atenção no que Jesus disse e você vai perceber que existem momentos em que a oração por si só não é suficiente, e nesse caso é necessário unir o jejum à oração. Assim, se por algum motivo a unção de Deus não está fluindo em sua vida ou relacionamento, esse é um sinal claro de que você precisa praticar o jejum aliado à oração como forma de obter poder. De acordo com Lucas, capítulo 4, o Senhor Jesus, após passar quarenta dias jejuando, venceu as tentações do maligno e saiu do deserto no "poder do Espírito Santo".

Portanto, se você deseja ser cheio do Espírito Santo, siga o exemplo de Jesus e faça o que ele fez. Claro, você não precisa jejuar por quarenta dias, se fizer isso vai morrer, mas dedique um tempo do seu dia para estar na presença de Deus sem se alimentar e consagre sua vida e seu relacionamento a ele por meio do jejum. A prática do jejum vai fazer com que sua vida e seu relacionamento sejam cheios do poder do Espírito Santo, e você e seu parceiro estarão cada vez mais unidos.

6. QUANDO E COMO DEVO JEJUAR?

Escolha um dia com menos atividades para jejuar e se dedicar ao Senhor por meio da oração. Assim, você pode passar mais tempo orando e lendo a Bíblia. Porém, se não for possível e você tiver de conciliar o jejum com os estudos e o trabalho, tente sair por uns 15 minutos durante a atividade que está realizando e ir a um lugar onde possa passar um tempo em oração silenciosa na presença de Deus. Quem nunca jejuou pode começar tirando a primeira refeição do dia: não tome café e permaneça em jejum até o meio-dia. Depois de algumas vezes, jejue até às 18 horas; não tome café, não almoce nem lanche à tarde. E depois, caso ache necessário, pode ir aumentando o tempo.

Você também pode fazer um jejum parcial, deixando de comer alguma coisa que goste muito por um período. Esse jejum pode ser de uma semana, um mês ou até um ano. Eu, por exemplo, já fiquei em jejum por um ano sem tomar refrigerante. E um casal de namorados que esteja lidando com as tentações no namoro pode, por exemplo, fazer um jejum de toques físicos (beijos e abraços) por um tempo. O importante é que tanto o solteiro quanto o casal pratiquem o jejum e consagrem sua vida e seu relacionamento a Deus. Não esqueça de orar, ler a Palavra, louvar, adorar e meditar nas Escrituras enquanto jejua.

ATIVIDADE DO DIA

MOTIVO DE ORAÇÃO

Ore para que Deus o ajude a desenvolver a disciplina do jejum e a ter um espírito forte.

NAMORADOS

Estabeleçam um dia de jejum e consagrem a vida e o relacionamento de vocês a Deus. Que tal o jejum de uma refeição, como o café da manhã, de um alimento de que vocês gostam ou até mesmo de uns beijos e abraços por um tempo? Orem e peçam a Deus uma direção sobre o que vocês devem oferecer a ele.

SOLTEIROS

Comece a praticar a disciplina do jejum pelo seu futuro. Consagre os seus planos e sonhos a Deus por meio do jejum. E use o jejum como uma arma para vencer seus pecados.

TENHAM A MESMA FÉ!

Andarão dois juntos, se não estiverem de acordo?

AMÓS 3.3

A resposta para a pergunta sugerida nesse versículo é um retumbante não! É impossível que duas pessoas andem juntas se não estiverem de acordo. Relacionamentos são compostos por duas pessoas muito diferentes uma da outra. E essas diferenças fazem com que estar de acordo seja uma condição sem a qual nenhum relacionamento sobrevive. Além disso, se não existe concordância, é considerado um jugo desigual. Você sabe o que é jugo desigual? No passado, em muitas fazendas, quando um serviço era muito pesado para apenas um animal, os agricultores uniam dois animais por meio do jugo para que eles pudessem trabalhar juntos. Contudo, para uni-los, era necessário ter o cuidado para que eles não fossem de tamanho, força ou espécie diferentes. Se essa regra não fosse observada, um dos animais ficaria sobrecarregado, podendo chegar à morte por esgotamento. Assim, usavam dois animais iguais para que não houvesse um "jugo desigual".

A expressão "jugo desigual" no grego é *heterozugeo* e significa "estar desigualmente unido, ter comunhão com alguém que não é semelhante". Em 2Coríntios 6.14, o apóstolo Paulo proíbe os cristãos de terem relações com pessoas incrédulas ou que possuam alguma diferença de fé que possa caracterizar um jugo desigual: "Não vos prendais a um jugo desigual com os infiéis". Esse ensino diz respeito a qualquer associação entre um crente e um incrédulo e, por causa das diferenças claras entre as religiões, também é aplicado à união entre pessoas que não são da mesma religião.

Certa vez, ouvi alguém dizer que esse texto não proíbe duas pessoas de religiões diferentes de namorar e se casar. Para ele, a ordem de Paulo quanto ao jugo desigual se referia apenas a sociedades no âmbito profissional. Mas essa ideia é absurda! Imagine que, de acordo com o pensamento dessa pessoa, alguém pode se casar com um incrédulo ou com uma pessoa de religião diferente e dividir a responsabilidade de educar seus filhos, mas não pode abrir um negócio e ser sócio do seu cônjuge. É muito contraditório, não? É sim!

A vontade de Deus é que duas pessoas que desejam se unir por meio do casamento se esforcem para compartilhar a mesma visão sobre ele, se aproximem dele do mesmo modo e, mais tarde, eduquem os filhos com base nos mesmos princípios. Mas por que é importante que o casal tenha a mesma fé?

1. ESSE É UM MANDAMENTO BÍBLICO

Saber que a Bíblia nos instrui a não mantermos relacionamentos com pessoas que possuam uma fé diferente da nossa deveria ser suficiente para não entrarmos nesse tipo de relacionamento. Porém, eu sei que você é o tipo de pessoa que acredita que: "porque sim", "porque não" ou "porque tem que ser assim" não é resposta. E, por isso, vou me aprofundar um pouco mais neste assunto para você entender melhor. A Palavra de Deus orienta, tanto no Antigo Testamento (Dt 7.3-4) quanto no Novo Testamento (2Co 6.14), que devemos ter relacionamentos amorosos apenas com pessoas que professem a mesma fé que nós. E os motivos pelos quais a Bíblia aconselha isso são para evitar que: a visão a qual a pessoa tem de Deus e da adoração a ele sejam deturpadas pelo parceiro que não vive com base na mesma crença; um influencie o outro com aspectos da sua fé; quem tem fé se relacione com quem não tem fé e se perca, e Deus se afaste de nós por termos nos afastado das coisas dele em virtude de um relacionamento. Desse modo, ao preservar as tradições e os princípios estabelecidos por Deus, os dois se aproximam juntos de Deus e o adoram da mesma forma. Acredito que, para o bem do casal, um espírita deve se casar com um espírita, um católico com um católico e um evangélico com um evangélico. Assim, eles poderão exercer a fé do jeito que acreditam e em unidade.

2. É IMPORTANTE PARA QUE O CASAL SE APROXIME DE DEUS DA MESMA FORMA

Muitas pessoas dizem: "Esse negócio de religião diferente é bobagem, o que importa é que nós servimos ao mesmo Deus". Pode até ser verdade que servimos o mesmo Deus, mas ninguém pode negar que pessoas de religiões diferentes não servem nem se aproximam de Deus da mesma maneira, e essas diferenças podem impactar negativamente o relacionamento.

Um amigo evangélico se apaixonou por uma moça católica, porém as famílias eram tradicionais em suas religiões e se posicionaram contra o relacionamento. Os amigos dos dois percebiam que eles estavam cometendo um erro, eu mesmo tentei aconselhá-los a não seguir em frente com o relacionamento, mas ambos decidiram ficar juntos apesar de todos os problemas que o jugo desigual poderia lhes gerar. Durante o namoro, eles conseguiram driblar facilmente as diferenças que possuíam, mas, logo quando decidiram marcar o casamento, elas começaram a gerar dificuldades. O primeiro obstáculo foi a decisão de onde se casariam: na igreja evangélica ou na igreja católica. Qualquer que fosse a escolha, uma das famílias ficaria de fora. A família evangélica já havia avisado que não iria ao casamento se fosse na igreja católica, e os parentes católicos disseram que não compareceriam se fosse na igreja evangélica. A verdade é que casar em uma igreja que não fosse a sua era desconfortável até mesmo para o casal. Portanto, para evitar conflitos maiores, eles decidiram casar apenas no civil.

Logo após a cerimônia civil, eles viajaram para a lua de mel e, quando voltaram para casa, foram desembrulhar os pertences que trouxeram da vida de solteiro para o casamento. A moça pegou a imagem de uma santa de quem era devota e a colocou em cima da geladeira. Ela pôs um terço do lado dela na cama e imagens sobre os dois criados-mudos do quarto. Quando meu amigo chegou em casa do trabalho e viu esses símbolos que representavam a fé e a maneira como sua esposa se aproximava de Deus, ele ficou chocado, e os dois discutiram para decidir se as imagens ficariam ou não na casa. Sem titubear, a moça disse: "Quando eu era pequena, tive um problema nos olhos. Minha mãe fez uma promessa para essa santa e, como fui curada, me tornei devota dela. Assim, se os meus ícones não ficarem, eu também não fico".

Com muito custo, os dois chegaram a um acordo e decidiram que as imagens poderiam ficar no lado dela do quarto! Sim, você entendeu bem, eles definiram que o quarto seria dividido em dois e cada um teria o seu lado. Porém, as diferenças não sumiram com o tempo, e foram se intensificando. As famílias não participavam de eventos juntas, não frequentavam a casa deles e os sogros não se davam bem com o genro e com a nora. Quando o primeiro filho nasceu, surgiu um problema ainda maior: ele seria batizado na igreja católica ou apresentado na igreja evangélica? Seria introduzido na religião do pai ou da mãe? Isso se tornou um conflito para o casal, e os dois começaram a tentar convencer um ao outro a ir para sua religião. Contudo, como ambos estavam muito convictos de sua fé, essas coisas foram desgastando o casamento, a ponto de eles se separarem.

Quer saber o que meu amigo me confidenciou ao fim do casamento? Ele me disse que, embora tivessem tentado, não houve um dia em que os dois tivessem conseguido buscar a Deus juntos. Todas as vezes que tentaram ter intimidade com o Senhor fracassaram por causa da maneira como cada um se aproximava de Deus. Ele era pentecostal, e ela não abria mão de suas rezas. Quando ele "entrava na unção", ela ficava com medo, e quando ela começava a fazer suas rezas, ele não se sentia em paz.

O relacionamento desse casal mostra como a religião diferente causa uma ruptura entre os cônjuges e os impede de serem verdadeiramente unidos diante de Deus. A vontade do Senhor é que o homem e a mulher se tornem uma só carne, isto é, que ambos estejam unidos em todos os aspectos, inclusive no aspecto espiritual. E, para que um casal se una espiritualmente de fato, é necessário que tenha a mesma fé e se aproxime de Deus em união e de maneira semelhante.

3. UM RELACIONAMENTO JÁ POSSUI CONFLITOS EM VIRTUDE DAS DIFERENÇAS ENTRE HOMEM E MULHER, POR ISSO PRECISAMOS EVITAR O QUE PUDERMOS

Católicos, evangélicos, espíritas e judeus são diferentes, e ninguém pode negar isso. Cada um tem crenças, formas de enxergar o mundo, maneiras de exercer a fé e práticas que diferem muito entre si. Cada religião se aproxima de Deus a sua maneira e acredita em modos diferentes de chegar à salvação. Essas diferenças, unidas às diversidades já presentes no relacionamento entre duas pessoas, podem se tornar pontos com potencial para destruir a relação. E isso não é coisa de "crente", como muitos dizem por aí, afinal, o próprio catecismo da igreja católica afirma que:

> as diferenças e as dificuldades presentes nos casamentos mistos (entre pessoas de religiões diferentes) não devem ser subestimadas. Os cônjuges correm o risco de sentir o drama da desunião dos cristãos no seio do próprio lar. A disparidade de culto pode agravar mais ainda essas dificuldades. As divergências concernentes à fé, à própria concepção do casamento, como também mentalidades religiosas diferentes, podem constituir uma fonte de tensões no casamento, principalmente no que tange à educação dos filhos. Uma tentação pode então apresentar-se: a indiferença religiosa.[1]

---

[1] CATECISMO DA IGREJA CATÓLICA. Edição Típica Vaticana, Libreria Editrice Vaticana, §1634, p. 388.

Além disso, conforme a crença popular, existem três coisas que não se discutem: religião, política e futebol. O que isso quer dizer? Quer dizer que esses três assuntos são tipo nitroglicerina, se tocarmos neles de forma errada, explodem. Agora imagine que, se esses assuntos já causam conflitos entre amigos, o que eles podem fazer em um relacionamento amoroso? Muitas vezes o casal enfrenta dificuldades porque ambos acreditam que o que aprenderam está certo e, querendo o bem de seus parceiros, tentam convencê-los a ir para sua religião. E, quando isso acontece e o outro está convicto de sua fé, a tentativa de converter o parceiro pode ser um ponto de tensão capaz de causar problemas no relacionamento — como acabamos de ver no exemplo do casal que decidiu se casar mesmo sendo de religiões diferentes e mais tarde se separou.

4. É IMPORTANTE QUE O CASAL FREQUENTE A MESMA IGREJA E VIVA DE ACORDO COM AS MESMAS DOUTRINAS

Não há problema se vocês frequentarem igrejas diferentes durante o namoro, mas é bom começarem a conversar e se preparar para estarem juntos em uma mesma igreja depois de casados. Isso é importante porque não existe como um casal estar em comunhão um com o outro e com Deus se os dois são membros de igrejas diferentes. É maravilhoso poder ir para a igreja de mãos dadas com a pessoa que amamos, sentar-se ao lado dela e cultuar a Deus com ela, ouvindo uma mesma orientação. Além disso, toda religião, ou a maioria delas, é composta por vertentes diferentes, por exemplo: dentro da fé católica, existem o catolicismo tradicional e a renovação carismática católica — a qual apresenta modos de fé que, de alguma forma, se unem com expressões evangélicas; e, dentro da fé protestante, temos os luteranos, presbiterianos, batistas, assembleianos, metodistas e muitas outras denominações.

Para complicar ainda mais, no meio evangélico ainda encontramos uma divisão entre arminianos e calvinistas. As igrejas de linha arminiana e calvinista, além de terem cultos com estilos diferentes, também possuem costumes e doutrinas distintos. Entre essas diferenças está o batismo infantil, o batismo por imersão ou aspersão, a crença na predestinação e tantas outras coisas que nem dá para citar aqui. Desse modo, para que essas diferenças não atrapalhem o relacionamento, é melhor que um solteiro procure alguém de uma denominação parecida com a dele para começar um relacionamento e que o casal esteja disposto a frequentar a mesma igreja após o casamento, para serem discipulados por uma mesma visão.

5. É IMPORTANTE QUE O CASAL TENHA A MESMA FÉ PORQUE NEM SEMPRE O RESPEITO É SUFICIENTE

Eu não vou me posicionar a favor ou contra nenhuma religião, certo? Mas quero que você entenda que, embora existam muitas interpretações, só há uma verdade acerca da Bíblia. Isso quer dizer que a fé evangélica e a fé católica são tão diferentes em aspectos tão importantes que, inevitavelmente, se uma tiver razão em relação à sua interpretação bíblica, a outra estará errada. Vou ser mais claro: não há como evangélicos e católicos estarem certos ao mesmo tempo sobre alguns assuntos. Por exemplo, se os evangélicos acertarem em sua visão sobre a idolatria, os católicos estarão em pecado contra Deus. E, por outro lado, se os católicos estiverem certos em prestar culto aos santos homens e mulheres de Deus, os evangélicos estarão em falta por não reconhecer a santidade de determinadas pessoas que passaram por esta Terra.

No fundo, você precisa entender que, se sua fé está certa e você se relaciona com alguém de outra religião, algo está errado na vida do seu parceiro e, infelizmente, de acordo com a fé que você professa, essa pessoa não será salva. Entendeu o que estou querendo dizer? Portanto, de que adianta estar ao lado de alguém na Terra que, de acordo com sua fé, não vai para o mesmo céu que você?

6. SÓ EXISTE UMA EXCEÇÃO PARA CASAR COM ALGUÉM DE FÉ DIFERENTE!

A única maneira lícita diante de Deus para que duas pessoas que possuem fé diferentes tenham um relacionamento debaixo da bênção de Deus é se uma delas abrir mão de sua crença. Sobre isso a Bíblia diz:

> Quando vocês guerrearem contra os seus inimigos e o Senhor, o seu Deus, os entregar em suas mãos e vocês fizerem prisioneiros, um de vocês poderá ver entre eles uma mulher muito bonita, agradar-se dela e tomá-la como esposa. Leve-a para casa; ela rapará a cabeça, cortará as unhas e se desfará das roupas que estava usando quando foi capturada. Ficará em casa e pranteará seu pai e sua mãe um mês inteiro. Depois você poderá chegar--se a ela e ser o seu marido, e ela será sua mulher.
>
> Deuteronômio 21.10-13

Podemos ver isso na prática no exemplo de Rute, que era moabita, mas abriu mão de seu povo e seus deuses para servir ao Deus de sua sogra Noemi. "Disse, porém, Rute: 'Não me instes para que te abandone, e deixe de seguir-te; porque aonde quer que tu fores irei eu, e onde quer que pousares, ali pousarei eu; o teu povo é o meu povo, o teu Deus é o meu Deus'" (Rt 1.16).

Esse versículo narra o que aconteceu entre Rute e sua sogra Noemi. Mas poderia ser usado para um homem e uma mulher. O texto não relata que Rute raspou a cabeça e cortou as unhas quando se casou com um dos filhos de Noemi, porém, quando ela diz a sua sogra: "o teu povo é o meu povo, o teu Deus é o meu Deus", fica claro que ela negou seu povo e seus deuses para servir ao Deus de sua sogra. E veja que coisa linda, Rute foi tão aceita entre o povo de Deus e tão amada por Deus que a história mostra que mais tarde, quando ficou viúva, ela casou-se com Boaz, gerou um filho chamado Obede e tornou-se uma das poucas mulheres citadas na genealogia de Jesus.

Leia Mateus 1 e encontre Rute entre as mulheres da genealogia de Jesus.

ATIVIDADE DO DIA

MOTIVO DE ORAÇÃO

Ore para que Deus lhe conceda a graça de passar a vida ao lado de alguém que o ama tanto quanto você o ama e para que vocês possam passar a eternidade em novos céus e terra.

NAMORADOS

Se vocês são de religiões diferentes, é muito importante pensar sobre como as diferenças podem afetar a vida e o relacionamento de vocês. Se são da mesma religião, mas de igrejas diferentes, conversem sobre como será no futuro e sobre a possibilidade de frequentarem uma mesma igreja.

SOLTEIROS

Faça o compromisso com você mesmo de se relacionar apenas com alguém que tem a mesma fé que você. Antes de iniciar um relacionamento, leve em conta que, para Deus ser o primeiro em um relacionamento, ele precisa ser o primeiro na vida dos dois.

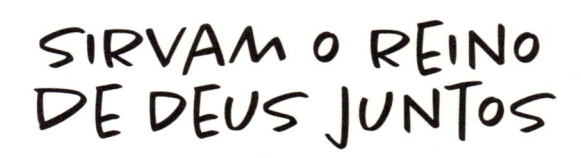

SIRVAM O REINO DE DEUS JUNTOS

Vocês são a luz para o mundo. Não se pode esconder uma cidade construída sobre um monte. Ninguém acende uma lamparina para colocá-la debaixo de um cesto. Pelo contrário, ela é colocada no lugar próprio para que ilumine todos os que estão na casa. Assim também a luz de vocês deve brilhar para que os outros vejam as coisas boas que vocês fazem e louvem o Pai de vocês, que está no céu.

MATEUS 5.14-16

Antes de iniciar seu ministério, Jesus se retirou ao deserto por quarenta dias para se dedicar à oração, ao jejum, à meditação e ao silêncio. E, logo quando saiu de lá, sua primeira mensagem foi o chamado "Sermão da Montanha". Nesse famoso discurso, Jesus profere lições de conduta e moral, ditando os princípios que normatizam e orientam a vida cristã. Esse trecho dos Evangelhos é reconhecido como um dos discursos mais brilhantes e importantes de Jesus. O texto que lemos no início deste capítulo é parte do Sermão da Montanha, e nele Jesus está mostrando a responsabilidade dos cristãos em ter um bom testemunho diante do mundo. Ao dizer que somos a luz do mundo e que devemos iluminar o ambiente no qual estamos inseridos, Jesus está afirmando que temos de impactar as pessoas com as nossas boas ações, e nosso testemunho de vida deve fazer com que elas glorifiquem a Deus.

Dessa forma, é importante destacar que o relacionamento amoroso entre dois cristãos tem de ser muito mais que uma forma de satisfazer o casal. Ele deve ser, acima de tudo, uma maneira pela qual ambos servem a Deus e a sua obra. O maior objetivo de um namoro com propósito é fazer com que o casal viva um para o outro e os dois para a glória de Deus. Mas como um casal pode usar o namoro para glorificar a Deus, servir a ele e a sua obra? É isso que veremos neste capítulo.

1. FAÇA DO SEU NAMORO E DA PESSOA COM QUEM SE RELACIONA O SEU PRINCIPAL MINISTÉRIO

O namoro entre dois cristãos pressupõe a intenção de casamento. Dessa maneira, se está ao lado de alguém com quem deseja se casar, você precisa ser um instrumento de Deus na vida dessa pessoa, fazendo dela seu principal ministério. Mas preste atenção, eu não disse para você fazer do seu namoro e da pessoa com quem você se relaciona seu único ministério. Também não me referi a você dedicar todo seu tempo e esforços à pessoa que ama, e sim a ajudar o seu parceiro se aproximar o máximo possível de Deus e, no que depender de você, ser um incentivo para ele se tornar mais puro, mais santo e mais forte para vencer suas lutas contra o pecado. Assim, não seja um estímulo para que ele peque, mas um instrumento de Deus para que ele se santifique cada vez mais e alcance a salvação.

Não se esqueça nunca de que o motivo pelo qual Deus une duas pessoas é para que elas se ajudem, levem uma a outra para mais perto dele e demonstrem o amor dele uma à outra.

2. ENVOLVAM-SE EM UM MINISTÉRIO NA IGREJA

Toda igreja tem ministérios e atividades nas quais o casal pode se envolver e servir junto. Vocês podem participar do ministério de jovens, de teatro, de música, do departamento infantil, de evangelismo, de liderança de célula, da recepção ou de mídias. Ministérios como grupo de juventude, teatro e música geralmente têm uma demanda grande de pessoas para fazer parte deles. Mas o casal pode, por exemplo, participar do departamento infantil da igreja, que é sempre uma área que carece de voluntários. Você e a pessoa com quem se relaciona podem oferecer apoio a esse ministério, fazer parte do grupo de professores ou ajudar nas demandas que surgirem. Quanto ao ministério de evangelismo, vou tratar melhor sobre ele em um ponto específico a seguir.

A liderança de um pequeno grupo ou célula também pode ser uma maneira de o casal colaborar, caso a igreja que frequente promova esses encontros. Para isso, basta procurar o pastor e ver como acontecem as reuniões de treinamento, começando talvez por acompanhar um casal que já lidera uma célula ou pequeno grupo para aprender mais. Contudo, ao optar por servir nessa área, é necessário ler bastante a Palavra e buscar conhecimento de Deus para partilhar com outras pessoas.

Outras duas áreas em que qualquer pessoa disposta pode servir são no ministério de mídia e de recepção da igreja. Pode ser que vocês tenham dificuldade para atuar no ministério de música, de teatro, no departamento infantil, de evangelismo ou nas células, mas vai me dizer que vocês não sabem passar um slide no computador durante o culto ou receber as pessoas com um sorriso e um aperto de mão na porta da igreja? Existem muitas formas de servir a Deus e a sua obra ao lado da pessoa com quem nos relacionamos, e é muito importante que vocês se envolvam juntos em um ministério e sirvam ao Senhor por meio do relacionamento de vocês.

3. CASO SUA IGREJA NÃO TENHA MINISTÉRIOS, OREM E PENSEM SOBRE A POSSIBILIDADE DE CRIAREM UM MINISTÉRIO JUNTOS

Já citamos muitas possibilidades de ministérios em que um casal pode se envolver e servir as pessoas. No entanto, caso não exista um dos ministérios citados anteriormente em sua igreja, você e a pessoa com quem se relaciona podem auxiliar a implantar um deles na congregação. Para isso, é interessante procurar o pastor da igreja e perguntar se há algo ou algum ministério que ele deseje iniciar e ainda não conseguiu por falta de voluntários; havendo algo em que vocês se encaixem, podem se prontificar a ajudar.

Mas, se vocês já tiverem uma direção de Deus para começar um ministério específico, orem juntos e peçam ao Senhor confirmação sobre a atividade que devem desenvolver na igreja. Então, criem um projeto legal, bem detalhado, e o apresentem ao pastor para pedir que ele os apoie na implantação de um ministério no qual possam atender ao chamado e à missão de vocês, para o bem da igreja em que congregam.

4. USEM O NAMORO PARA INSPIRAR OUTRAS PESSOAS EM SUA COMUNIDADE DE FÉ E NA INTERNET

O namoro com propósito surgiu porque decidi compartilhar o testemunho do meu namoro nas redes sociais e ajudar outros solteiros, namorados e noivos. Já pensou que legal se você fizer o mesmo? Tenho certeza de que, quanto mais vozes se levantarem para falar sobre a importância de um namoro na presença de Deus, mais pessoas serão alcançadas. Dessa forma, seria interessante se vocês pudessem compartilhar suas experiências, pedindo ao pastor ou à liderança de jovens uma oportunidade para conversarem com os jovens e adolescentes da igreja sobre namoro, pureza sexual e santidade. Existe muito conteúdo disponível na internet sobre o assunto, e vocês poderiam usá-lo para tratar de temas importantes sobre a vida sentimental e o relacionamento em santidade entre os solteiros e namorados da sua comunidade.

Não é preciso idealizar muita coisa, basta separar um dia da semana, convidar os jovens para conversar sobre o assunto, reuni-los em algum lugar da igreja e falar sobre o que Deus direcionar. É simples de fazer. E, quanto a partilhar princípios sobre relacionamento de acordo com a vontade de Deus nas redes sociais, busquem primeiro uma orientação do Senhor, então criem um nome original e produzam seu próprio conteúdo. E, caso queiram usar o conteúdo de outras pessoas, sejam íntegros e não retirem a marca d'água ou o logo dos autores.

5. EVANGELIZEM JUNTOS

Existem pessoas que têm muita facilidade para falar e conversar com outras. Assim, se esse for o seu caso ou o do seu parceiro, vocês podem sair, abordar pessoas na rua, falar do amor de Deus e orar por elas; se não, comprar folhetos evangelísticos e sair distribuindo-os no caminho para a igreja ou em um dia específico separado para evangelizarem também é uma boa ideia. Folhetos evangelísticos geralmente são bem baratos, mas, caso não tenham recursos para adquiri-los, peçam ao pastor da igreja em que congregam para providenciar alguns panfletos e saiam juntos compartilhando a Palavra de Deus. Fazer evangelismo junto com a pessoa que amamos e desejamos viver por toda a vida é uma excelente forma de usar o relacionamento para a glória de Deus. Já imaginou que coisa linda poder servir a Deus ao lado de alguém que você ama?

MOTIVO DE ORAÇÃO

Ore para que você e a pessoa com quem você se relaciona (ou seu futuro parceiro) possam servir a Deus juntos por meio de um ministério na igreja.

NAMORADOS

Conversem para saber como podem usar o relacionamento de vocês para ser uma extensão da obra de Deus. Se já fazem parte de um ministério juntos, parabéns! Mas não se contentem em fazer o mínimo. Façam o melhor que puderem e ajudem juntos um ministério que precise de apoio em sua igreja. Se vocês não fazem parte de nenhum ministério, orem e descubram em qual ministério podem se envolver.

SOLTEIROS

use sua vida como uma extensão da obra de Deus, invista na obra, sirva o Reino e sua igreja. Lembre-se de que, se você estiver no caminho certo, trabalhando para Deus, será mais fácil encontrar alguém que esteja indo na mesma direção e que tenha o mesmo amor por Deus e sua obra. Ocupe-se em servir e honrar a Deus e deixe que ele conduza sua vida sentimental. Ore e responda: como você pode ajudar sua igreja e servir o Reino de Deus?

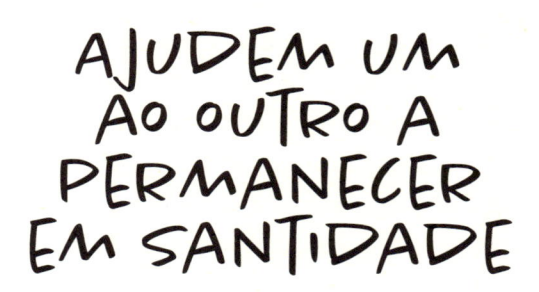

AJUDEM UM AO OUTRO A PERMANECER EM SANTIDADE

O que Deus quer de vocês é isto: que sejam completamente dedicados a ele e que fiquem livres da imoralidade. Que cada um saiba viver com a sua esposa de um modo que agrade a Deus, com todo o respeito e não com paixões sexuais baixas, como fazem os incrédulos, que não conhecem a Deus.

1 TESSALONICENSES 4.3-5

De acordo com Paulo, o desejo de Deus para nossas vidas é que vivamos de forma completamente dedicada a ele, e isso implica buscar ter uma vida de santidade. Desse modo, alguém que vive em santidade está em uma luta constante contra o pecado para que ele não se torne tão repetitivo a ponto de afastá-lo da presença de Deus. Pois viver em santidade não é nunca errar, e sim estar num processo contínuo de santificação e aperfeiçoamento.

Por exemplo, se eu luto contra o pecado da masturbação, da pornografia ou do sexo no namoro e tenho costume de praticá--los sempre, preciso enfrentá-los diariamente para que não se repitam em minha vida. Assim, vou evitar com a ajuda de Deus o máximo possível pecar todos os dias e me esforçar para ser cada vez mais santo. Mas pode acontecer que, mesmo lutando contra a carne e ficando um bom tempo sem pecar, eu acabe caindo e seja vencido por um desses pecados. Se isso ocorrer, o que devo fazer? Caso eu peque, não devo me entregar ao pecado, me render ou deixar que ele domine minha vida (Rm 6.1-14). A coisa certa a se fazer, nesse caso, é oferecer resistência ao pecado, se levantar e voltar para o processo de santificação, evitando pecar novamente.

Além disso, acredito que ter um namoro santo não significa apenas que o pecado está ausente — é claro que isso faz parte —, mas, acima de tudo, que apresenta práticas espirituais. Não dá para chamar de santo um namoro que não tem atitudes santas. Tudo bem se vocês até lutarem contra o pecado do excesso de intimidade física, porém, se vocês não buscarem a Deus juntos, ignorarão uma prática de santidade muito importante para todo cristão. Portanto, além de fugir do pecado, é muito importante que um casal que almeja a santidade exercite e mantenha práticas como a oração, a leitura da Bíblia e o jejum. Mas por que é essencial que um casal de namorados se esforce para ter um namoro santo?

1. UM CASAL DEVE TER UM NAMORO SANTO PORQUE ESSA É A VONTADE DE DEUS

A Bíblia diz: "esta é a vontade de Deus, a vossa santificação" (1Ts 4.3). Esse é um daqueles argumentos que dispensa qualquer acréscimo. Afinal, se Deus é o nosso Criador e a vontade dele é que tenhamos uma vida e um relacionamento santo, não há o que discutir. Isso deve ser suficiente. Mas, para que entendamos os motivos pelos quais Deus estabeleceu esse princípio e porque essa é vontade dele, é importante que conheçamos os outros motivos.

2. OS FRUTOS DO PECADO NO NAMORO PODEM SER COLHIDOS NO CASAMENTO

Qualquer pecado do namoro do qual não tenhamos nos arrependido ou abandonado é uma semente que vai gerar frutos desagradáveis no casamento. A Bíblia diz que o que o homem plantar, ele certamente colherá. E não devemos nos esquecer de que, em cada fase da nossa vida, plantamos por meio de nossas decisões e ações o que vamos colher futuramente.

O que plantarmos no tempo de solteiro teremos de colher no namoro; e, do namoro, os frutos aparecerão no casamento. Não dá para plantar o pecado no namoro e esperar colher a bênção de Deus no casamento. Se você semear o pecado, inevitavelmente terá uma colheita desagradável. E Deus é tão generoso que nos dá a oportunidade de plantar o que desejarmos, mas ele também é justo e nos fará colher tudo o que tivermos semeado.

Assim, se você deseja colher as bênçãos de Deus, trate de honrar e ser fiel ao Senhor na sua vida e no seu namoro por meio de suas atitudes de santidade.

3. DEUS RECOMPENSA AQUELES QUE VIVEM EM SANTIDADE

Se, por um lado, quem plantar o pecado no namoro terá de colher o seu fruto no casamento, por outro, quem for fiel ao Senhor e plantar a santidade no namoro colherá a bênção e a recompensa de Deus.

Devo dizer que não foi fácil para mim e para Michele ter um namoro em santidade. Para que isso fosse possível, tivemos de tomar a decisão radical de nos distanciar de qualquer coisa que pudesse nos afastar de Deus. Decidimos renunciar aos beijos e aos abraços e ter um relacionamento de corte. Foi difícil estar ao lado dela, olhá-la, sentir o seu perfume e não poder beijá-la. E havia dias em que tudo que eu queria era dar um "beijão daqueles" nela, e da mesma forma houve momentos em que ela também desejasse isso. Contudo, embora não tenha sido fácil, nós conseguimos ter um relacionamento em santidade, e não houve um só dia de nossas vidas em que tenhamos nos arrependido de tudo a que renunciamos naquele momento.

Hoje, podemos ver com clareza o quanto Deus se agradou de tudo o que fizemos. O Senhor tem cuidado de nós nos mínimos detalhes. Deus nos deu um casamento forte, abençoado, e tem nos unido um ao outro e a ele cada dia mais. E ainda nos concedeu dois filhos, que são verdadeiras heranças dele.

4. UM CASAL DEVE TER UM NAMORO SANTO PARA QUE ELE DESFRUTE DA EXPERIÊNCIA DA ESPERA E DA RECOMPENSA DO SEXO

A primeira camisa do nosso ministério tinha a frase: "Em Deus, toda espera tem uma recompensa". E é incrível como isso é verdade. A recompensa fica ainda melhor à medida que esperamos por ela, e, quanto mais difícil for para alguém alcançar o que deseja, mais valiosa ela será. O sexo, por exemplo, é uma recompensa de Deus para o casamento, e, quando um casal espera o matrimônio para ter suas experiências sexuais, ambos estão plantando um gesto de santidade.

A recompensa desse gesto é viver uma experiência transbordante de prazer e realização sexual no casamento. O mesmo não acontece àqueles que não se guardam sexualmente. Para quem conhece o sexo e as sensações ligadas a ele antes de se casar, não terá a mesma intensidade em sua primeira vez no casamento e não será tão recompensador quanto é para aquele que esperou. Pode parecer um exemplo simples, mas eu comparo o sexo antes do casamento a comer um lanche antes do almoço e acabar ficando de barriga cheia quando o prato principal for servido.

Lembro-me de que, quando eu era adolescente, costumava chegar em casa depois da escola com muita fome, e, como minha mãe trabalhava, o almoço demorava um pouco para ficar pronto. Enquanto isso, eu roubava uns biscoitos que ficavam sobre a mesa, e toda vez que minha mãe me flagrava comendo-os, ela dizia: "Se você comer biscoitos, quando chegar a hora de almoçar, você estará cheio e não conseguirá comer o que estou preparando". Era dito e feito, depois de alguns biscoitos, não importava se minha mãe estivesse fazendo meu prato preferido ou não, eu já estava tão cheio que mal conseguiria comer.

Comer de barriga vazia é muito diferente de comer de barriga cheia. E com respeito ao sexo isso não muda, quanto mais experiente uma pessoa for, menores serão a surpresa e a recompensa do sexo no casamento.

5. UM CASAL DEVE TER UM NAMORO SANTO PORQUE SEM SANTIDADE NINGUÉM VERÁ A DEUS

Posso ser duro em minhas palavras, mas há uma verdade que precisa ser dita, e esta verdade é que, quando um casal vive em pecado, os indivíduos podem estar condenando um ao outro a uma eternidade no inferno por causa de um prazer momentâneo. A Bíblia deixa muito claro, em vários momentos (1Co 6.9; Ef 5.5; Ap 22.15), que pessoas que vivem na imoralidade sexual não serão salvas.

O sexo no namoro e os toques íntimos são formas de imoralidade. Além de chamar o sexo antes do casamento de imoralidade sexual, a Bíblia também o denomina fornicação e diz que os fornicadores não herdarão o reino de Deus. Em 1Coríntios 6.9-11, Paulo afirma:

> Vocês sabem que os maus não terão parte no Reino de Deus. Não se enganem, pois os imorais [algumas versões dizem "os fornicadores"], os que adoram ídolos, os adúlteros, os homossexuais, os ladrões, os avarentos, os bêbados, os caluniadores e os assaltantes não terão parte no Reino de Deus.

Desse modo, se o casal viver em situação de pecado no namoro e não se arrepender, os dois podem ser condenados a uma vida eterna distante de Deus. Mas a boa notícia é que, se eles se arrependerem e abandonarem o pecado, Deus os perdoará, limpará, purificará e lhes dará uma nova história. Veja o complemento do texto em que Paulo diz que os imorais não herdarão o reino de Deus: "Alguns de vocês eram assim. Mas foram lavados do pecado, separados para pertencer a Deus e aceitos por ele por meio do Senhor Jesus Cristo e pelo Espírito do nosso Deus" (1Co 6.11).

Se o pecado nos impede de ver a Deus e nos leva à condenação eterna, ao nos arrepender e abandonar o pecado, somos lavados, unidos ao Espírito Santo e salvos por meio de Cristo Jesus. Por tudo isso, é importante que um casal de namorados viva em santidade.

MOTIVO DE ORAÇÃO

Ore e peça a Deus que você seja um instrumento dele para a santificação da pessoa com quem se relaciona (ou vai se relacionar no futuro) e para que essa pessoa também seja um instrumento em sua vida.

NAMORADOS

Orem juntos e façam o compromisso de ajudar um ao outro a se manter em santidade. Sejam radicais e façam tudo para não perder a presença de Deus. Cuidado! Sem santidade, ninguém verá a Deus. E, se o salário do pecado é a morte, ele pode ser a causa das brigas, afastamento e esfriamento do amor de vocês. Lutem contra o pecado antes que ele destrua o seu relacionamento.

SOLTEIROS

Você está lidando com algum pecado que se repete? Sim? É hora de lutar contra ele! Anote a última vez em que você pecou na área em que mais tem dificuldade e tente evitar ao máximo que se repita. Se você cair de novo, levante-se, resista e trate seus pecados. Pecados como pornografia e masturbação são péssimas sementes que plantamos na vida de solteiro e cujos resultados negativos podemos colher no namoro. Lute contra seus pecados e comece a resistir-lhes.

CONHEÇA O SEU PARCEIRO

O que eu peço a Deus é que o amor de vocês cresça cada vez mais e que tenham sabedoria e um entendimento completo, a fim de que saibam escolher o melhor.

FILIPENSES 1.9-10A

O versículo que acabamos de ler afirma que nosso amor deve crescer. Porém, é interessante perceber que esse texto não se refere apenas ao sentimento chamado "amor", até porque é natural que o amor entre duas pessoas aumente. Assim, essa passagem bíblica chama a atenção para outro aspecto muito importante: a maturidade do amor. Dizem que crescer é obrigatório, mas amadurecer é opcional. Portanto, embora seja natural que o amor entre o casal cresça, para que ele amadureça, é necessário muito esforço. E, nesse sentido, o versículo diz que, à medida que o amor entre duas pessoas aumenta, a sabedoria e o entendimento também devem crescer para que elas possam escolher sempre o melhor. Temos, dessa forma, nesse texto, a definição clara de um amor inteligente. O que mais poderia ser o tal amor inteligente se não um amor sábio e cheio de entendimento que nos leva a escolher o melhor? Não vejo uma definição de amor inteligente mais adequada que essa.

O namoro é o tempo em que duas pessoas devem se esforçar para conhecer uma à outra o máximo possível com o objetivo de tomarem a decisão de seguir ou não em direção ao casamento. Portanto, o namoro é um tempo de escolha. E, para o nosso bem, devemos buscar a maturidade do amor para que ele se torne um amor inteligente e nos ajude a tomar a decisão correta, isto é, a optar pelo que é melhor. Contudo, isso nem sempre tem acontecido. O amor de muitos casais até cresce, mas ele não tem chegado à maturidade pelo conhecimento um do outro e não tem conduzido as pessoas a escolherem da maneira certa.

Eu ministro cursos para noivos desde o ano de 2010, e sabe o que percebi em todo esse tempo? Percebi que a maioria dos casais não se conhecem. Cheguei a essa conclusão depois de realizar uma dinâmica com milhares de casais de noivos nos mais diversos lugares do país. Durante o curso há um momento em que eu testo o conhecimento do casal acerca um do outro, e o resultado, na maioria dos casos, mostra que os noivos estão seguindo em direção ao casamento sem se conhecer direito. Isso está errado.

Não podemos dar um passo tão importante como esse sem de fato conhecer — o máximo possível — a pessoa com quem nos relacionamos. Precisamos ser guiados por um amor maduro e sábio que nos auxilie a tomar essa decisão de forma correta, e não por um amor imaturo que nos faz assumir um compromisso tão sério como o casamento com alguém que não conhecemos como deveríamos. Mas quais coisas são importantes saber em relação ao outro antes de seguir em direção ao casamento?

1. CONHEÇA O CARÁTER

O que uma pessoa tem de mais importante e precioso nesta vida é o seu caráter, e é por isso que você deve buscar conhecer o caráter do seu parceiro acima de qualquer outra coisa. O problema é que muitos casais priorizam os toques físicos e beijos com o objetivo de conhecer o corpo do outro e, por agirem assim, não investem naquilo que realmente importa, isto é, conhecer o caráter um do outro. Mas acontece que, para manter um bom namoro (e, mais tarde, um bom casamento), é muito mais importante conhecer o caráter da pessoa do que a forma como ela beija ou faz sexo. Sério! Depois de casado, você vai descobrir que pouco importa se a pessoa beija bem e se faz um bom sexo, pois, se ela não tiver um bom caráter, essas coisas nem farão sentido.

O caráter de uma pessoa diz se ela será fiel ou não, se respeitará o parceiro, se fará sexo por amor e pensando no bem-estar do outro ou simplesmente para aliviar os seus desejos. Além disso, a forma como uma pessoa trata a outra dentro do relacionamento — que está diretamente ligada ao caráter — é o que mostra se o casal terá ou não uma vida sexual satisfatória. Não dá para ser feliz sexualmente ao lado de alguém que não é fiel, não o respeita, não o trata bem e faz sexo de forma egoísta. Assim, é o caráter que determina se um casamento dará certo ou não, inclusive na vida sexual. Ao observar o caráter de um homem, é possível ver indícios se ele vai ser um bom marido e um bom pai. E, da mesma forma, é o caráter que vai revelar se uma mulher será uma boa esposa e uma boa mãe. Por isso, é muito importante que, mais do que a maneira de beijar, você se esforce para conhecer o caráter do outro.

2. CONHEÇA AS QUALIDADES

Eu sei que, muitas vezes, a gente se prende aos defeitos e erros do outro e sabemos citá-los mais facilmente do que destacar as qualidades dele, mas tenho certeza de que seu parceiro também tem virtudes, e você deve descobrir quais são elas. Contudo, é importante salientar que algumas pessoas têm mais defeitos que qualidades. Assim, se, depois de se esforçar muito para tentar enxergar quais são as virtudes da pessoa com que você se relaciona, você perceber que os defeitos dela superam as qualidades a ponto de você não conseguir encontrar nada de bom para admirar e elogiar nela, fique sabendo que você está ao lado da pessoa errada.

Mas pode ser que, ao observar seu parceiro, você se depare com características positivas que ainda não havia percebido. E descobrir as qualidades da pessoa com quem nos relacionamos é importante, porque você precisa ser capaz de elogiá-la e incentivá-la, dizer o quanto ela é boa em algo que faz e mostrar que você reconhece o valor dela. Vai por mim! Note as qualidades do seu parceiro, cobre menos e elogie mais. Isso vai fazer toda a diferença no seu relacionamento.

3. CONHEÇA OS DEFEITOS

Eu nem precisaria dizer isso, não é mesmo? Afinal, sempre sabemos quais são os erros e defeitos do nosso parceiro. Porém, existem pessoas que ignoram a necessidade de conhecer os erros do outro e, acima de tudo, identificar aqueles defeitos com os quais não seriam capazes de conviver. Mas, tanto quanto reconhecer as qualidades do outro, é importante que você conheça os defeitos, saiba onde ele erra e em que área tem mais dificuldade de mudar.

Você deve alertá-lo de forma madura e sábia sobre os erros dele, falar como você se sente e incentivá-lo a modificar algumas atitudes. Porém, é fundamental que você perceba o quanto antes quais defeitos ele demonstra mais dificuldade em superar e se você seria capaz de conviver com eles no casamento. Isso é importante porque, se seu parceiro não está conseguindo deixar de lado determinado comportamento, existe uma grande possibilidade que isso nunca mude. Sendo assim, antes de se casar, você precisa descobrir se seria capaz de conviver com essa pessoa no casamento mesmo que ela não abandone esses defeitos.

4. CONHEÇA OS PLANOS E SONHOS

Já fiz muitos atendimentos e aconselhamentos, mas nenhum me marcou tanto quanto o de um casal de jovens que veio me procurar para falar sobre seu desejo de noivar. Eles estavam na minha frente muito empolgados e decididos a marcar o casamento. E, como sempre, tudo o que eu tinha de fazer era testar se eles estavam ou não preparados para tomar essa decisão e ajudá-los a resolver alguns pontos para que pudessem seguir em frente.

Bastou uma pergunta para ver que eles precisavam se conhecer um pouco mais. Olhei para os dois e, sem escolher quem começaria respondendo, perguntei: "Onde e como vocês desejam estar daqui a dez anos?". O rapaz foi logo respondendo e contando sobre seus planos. Ele monopolizou a reunião e falou sobre muitas coisas. Mas, enquanto ele se expressava, percebi que a moça ia ficando cada vez mais surpresa com o que ouvia. E, quando ele terminou de falar, eu disse: "Seus sonhos são muito legais, mas, enquanto você falava sobre onde e como gostaria de estar daqui a dez anos, parece que tanto eu quanto sua namorada ficamos com uma dúvida, e a dúvida é: como ela se encaixa nisso tudo?".

A jovem confirmou que eles nunca haviam conversado sobre aquelas coisas e que tudo era uma surpresa para ela. O rapaz, então, entendeu que fez planos, mas não os compartilhou com a futura noiva, e, enquanto ele contava sobre esses projetos, não ficou claro como a namorada se encaixava neles. Então, descobrimos que era isso o que eles precisavam resolver antes de se casarem.

Pedi que conversassem sobre os planos para daqui a dez anos, falassem um para o outro sobre os sonhos que possuíam, como gostariam de que o outro colaborasse, como cada um se encaixaria nesses sonhos, bem como que fizessem acordos claros quanto ao futuro e, após terem feito isso, me procurassem para marcarmos a data do casamento. Dessa forma, eles resolveram o problema, se casaram e foram viver seus sonhos. Anos mais tarde, os encontrei num congresso de jovens missionários muito felizes e gratos por eu lhes ter mostrado a importância de conversarem sobre o futuro, conhecerem os planos um do outro e fazerem acordos mostrando como cada um se encaixava neles.

Vocês já conversaram sobre isso?

5. CONHEÇA A LINGUAGEM DO AMOR

De acordo com Gary Chapman, existem cinco linguagens básicas pelas quais o amor é expresso e compreendido. Cada indivíduo nasce com uma maneira específica de identificar, receber e dar amor. Esse processo é chamado de linguagem, e as várias maneiras de expressá-la são chamadas de "dialetos". Muitas pessoas falham ao expressar seu amor ou ao não perceber as demonstrações de amor do outro, por não saberem qual é a linguagem do amor de cada uma.

Nesse caso, quando não sabemos qual é a linguagem do amor da pessoa com quem nos relacionamos e ela não sabe qual é a nossa, estaria acontecendo algo como duas pessoas de nacionalidades diferentes que não falam a mesma língua tentando se comunicar. Tipo um português e um americano que nunca teve contato com a língua portuguesa. Eles terão muita dificuldade para se entender, não é? Assim, o primeiro passo para que vocês expressem, recebam e compreendam as demonstrações do amor um do outro da melhor forma é identificar qual a linguagem do amor de cada um. E, de acordo com o dr. Gary Chapman, as cinco principais linguagens do amor são:

Toques: Algumas pessoas sentem amor ao serem tocadas. Nesse caso, um beijo, um abraço, um carinho e um afago fazem toda a diferença.

Receber presentes: Outros se sentem amados ao receberem presentes, e não precisam ser necessariamente caros. Os presentes podem ser flores, chocolates ou qualquer coisa que demonstre material que você se lembrou da pessoa e achou importante trazer uma lembrança.

Tempo de qualidade: Existem pessoas que se sentem amadas quando recebem a atenção dedicada do outro, são ouvidas sem interrupções, sem televisão, celular ou qualquer outra distração. Basta ter um tempo com a pessoa que ama, estar ao lado dela e fazer algo juntos.

Atos de assistência: Há pessoas que gostam de ser ajudadas nas atividades que desempenham. Por exemplo, há mulheres que gostam de que o homem ajude nas tarefas da casa porque os dois podem ter mais tempo juntos realizando uma atividade, podendo descansar e curtir depois de concluídos os afazeres. E, por falar nisso, também existem homens que se sentem amados quando a mulher se oferece para participar e ajudá-los em algo. Receber auxílio mostra que o outro se importa e valoriza o parceiro.

Palavras de afirmação: Todo mundo gosta de ouvir palavras de afirmação em alguma medida. Mas, se você ou a pessoa com quem você se relaciona precisa ouvir alguém dizer "eu amo você porque você é muito especial" ou que alguém afirme o que você representa, e você ou o seu parceiro se afetam profundamente com insultos, então palavras de afirmação certamente são a sua linguagem do amor ou a linguagem da outra pessoa.

Você já sabe qual é a sua linguagem do amor e qual é a linguagem do amor do seu parceiro? Se ainda não sabe, é hora de descobrir. Perceba como a pessoa com quem você se relaciona se sente amada e ajude-a a perceber como você se sente amado.

ATIVIDADE DO DIA

MOTIVO DE ORAÇÃO

Ore para que o seu amor pela pessoa com quem você se relaciona (ou para que seu amor no futuro por seu parceiro) e o amor dela por você cresçam em sabedoria, entendimento e discernimento.

NAMORADOS

Conversem com o objetivo de se conhecerem. Façam perguntas relacionadas ao caráter, aos sonhos e planos para o futuro e tentem descobrir a linguagem do amor um do outro. Perguntem sobre tudo o que vocês tiverem dúvidas ou aquilo que acreditam ser importante saber.

SOLTEIROS

Pense sobre o desafio de hoje, em quais áreas você precisa mudar e se tornar uma pessoa melhor. Pense sobre seu caráter, seus defeitos, suas qualidades, seus sonhos e planos e descubra qual é sua linguagem do amor. Anote tudo e esteja pronto para falar com seu futuro parceiro sobre essas coisas.

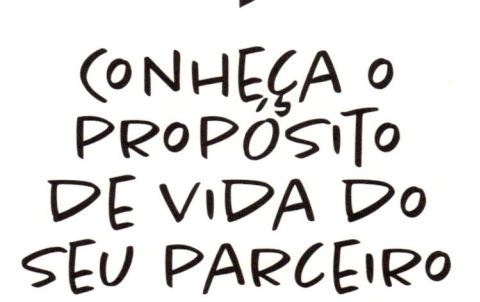

CONHEÇA O PROPÓSITO DE VIDA DO SEU PARCEIRO

O Senhor faz tudo com um propósito; até os
ímpios para o dia do castigo.

PROVÉRBIOS 16.4

Não existe nada que tenha sido criado sem um propósito. Deus não criou nada por acaso e não comete erros. Todas as pessoas — incluindo você — foram formadas por um motivo. Isso quer dizer que não importam as circunstâncias do seu nascimento, o quanto seus pais desejaram ou planejaram você, o que seu pai, sua mãe ou as pessoas disseram ao seu respeito, você não é um erro, você faz parte do propósito de Deus. Você precisa crer nisso, descobrir seu propósito e vivê-lo. Mas o que é propósito? Propósito é a razão pela qual Deus nos criou e nos enviou à Terra.

Todo ser humano tem dois propósitos: um espiritual, que seria o propósito universal, e um específico. O propósito universal é glorificar a Deus em tudo o que fizermos. Lembra-se do que Paulo disse em 1Coríntios 10.31? Ele afirmou: "quer comais, quer bebais ou façais outra qualquer coisa, fazei tudo para a glória de Deus". Portanto, é nosso propósito glorificar a Deus por meio de tudo o que fizermos, seja uma atividade ministerial, seja uma atividade secular. Mas, além do propósito universal, cada ser humano possui um propósito específico, e esse propósito tem a ver com o trabalho que desempenharemos durante a vida, o qual pode ser uma carreira profissional ou uma vocação ministerial. Porém, vale frisar que, como vimos, mesmo em nossa profissão devemos glorificar a Deus.

Você pode se perguntar: como descobrir o meu propósito?

Entendo que o maior problema em tratar desse tema é que há muitas pessoas que não sabem seu propósito. E é possível que nem você nem seu parceiro entendam qual é o propósito de suas vidas. Por isso, seu maior desafio é descobrir seu propósito e ajudar seu parceiro a encontrar o dele.

Para isso, vocês precisam: 1) passar um tempo em oração, lendo a Bíblia e pedindo discernimento a Deus; 2) descobrir o que queima e move o coração de vocês; 3) observar suas habilidades; 4) notar os problemas do mundo que causam insatisfação e que vocês sabem como resolver. No meu livro *Deus une propósitos*, trato desse assunto com mais detalhes, mas é importante que você entenda que todas essas coisas que citei acima apontam para o propósito da sua vida.

Pois bem, por quais motivos é essencial que você conheça o propósito do seu parceiro e que ele conheça o seu?

1. PARA AJUDÁ-LO A CUMPRIR ESSE PROPÓSITO

A descoberta e a concretização do nosso propósito são o que traz realização e felicidade para nossa vida. Não existe coisa pior que fazer o que não nascemos para fazer. Você já foi atendido por uma pessoa que não estava fazendo o que nasceu para fazer? Alguém que estava ali apenas pelo dinheiro? Se sua resposta for sim, você deve ter percebido o quão desagradável é cruzar o caminho de alguém que não está vivendo seu propósito de vida. A verdade é que uma pessoa pode até ter sucesso no que faz, mas, se ela não souber seu propósito e não estiver desempenhando o que nasceu para fazer, pode não se sentir feliz e realizada. Por isso, é muito importante que, caso seu parceiro ainda não saiba o propósito dele, você o ajude a descobri-lo, mas, se ele já souber, é fundamental que você conheça esse propósito e o auxilie a cumpri-lo, para que ele desfrute da alegria e da satisfação de estar atendendo ao seu chamado e, assim, você esteja ao lado de uma pessoa feliz. Por outro lado, caso isso não aconteça, seu relacionamento pode ser afetado, afinal, não é legal estar acompanhado de alguém que não se sente contente e realizado por não saber ou por não cumprir seu propósito de vida.

2. DEUS DESEJA UNIR PROPÓSITOS QUE SE COMPLETAM

Se Deus fez tudo com um propósito, a união entre duas pessoas não seria diferente. Há um propósito pelo qual o Senhor une um homem e uma mulher. A princípio, Deus os une para que eles possam se ajudar e colaborar com o crescimento um do outro. Esse propósito fica claro quando Deus criou Eva e a apresentou a Adão, dizendo que ela seria sua auxiliadora e companheira idônea. Também fica evidente quando lemos Eclesiastes 4.9-12 e vemos Salomão relatando a importância de um casal ajudar-se mutuamente.

Mas, além disso, o Senhor deseja unir duas pessoas que tenham propósitos de vida parecidos e se completem. Por exemplo, eu e Michele não temos propósitos iguais, mas temos propósitos parecidos que se completam. Eu fui chamado para expor a mensagem do evangelho por meio da pregação, e ela, para ser intercessora. Deus nos uniu para que pudéssemos ser complemento um do outro na vida e no chamado ministerial. Fica claro que, mais que unir duas vidas, o Senhor deseja unir duas histórias, dois chamados e dois propósitos. Afinal, Deus une propósitos.

3. PROPÓSITOS DE VIDA DIFERENTES SEPARAM PESSOAS

Em um dos congressos que realizei, lembro-me de ter encontrado uma moça que estava vivendo um grande conflito. Ela estava namorando há cinco anos e, durante todo esse tempo, o maior sonho dela era se formar, casar com o namorado e viver uma vida feliz ao lado dele. Mas tudo mudou muito rápido. Acontece que, durante um culto de missões na igreja, ela ouviu um missionário falando da alegria de ver uma alma se rendendo a Jesus, bem como dos desafios do campo missionário e da necessidade de Deus enviar mais pessoas. Ao final do culto, o missionário orou pedindo ao Senhor para levantar jovens missionários e convidou à frente quem sentia ter o chamado para missões. De acordo com ela, quando viu, já estava lá na frente do altar sozinha.

Ninguém mais além dela atendeu ao chamado ou entendeu que foi chamado para ser um missionário. Ao fim do culto, ela foi conversar com o missionário e pediu-lhe conselhos sobre o que deveria fazer para se tornar de fato uma missionária. Ele ofereceu ajuda para ela ir à Jocum (Agência Missionária Jovens com uma Missão), fazer um curso e confirmar se esse era mesmo o chamado dela. A jovem aceitou e tudo o que precisava fazer era passar seis meses longe do namorado para realizar o tal curso. Com muito custo, ela conseguiu convencê-lo a ficar esses seis meses longe dela.

Ao fim desse tempo, a moça voltou para sua cidade ainda mais convicta de que havia nascido para ser missionária. E, além de ter o chamado confirmado, ela também recebeu uma proposta para ir à África fazer missões por dois anos. Mas agora, não dava mais para convencer o namorado a esperar por ela por esse período. Ela tinha certeza do chamado e sabia que, se aceitasse ir para a África, teria de terminar o namoro.

A jovem tinha de decidir entre cumprir o propósito da vida dela ou ficar com a pessoa que amava.

Após me contar tudo isso, ela me perguntou o que deveria fazer. E é claro que eu jamais diria a alguém "faça isso" ou "faça aquilo"! Por isso, apresentei-lhe as possibilidades e deixei que ela tomasse a decisão por sua conta. Eu disse que ela poderia ficar no Brasil, se casar e desfrutar de tudo o que sonhou até ali, mostrando que essa seria a escolha mais confortável, afinal, ela concluiria seus estudos, se casaria com o homem amado e usufruiria do conforto e da segurança de um lar.

E a seguir falei sobre a realidade de um missionário, ressaltando que seria necessário enfrentar muitos problemas, privações e se acostumar com o desconforto para ajudar outras pessoas.

Por fim, disse-lhe que deveria escolher entre o que faria mais sentido para ela, ficar e se casar ou ir e cumprir o propósito de sua vida. Como eu tinha de voltar para dar outra palestra, ela não me revelou o que iria fazer, e eu só descobri o que aconteceu meses mais tarde, quando ela me escreveu e contou que havia decidido romper o relacionamento e ir para o campo missionário.

Certamente, não foi uma decisão fácil.

Mas a experiência dessa moça, por mais dolorosa que tenha sido, nos mostra como propósitos de vida diferentes podem separar duas pessoas. Porém, o mais incrível é que a história dela também nos revela o oposto. Como eu disse, algum tempo depois, ela me escreveu contando que havia terminado o namoro e ido fazer missões, mas a segunda parte da história que ela me relatou no e-mail nos mostra que propósitos de vida parecidos unem pessoas.

4. PROPÓSITOS DE VIDA PARECIDOS UNEM PESSOAS

Como vimos, aquela moça do congresso decidiu abrir mão do relacionamento de cinco anos e cumprir seu chamado como missionária. Depois de ir para o campo, ela passou a me enviar e-mails contando sobre os desafios com que se deparou e como estava lidando com a escolha que fez. Não foi fácil para essa jovem renunciar ao relacionamento, ela sofreu bastante, chegando a pensar algumas vezes que tinha feito a escolha errada e deveria ter ficado e se casado, mas Deus lhe mostrou com o tempo que esse era o propósito dele para sua vida.

Acontece que, dois anos depois de ir à África, ela foi enviada para outra viagem missionária em outro país, e, quando chegou lá, ficou surpresa ao encontrar um amigo que havia conhecido durante o tempo em que frequentou o curso de missões.

É sério!

Sem que eles soubessem, foram enviados para a mesma igreja. Quando fizeram o curso, a moça ainda namorava e, por isso, os dois mal conversavam, mas agora, no campo missionário e solteira, ela teve a oportunidade de se aproximar do rapaz e conhecê-lo melhor. Os dois se tornaram muito amigos, e, assim, compartilhavam as dificuldades do campo missionário, ajudavam um ao outro, contribuíam para o sustento financeiro um do outro, choravam juntos, riam juntos e dividiam muito do que possuíam. Logo perceberam que havia um propósito quando Deus os colocou para servirem à mesma igreja, pois os jovens se completavam e se ajudavam, e, se eles se casassem, poderiam ser muito felizes juntos. Ele a pediu em casamento, ela aceitou, e hoje, ao lado dos filhos, eles formam uma família missionária que vive à disposição do reino de Deus.

Infelizmente, desde que eles foram fazer missões na Coreia do Norte, perdemos contato, não tenho mais informações sobre eles, mas fico muito feliz por ter feito parte dessa história incrível que nos mostra que propósitos de vida podem unir e separar pessoas e, além disso, também nos revela que Deus não fica devendo nada a ninguém. Tudo de que abrirmos mão em prol do reino de Deus gerará uma colheita.

5. NÃO HÁ NADA MELHOR QUE FAZER O QUE NASCEMOS PARA FAZER AO LADO DE QUEM AMAMOS

O exemplo dessa moça missionária mostra como duas pessoas podem ser felizes se elas tiverem o mesmo propósito de vida. Além dela, também posso contar o testemunho de um casal de noivos — um médico e uma enfermeira — que me escreveu durante a pandemia de COVID-19 em 2020. Em seu relato, salientaram que Deus os havia levantado para salvar a vida de muitas pessoas, e eles estavam muito felizes de poder fazer isso juntos.

Mas a verdade é que, como eu já disse, nem sempre se trata de ter o mesmo propósito de vida, assim como nem todas as pessoas terão essa graça de estar ao lado de alguém que tem um propósito de vida igual ao delas. Portanto, a maioria de nós deve procurar um companheiro que tenha um propósito parecido, assim como eu e Michele.

É importante destacar que eu não duvido de que o relacionamento entre duas pessoas de propósitos diferentes possa dar certo, até acredito que sim, afinal, quando duas pessoas estão dispostas a ceder, o relacionamento pode ser bem-sucedido. Porém, tenho certeza de que a relação entre duas pessoas que têm propósitos diferentes nunca será tão feliz quanto a relação daquelas que têm propósitos de vida parecidos, que se completam. Não há nada melhor que fazer o que Deus nos criou para fazer com o apoio e ao lado da pessoa que amamos. Eu sei o que estou falando. Sou feliz demais por estar ao lado de Michele, vivendo o que nasci para fazer e podendo contar com o suporte e com a oração dela. E é exatamente isso que eu desejo a você! Desejo que Deus lhe dê a graça de viver o seu propósito ao lado de quem você ama e que tenha um propósito que complete e seu.

MOTIVO DE ORAÇÃO

Peça a Deus que o ajude a descobrir e cumprir seu propósito. Ore pedindo que você e a pessoa com quem você se relaciona (ou seu futuro parceiro) tenham propósitos que se completam.

NAMORADOS

Conversem sobre o propósito da vida de vocês. Se já sabem qual é, falem abertamente sobre ele. Se ainda não sabem o propósito de sua vida, façam perguntas relacionadas ao propósito de cada um e ajudem um ao outro a descobrir para qual propósito nasceram. Iniciem uma jornada para descobrir qual é o propósito da vida de vocês. Orem; leiam a Bíblia, livros e artigos; assistam a vídeos sobre o assunto e tentem descobrir o propósito de cada um. Isso vai fazer toda a diferença na sua vida e no relacionamento.

SOLTEIROS

Você já sabe seu propósito? Se sim, faça anotações sobre esse propósito e tente descobrir quais propósitos de vida são conciliáveis ou inconciliáveis com o seu. Após fazer essas anotações, estabeleça o compromisso de só começar um relacionamento com alguém que tem um propósito que combina com você. E, se você ainda não sabe seu propósito, comece uma jornada em busca dele. Ore; leia a Bíblia, livros e artigos; assista a vídeos sobre o assunto e tente descobrir seu propósito. Isso vai fazer toda a diferença em sua vida e no seu futuro relacionamento.

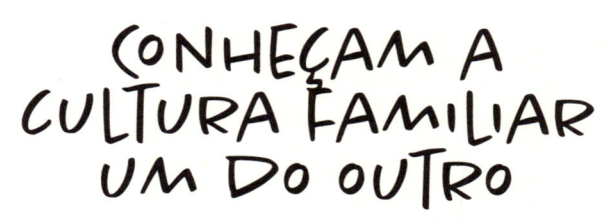

CONHEÇAM A CULTURA FAMILIAR UM DO OUTRO

Quando ia chegando ao Egito, Abrão disse à Sarai, a sua mulher: — Escute! Você é uma mulher muito bonita, e, quando os egípcios a virem, vão dizer: "Essa aí é a mulher dele." Por isso me matarão e deixarão que você viva. Diga, então, que você é minha irmã. Assim, por sua causa, eles me deixarão viver e me tratarão bem.

GÊNESIS 12.11-13

Abraão teve de ir ao Egito e, com medo de que os egípcios o matassem para ficar com Sara, sua esposa, que era muito bonita, mentiu para eles dizendo que ela era sua irmã. Mais tarde, em Gênesis 20, Abraão repetiu o mesmo erro, mentindo para o rei Abimeleque ao falar novamente que Sara era sua irmã. Surpreendentemente ou não, em Gênesis 26.6-11, podemos ver que Isaque, filho de Abraão, foi tão influenciado por seu pai que, quando estava em Gerar, também mentiu para o rei Abimeleque, falando que Rebeca era sua irmã, quando na verdade era sua esposa. Tanto quanto o pai, Isaque teve medo de que o rei o matasse para ficar com Rebeca, afinal, ela também era muito bonita.

Essa situação específica mostra que uma atitude de Abraão acabou se tornando um mau exemplo para seu filho Isaque. Abraão mentiu e, mais tarde, Isaque cometeu o mesmo erro. É claro, que apesar de ter vacilado nessa área, Abraão também foi uma influência muito positiva na vida de seu filho, ensinando-lhe lições preciosas sobre a fé e o amor a Deus e, sobretudo, sobre temer ao Senhor.

Porém, fica claro através desse exemplo que os filhos aprendem com seus pais por meio de suas ações, tanto positivas como negativas. Além disso, podemos ver também como os exemplos dos nossos pais e a cultura familiar na qual fomos criados podem influenciar nossos relacionamentos.

O cinema está cheio de histórias sobre casais que se uniram em casamento apesar das diferenças culturais. No filme *Casamento grego* (2002), por exemplo, temos um norte-americano que se casa com uma mulher grega. Duas culturas muito distintas. Já parou para pensar como seria namorar ou se casar com alguém de uma cultura totalmente diferente da sua? Pensou? Nunca pensou? Se você não pensou, é bom ir pensando, pois isso vai muito além de uma história de cinema. Na vida real, todo relacionamento é a união de duas pessoas nascidas e criadas em culturas familiares que diferem muito uma da outra.

Cultura familiar são características, tradições e traços do estilo de vida de uma família. Quando acontece um encontro de famílias, logo percebemos as diferenças que existem entre elas. Fica claro que cada grupo familiar tem seus costumes, e as diferenças notadas representam a cultura de cada família.

O que acontece quando sua família se reúne? Algumas famílias gostam muito de estar juntas, fazem de tudo um motivo de festa e, quando se reúnem, elas dançam, falam alto e fazem barulho. Por outro lado, há famílias mais reservadas, que não são muito inclinadas a festas ou agitação e são menos barulhentas quando se encontram.

Ora, você pode não acreditar, mas existe muito dos seus pais em você, e você é muito mais parecido com eles do que gosta ou imagina. A diferença é que vocês estão em posições distintas. Hoje você é filho, e eles são pais. Mas amanhã, quando você for pai ou mãe e estiver na mesma posição deles, vai se ver fazendo as coisas como eles e vai descobrir o quanto vocês são parecidos.

Esse é um exemplo de como a cultura da sua família influencia você, mas, como eu disse: todo relacionamento é o encontro de culturas familiares diferentes e, quando duas pessoas se relacionam, as diferenças culturais podem causar conflitos entre casais.

Por exemplo, imagine que sua família seja mais festeira e faça de tudo um motivo para celebrar e se reunir, mas a família do seu parceiro não goste de festas. Você foi criado nesse ambiente agitado, mas ele não. Nesse caso, se vocês não fizerem um acordo, seu desejo de viver participando dos encontros em família ou de fazer festa em casa pode ser assustador para ele que vem de uma família menos festeira. Entende?

Diante dessas questões, gostaria de falar sobre o que você precisa saber sobre a sua cultura familiar e a do seu parceiro para que os traços diferentes em suas culturas não interfiram negativamente no futuro casamento de vocês.

1. HÁ UMA HISTÓRIA POR TRÁS DE CADA PESSOA

Cada pessoa tem uma história de vida, e essa história influencia significativamente seu comportamento, ações e reações. Isso quer dizer que a forma como você ou seu parceiro age ou reage está diretamente ligada àquilo que vocês viram seus pais ou pessoas próximas fazendo repetidas vezes. Você e seu parceiro são construções que vêm sendo projetadas por anos, a partir do contexto familiar no qual viveram. Por isso, antes de entrar em um relacionamento, ou mesmo já estando em um, você precisa entender que a história familiar em que seu parceiro foi criado formou o caráter e o comportamento dele. E tudo isso diz muito sobre quem ele é.

Se você é mulher, deve saber que seu namorado tem grandes chances de repetir a forma de agir do pai dele, e, se é homem, é provável que sua namorada repita padrões observados na mãe dela. Afinal, foi o que vocês viram seus pais (que são suas principais referências) fazerem, e isso moldou o comportamento de vocês. Por isso, parte da decisão de se casar com alguém deve ser influenciada pelo conhecimento da maneira como os pais dele se tratam.

2. DESCUBRA QUAIS PONTOS DA CULTURA FAMILIAR DO SEU PARCEIRO PODEM CONTRIBUIR PARA O BEM DO SEU RELACIONAMENTO

Nem tudo é ruim, e é possível que algumas práticas da família da pessoa com quem você se relaciona possam contribuir positivamente para a construção do seu relacionamento e futuro casamento. Por exemplo, se você vem de uma família que tinha problemas financeiros, que se endividava e gastava mais do que tinha, mas seu parceiro cresceu em um lar em que se praticava uma boa administração financeira, esse deve ser um exemplo a ser seguido.

3. DESCUBRA QUAIS PONTOS DA CULTURA FAMILIAR DO SEU PARCEIRO PODEM ATRAPALHAR O RELACIONAMENTO DE VOCÊS

Embora existam pontos positivos em todas as famílias e esses pontos possam colaborar para a construção dos princípios sobre os quais a família que você está formando será edificada, é importante que você compreenda que nem tudo o que foi bom e deu certo no contexto da sua família de origem pode ser bom no seu casamento. Certa vez atendi um casal que estava enfrentando conflitos em virtude do desejo da esposa de manter práticas que eram muito positivas na família dela, mas que simplesmente não funcionavam no contexto da família que ela e seu marido estavam construindo. A jovem veio de uma família do interior que tinha como um princípio importante que todos deveriam almoçar e jantar juntos. Esse era o principal momento deles em família, e dificilmente acontecia algo que os impedia de estarem juntos nos períodos das refeições. E ela valorizava muito isso.

No primeiro mês de casamento, deu tudo certo, afinal, o marido estava de férias e eles podiam almoçar, jantar e ficar o tempo todo juntos. Mas, logo quando ele voltou a trabalhar, almoçar juntos se tornou inviável, acontecendo com frequência de o marido se atrasar para o jantar. As coisas mudaram, e a esposa não gostava disso. Os dois brigavam, e ela parecia não entender que o contexto deles não era o mesmo no qual fora criada. Antes, a jovem e a família moravam em uma cidade do interior, não havia trânsito, o pai era o seu próprio chefe e fazia seu horário de modo que podia ir para casa quando quisesse. Mas agora eles viviam em uma cidade grande, o marido tinha de sair cedo de casa e, por causa da distância da residência até o trabalho, não dava para voltar a tempo de almoçar e muitas vezes não conseguia chegar em casa cedo para o jantar. Estava claro que o que a esposa queria era inviável, mas ela não abria mão dos costumes que trouxe da casa dos pais.

Demoramos muito a convencê-la de que o modelo da família de origem dela não se encaixava na família que eles estavam construindo. E, por mais óbvio que isso parecesse, foi preciso muita oração até que ela aceitasse isso.

O exemplo desse casal mostra que, embora algo tenha sido muito bom em nossa família de origem, não é sinal de que vai ser bom e vai dar certo na família que estamos formando. E, se isso acontecer, deve prevalecer o bom senso e o entendimento de que, ao se casar, não estamos mais na família dos nossos pais, e sim em nossa família, e, para que possamos construi-la adequadamente, algumas mudanças serão necessárias.

4. FAÇAM ACORDOS

Fazer acordos será crucial para que duas pessoas formadas em famílias diferentes possam construir algo juntas. Já vimos que a concordância é fundamental, e sem ela nenhum relacionamento sobrevive. Por isso, é muito importante que vocês conheçam a cultura familiar um do outro e estabeleçam acordos sobre como podem manter certas tradições e quais não podem continuar acontecendo. Lembra que eu disse que uma pessoa de uma família mais quieta poderia ter problemas caso se casasse com alguém de uma família mais agitada? Então, eu vi isso acontecer! Conheci um casal composto por um homem que veio de uma família festeira e por uma mulher cuja família só se reunia no fim de ano ou em velórios de parentes. Ele era muito extrovertido; ela, introvertida. Os familiares dele viviam na casa um do outro e faziam de tudo um motivo para festa. Eles só esperaram o novo casal se formar para fazer da casa deles o atual ponto de encontro da família.

Avós, tios, primos, pais e cunhados simplesmente se sentiam em casa quando estavam na residência do casal. Eles chegavam e ficavam à vontade, mexiam na geladeira, bagunçavam tudo e, às vezes, até ficavam um fim de semana lá sem sequer avisar que o fariam. Para o homem, isso era normal, afinal, era a família dele, e passar períodos na casa um do outro era uma tradição deles. Mas essa situação não estava agradando a mulher. Ela vivia cochichando e brigando com ele pelos cantos, e, quando a família dele ia embora, o mundo desabava. A esposa reclamava (com razão) de tudo. Porém, o marido dizia que ela deveria se acostumar, porque isso era uma tradição da família e ele não iria proibi-los de ir à casa deles. Isso foi desgastando o relacionamento, até que um dia a mulher não estava bem, e a família chegou. Então, ela foi para o quarto em silêncio, pegou suas coisas, colocou-as na mala e pediu um táxi. Quando o táxi chegou, ela chamou o marido num canto e disse: "Eu disse que você deveria pôr limites na sua família, mas você disse que não faria, então, não dá mais. Fica com a sua família, porque eu estou indo embora".

Que situação, não é mesmo?

Mas de quem foi a culpa nesse caso?

Será que a culpa foi dele por não colocar limites em sua família ou dela, que, mesmo sabendo que a família dele era assim, não conversou antes, enquanto ainda namoravam, sobre como as coisas seriam depois que estivessem casados? Acredito que a culpa foi dos dois. Mas, depois que o sonho do casamento se torna pesadelo, não adianta tentar achar um culpado, essas coisas precisam ser conversadas e tratadas antes do casamento.

Portanto, se há algo na família da pessoa com quem você se relaciona que você não gostaria de que se repetisse na família que pretendem construir, acho melhor conversarem e fazerem acordos sobre isso agora, no namoro, antes do casamento.

5. VOCÊS ESTÃO CONSTRUINDO ALGO NOVO, E SUAS FAMÍLIAS DE ORIGEM PODEM SER REFERÊNCIA, MAS NUNCA PADRÃO

Como eu disse, após se casar, você não estará na família dos seus pais, mas na família que você e o outro estão construindo. É uma família que está começando e deve ser estabelecida sobre aquilo que os dois acreditam e concordam. Não basta estar bom e ser favorável apenas para um, pois a família não é feita apenas de uma pessoa. Por isso, é importante que esteja bom e seja bom para os dois. Certamente haverá momentos em que você não vai gostar de como as coisas estão sendo conduzidas e vai querer que aconteçam de outro jeito, simplesmente porque era assim que ocorria em sua família. E, caso isso aconteça, sugiro que você tire um tempo e pense se a maneira como as coisas estão se desenrolando na família que você está construindo está errada e é por isso que você não concorda com ela, ou se o motivo pelo qual você discorda é porque não era assim que acontecia na sua família de origem.

Se algo estiver errado, tudo bem se você não estiver de acordo e pedir para que mude; caso contrário, se estiver certo e você não concordar simplesmente porque não era assim que acontecia na casa dos seus pais, não há por que brigar ou mudar as coisas.

Você não está na casa dos seus pais.

ATIVIDADE DO DIA

MOTIVO DE ORAÇÃO

Ore para que você e seu parceiro (ou futuro parceiro) consigam usar a cultura familiar de vocês como aliada do relacionamento e para que saibam lidar com as diferenças.

NAMORADOS

Conversem sobre a cultura familiar um do outro. Falem sobre: costumes, tradições, estilo de vida da família: se é festeira ou se é mais reservada. Fale como seus pais tratam um ao outro. E, após conversarem, identifiquem o que não será possível reproduzir no relacionamento e o que poderá ser reproduzido. Façam acordos.

SOLTEIROS

Conheça a sua cultura familiar e descubra em quais áreas ela o tem influenciado. Tente descobrir as influências negativas para mudar e as influências positivas que deve manter. Mas lembre-se de que, ao casar, você não estará na família dos seus pais e, por isso, precisam fazer acordos e construir a família com base no que é bom para os dois.

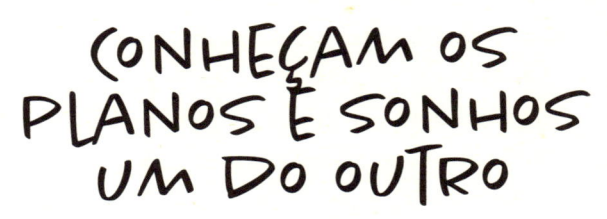

CONHEÇAM OS PLANOS E SONHOS UM DO OUTRO

Abrão saiu do Egito com a sua mulher e com tudo o que tinha e foi para o sul de Canaã. E Ló, o seu sobrinho, foi com ele. [...] Ló, que ia com Abrão, também levava ovelhas, cabras, gado, empregados e a sua família. Não havia pastos que dessem para os dois ficarem juntos, pois eles tinham muitos animais. [...] Um dia Abrão disse a Ló: — Nós somos parentes chegados, e não é bom que a gente fique brigando, nem que os meus empregados briguem com os seus. Vamos nos separar. Escolha! A terra está aí, toda ela. Se você for para a esquerda, eu irei para a direita; se você for para a direita, eu irei para a esquerda.

GÊNESIS 13.1-9

Abraão havia recebido uma ordem de Deus: "Saia da sua terra, do meio dos seus parentes e da casa do seu pai e vá para uma terra que eu lhe mostrarei" (Gn 12.1). Note que o texto relata que Deus ainda não havia dito para onde Abraão iria, afinal, ele ainda lhe revelaria o lugar. Mas Abraão não demorou a fazer o que o Senhor pediu, pegou suas coisas, reuniu seus empregados, suas ovelhas, seu gado, sua esposa, desarmou sua tenda e saiu em direção a uma terra que Deus ainda lhe mostraria. Isso é fé!

A fé de Abraão nos mostra que, se Deus mandou que façamos algo, basta dar o primeiro passo e confiar que, se o Senhor deu a ordem, ele vai apontar o caminho e nos dar condições de cumprir sua vontade. Mas, além dessa atitude inspiradora de fé, o texto bíblico também conta que Ló, um sobrinho de Abraão, decidiu acompanhá-lo em sua viagem rumo à promessa de Deus. Porém, como era de se esperar, a relação dos dois não durou muito tempo. Afinal, Abraão e Ló possuíam objetivos de vida muito diferentes.

Abraão era movido por uma promessa e por um sonho que havia recebido de Deus, mas Ló parecia não ter grandes planos para o futuro, se satisfazia com o momento e era guiado por aquilo que agradava seus olhos. Tanto Abraão quanto Ló possuíam muitos animais, e não havia pasto suficiente para todos eles, caso permanecessem juntos. Por isso, Abraão entendeu que ele e seu sobrinho deveriam se separar.

Pessoas com sonhos e objetivos de vida muito diferentes serão assombradas pelo fantasma da separação sempre que não se sentirem realizadas e satisfeitas. E, para que esse fantasma fique longe do seu futuro casamento, acredito que é muito importante casar-se com alguém com quem seja capaz de se comprometer, bem como com os sonhos dele.

É importante destacar que existem sonhos diferentes que podem ser conciliados e sonhos que são totalmente inconciliáveis. Quando os sonhos são diferentes, mas é possível que os dois consigam realizá-los com um pouco de esforço e renúncia de um lado e do outro, tudo bem, o relacionamento não sofrerá tanto em virtude desses planos. Digo não sofrerá tanto porque certamente haverá algumas dificuldades. Afinal, se os sonhos são diferentes, mesmo sendo conciliáveis, não poderão ser realizados sem o apoio do outro e renúncia de determinadas coisas pelas duas partes. Porém, o verdadeiro problema acontece quando, além de diferentes, os sonhos também são inconciliáveis. Nesse caso, para que eles se materializem, só existem duas possibilidades: alguém precisa abandonar seus sonhos para que os planos do outro se realizem ou o casal terá de desistir do relacionamento para que os sonhos dos dois se tornem realidade.

Acontece que, quando os sonhos são inconciliáveis, a realização do sonho de um inevitavelmente resultará na frustração do outro. É importante que fique claro que os problemas que cito neste capítulo são mais presentes entre pessoas que possuem sonhos diferentes e inconciliáveis, mas, dependendo da maturidade do casal, também podem estar presentes até mesmo em relacionamentos nos quais os planos podem ser conciliados.

1. PRECISAMOS CONHECER OS PLANOS DA OUTRA PESSOA PARA SABER SE ELES SÃO COMPATÍVEIS COM OS NOSSOS

Já pensou passar anos ao lado de uma pessoa para mais tarde descobrir que os sonhos dela a conduzem para caminhos diferentes dos seus? Imagine, por exemplo, que um casal de namorados está junto há anos e nunca falam sobre seus sonhos. A moça sonha em fazer um intercâmbio fora do país, mas não diz nada. O rapaz, por sua vez, sonha em ser jogador de futebol, porém também não conversa sobre isso. Anos mais tarde, após passarem por muitas situações juntos, renunciarem tanto, se esforçarem para fazer o relacionamento dar certo e terem planejado um futuro juntos, surge a oportunidade de ela ir para outro país estudar, e ele recebe a chance para jogar em um time de outro estado. E agora?

Agora eles precisam decidir se vão aproveitar a oportunidade da vida deles ou se vão deixá-la passar para ficarem ao lado um do outro.

Aqui está um exemplo de dois sonhos inconciliáveis. Se um ou os dois optarem por realizar seus sonhos, dificilmente esse relacionamento dará certo. Esse mesmo exemplo pode ser usado para alguém que ganhou uma bolsa para estudar em outro estado, foi chamado para missões ou recebeu uma transferência de emprego que resultará em mudança de cidade.

Pense que, se isso acontece no namoro, o casal pode terminar o relacionamento (ainda que seja doloroso), e cada um pode seguir seu caminho. Mas e se isso ocorre no casamento? Nesse caso, é mais complicado, e o casal tem de fazer acordos que deveriam ter sido feitos no namoro para um ajudar o outro a realizar seus sonhos; ou, se perceberem que não possuem o apoio de que precisam, eles têm de escolher entre abrir mão de seus sonhos para seguir juntos no casamento ou se divorciarem para buscar a concretização de seus sonhos.

Não quero comparar qual sofrimento é maior — o término do namoro ou o divórcio —, mas devo dizer que o divórcio certamente deixa marcas muito mais profundas na vida de uma pessoa que o rompimento de um namoro. Por isso, é muito importante que o casal evite que isso aconteça por causa da incompatibilidade de seus sonhos, procurando conversar e descobrir se os sonhos dos dois são compatíveis ou se são tão contrários que podem colocar em risco o futuro do relacionamento.

2. PRECISAMOS CONHECER OS PLANOS, PARA VER SE NOS ENCAIXAMOS NELES

Lembra que contei, no décimo capítulo, sobre o casal que veio me procurar para falar sobre a decisão de noivar e que o rapaz começou a contar seus planos, e a moça se assustou por não os conhecer? Então, nos planos do jovem, logo após o casamento, eles iriam morar fora do Brasil para fazer missões. Mas esse não era o sonho da namorada. O desejo dela era ficar na cidade que nasceu, morar próximo da mãe, continuar na igreja em que congregava e permanecer no ministério em que servia.

Ao ouvir o rapaz falar pela primeira vez sobre todos os sonhos que ele tinha e descobrir que entre esses sonhos estava uma mudança de país, ela se surpreendeu e parecia não saber como se encaixava naqueles planos. Porém, depois que eu os aconselhei a que conversassem, eles fizeram acordos, ela conseguiu se ver nos sonhos dele, e, assim, decidiram seguir em direção ao casamento. Mas o legal é que agora não eram mais os sonhos dele, eram os sonhos do casal. Afinal, a jovem conseguiu conciliar os planos dela de servir a Deus com os dele de ser missionário. Já imaginou, no entanto, quantos problemas eles poderiam ter se não tivessem conversado sobre seus sonhos?

3. PRECISAMOS CONHECER OS PLANOS DO NOSSO PARCEIRO PARA SABER QUAIS AS EXPECTATIVAS DELE EM RELAÇÃO AO NOSSO APOIO

Expectativa é um negócio muito complicado. Eu, por exemplo, se me permito criar qualquer expectativa em relação a uma pessoa ou coisa, ela se torna uma grande expectativa e, toda vez que isso acontece, tenho uma grande decepção. Sabe o que estou fazendo para evitar me decepcionar? Estou tentando não criar expectativas. Quando contrato algum serviço, compro algo pela internet ou peço a alguém para fazer algo e vou conferir o resultado daquilo que contratei, comprei ou solicitei para fazer, eu oro e peço a Deus para me ajudar a enxergar o melhor naquilo que foi realizado ou entregue. Assim, se eu pedi a uma pessoa para fazer algo e ela o fez, mesmo que não tenha ficado exatamente como eu esperava, tento enxergar o esforço da pessoa e ver se ela deu seu melhor. Se ela tiver feito isso, para mim já basta.

Mas você já parou para pensar no impacto de uma expectativa no casamento? Muitas pessoas se casam sem falar sobre seus sonhos e planos, mas esperam que algo mágico aconteça no casamento e, de repente, só por estarem casadas, se conectem aos seus cônjuges e os dois comecem a se envolver com os sonhos um do outro e ofereçam o apoio de que precisam. Ledo engano! Casamento não é uma questão de querer que as coisas aconteçam e esperar que aconteçam, e sim de acordos e de fazer acontecer.

Se você criar uma grande expectativa e não a comunicar, ou se a pessoa com quem você se relaciona fizer o mesmo em relação a você, há muitas chances de que essa expectativa se torne uma grande decepção.

É preciso que o casal converse, compartilhe seus sonhos e diga um ao outro com toda a sinceridade o que está ao seu alcance e o que não está, no que o outro pode ou não contar com sua ajuda. E como os sonhos são tão importantes para a realização do ser humano, é necessário que eles façam isso no namoro. Não deve ser nada legal chegar ao casamento e perceber que você se casou com alguém que tem expectativas maiores do que você pode suprir ou viver com o sentimento de que o outro não quer apoiá-lo. Você não vai querer viver essa experiência, vai?

4. PRECISAMOS CONHECER OS PLANOS DO NOSSO PARCEIRO PARA SABER SE QUEREMOS FAZER PARTE DELES

Você não se casa apenas com uma pessoa, você se casa também com os sonhos dela. Por isso, é importante que duas pessoas que desejam se casar estejam dispostas a fazer parte da realização dos sonhos uma da outra, oferecendo todo o apoio que estiver ao seu alcance. É preciso estar disposto a ajudar a pessoa que amamos a concretizar os planos dela como se estivéssemos buscando nosso próprio sonho. Não dá para cada um seguir seus sonhos de maneira isolada no casamento, afinal, no propósito de Deus, duas pessoas se unem para se ajudar, apoiar e motivar.

Também não é aconselhável nos anular e abandonar nossos sonhos por outra pessoa. O melhor é que os dois consigam realizar seus projetos. Abrir mão do sonho pelo relacionamento não nos faz bem enquanto pessoas e também não será bom para o futuro da relação. Afinal, a pessoa que renunciar a seus sonhos terá de conviver com a sensação de vazio em alguns momentos e, toda vez que não se sentir realizada, será perturbada pelo sentimento do "se", sendo tentada a pensar: "Será que SE eu não tivesse me casado e SE tivesse feito aquilo, eu não seria mais feliz?". O sentimento do "se" unido à falta de realização pessoal e aos problemas no relacionamento são constantes ameaças a muitos namoros, noivados e casamentos.

Ao longo dos anos de trabalho como conselheiro de relacionamento, tenho visto muitas pessoas que se casaram com alguém e, de repente, se viram anuladas como ser humano, tendo de abrir mão de seus sonhos, ou foram forçadas a fazer isso para buscar os planos do cônjuge. Não é que elas se encaixem nos sonhos da outra pessoa e queiram ajudá-la. Na verdade, elas apenas estão ali, como meros coadjuvantes na história de alguém. Isso acontece muito entre as mulheres que, antes de se casar, tinham muitos sonhos, mas depois do casamento acabaram abandonando-os e, hoje, estão vivendo à sombra de alguém e não se sentem felizes.

De algum modo, isso funcionava no passado, quando a mulher era só um apoio para o homem realizar os sonhos dele, mas hoje as mulheres alcançaram seu direito de sonhar e concretizar seus planos. Portanto, o estilo de relacionamento do passado, em que a mulher deveria apenas dar suporte, não funciona mais. Por isso, já que os dois têm sonhos e possuem o direito de buscá-los, é importante que conversem muito sobre eles e saibam que, ao se casar, estarão se comprometendo a fazer parte dos sonhos um do outro.

Se, por algum motivo, o sonho de um for incompatível com o do outro e alguém tiver de desistir do seu sonho para que o outro realize o dele, essa pessoa terá de se adequar à realidade do parceiro e encontrar uma maneira de se encaixar nos sonhos dele que lhe traga satisfação. Mas isso deve ser conversado desde o namoro, e cada pessoa deve seguir em direção ao casamento conhecendo o sonho da outra, decidida a fazer parte dele, disposta a oferecer o apoio necessário e sabendo a que terá de renunciar para que o sonho do outro aconteça.

5. PRECISAMOS CONHECER OS PLANOS DO OUTRO PARA FAZER ACORDOS E NOS COMPROMETER UM COM O OUTRO

Eu tenho visto casamentos serem destruídos ou passarem por momentos desconfortáveis porque o casal não comunicou seus sonhos no início do namoro. É como se os dois envolvidos esperassem encontrar todo o apoio de que precisariam depois de casados, mas, por não terem conversado, estabelecido acordos e se comprometido um com outro, infelizmente isso não aconteceu no casamento.

Portanto, devemos aprender a falar sobre nossos sonhos e conhecer os planos da pessoa com quem desejamos passar a vida toda para fazer acordos, dizer o que será possível e o que não será, como podemos ou não ajudar naquilo que a pessoa espera de nós. Não se esqueça de que casamento não é uma questão de querer que as coisas aconteçam e esperar que aconteçam. Casamento é uma questão de acordo e de fazer acontecer. Assim, para evitar que os sonhos, que são coisas tão íntimas e importantes, interfiram negativamente no relacionamento, conheçam os sonhos um do outro e entrem em concordância sobre eles.

ATIVIDADE DO DIA

MOTIVO DE ORAÇÃO

Ore para que seus sonhos sejam compatíveis com os da pessoa com quem você vai se casar e para que vocês possam se apoiar na realização dos sonhos um do outro.

NAMORADOS

Você e seu parceiro devem sentar e perguntar: quais são seus maiores sonhos? Qual sonho você deseja realizar depois de casado? Como eu me encaixo em seus sonhos e como você espera que eu o ajude? Depois de falarem, pensem em quais expectativas do outro a seu respeito são possíveis e quais não são e comprometam-se em ajudar um ao outro naquilo que estiver ao seu alcance.

SOLTEIROS

Escreva sobre seus sonhos para o futuro, descubra quais planos e sonhos são possíveis e esteja pronto para falar com seu futuro parceiro sobre eles.

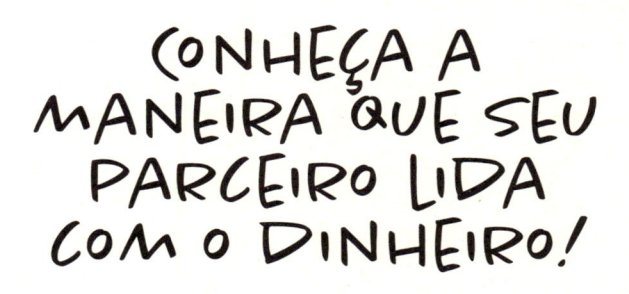

CONHEÇA A MANEIRA QUE SEU PARCEIRO LIDA COM O DINHEIRO!

Todo reino dividido contra si mesmo será arruinado, e toda cidade ou casa dividida contra si mesma não subsistirá.

MATEUS 12.25

Já vimos que o acordo é uma condição importante para a saúde do relacionamento. E, nesse versículo, Jesus demonstra como a falta de concordância pode causar destruição. Ele diz que um reino, uma cidade ou uma casa dividida não prosperará. Portanto, fica claro o quanto é fundamental que as pessoas que vivem numa mesma casa e desejam permanecer juntas estabeleçam acordos entre si. Entre muitas áreas que eu poderia citar em que o acordo é importante, acredito que uma delas é a área financeira, na qual, se não houver acordos, sérios conflitos podem ser gerados.

Veja só como é grave a falta de diálogo entre os casais quando se trata da questão financeira: uma pesquisa da Serasa Experian mostrou que apenas 3% das pessoas não escondem nem esconderiam nada do parceiro quando o assunto é dinheiro. Outro estudo do Instituto Gallup apontou que cerca de 56% dos divórcios são motivados por problemas financeiros e pela má administração do lar. A mesma pesquisa destacou que as maiores causas de desentendimento na área financeira entre casais estão ligadas a: ocultar do parceiro o quanto ganha; comprar coisas escondido e o cônjuge só ficar sabendo depois; não entrar num consenso e ficar obrigando o outro a economizar; encobrir dívidas e gastar muito; e provocar o endividamento do casal por descontrole financeiro de um dos envolvidos.

Essa pesquisa deixa explícita a importância de o casal estar afinado no que diz respeito a finanças e mostra que é inegável que a questão financeira pode causar danos ao relacionamento. O dinheiro pode nos afetar tanto que o apóstolo Paulo chegou a dizer: "pois o amor ao dinheiro é a raiz de todos os males. Algumas pessoas, por cobiçarem o dinheiro, desviaram-se da fé e se atormentaram a si mesmas com muitos sofrimentos" (1Tm 6.10). Mas é importante deixar claro que o dinheiro não é o problema. Ele é neutro, e o que determina se o dinheiro causará transtornos ou não em nossa vida é a maneira como lidamos com ele. Se lidarmos de maneira errada com o dinheiro no relacionamento, teremos consequências desagradáveis, mas, se agirmos de forma correta e em conjunto com nosso parceiro, teremos o dinheiro como um aliado da relação e, consequentemente, nossos resultados serão muito melhores.

Mas o que um casal de namorados deve saber sobre a vida financeira um do outro para evitar problemas no relacionamento e quais atitudes devem praticar para chegarem afinados nessa questão no casamento?

É isso que pretendo explicar neste capítulo. Vejamos:

1. DESCUBRA SE O OUTRO É FIEL NOS DÍZIMOS

Você pode achar essa parte engraçada, mas ela é mais séria do que você imagina. Geralmente, observa-se uma série de coisas na outra pessoa antes de decidir namorar ou casar-se com ela. Por exemplo: se a pessoa é bonita, simpática, cheirosa, se tem um bom trabalho e um bom papo. Tudo isso é legal, mas o que adianta todas essas coisas se ela for infiel a Deus? Foi isso que eu aprendi com Michele. Acontece que, quando estávamos começando nosso relacionamento, ela me fez uma pergunta intimidadora. Eu tinha acabado de receber meu pagamento, nós tínhamos saído para tomar um sorvete, e, antes de eu pagar a conta, ela olhou bem nos meus olhos e perguntou: "Você é fiel a Deus nos dízimos?".

Na hora que Michele me perguntou, me assustei e retruquei: "Por que você quer saber isso?". Ela respondeu: "Quero saber se você é fiel nos dízimos para saber se posso confiar em você. Se você não for fiel nos dízimos, não será fiel a Deus, e como posso confiar em uma pessoa que não é fiel a Deus? Se você não for fiel a Deus, provavelmente terá dificuldades de ser fiel a mim também".

Uau!

Quando ouvi isso, minha visão se abriu a ponto de eu perceber que a fidelidade entre um casal tem tudo a ver com a fidelidade de cada um em relação a Deus.

Como Michele disse: "Se alguém não é fiel a Deus, provavelmente terá dificuldades de ser fiel à pessoa com quem se relaciona", e foi baseado nesse entendimento que, quando nos casamos, prometemos no altar, diante de Deus, dos nossos pais e das testemunhas que, acima de tudo, amaríamos ao Senhor e seríamos fiéis a ele. Sendo assim, se por acaso não fôssemos fiéis um ao outro, estaríamos sendo infiéis ao próprio Deus. Nós entendemos que não haveria coisa melhor e mais segura do que ser amado por alguém que ama a Deus sobre todas as coisas e decidiu ser fiel a ele. Por isso, escolhemos ser o segundo lugar na vida um do outro e desfrutar dos reflexos do amor e da fidelidade que temos a Deus. Portanto, sem rodeios, pergunte ao seu parceiro se ele é fiel ao Senhor nos dízimos e nas ofertas.

2. SEJAM TRANSPARENTES EM RELAÇÃO AO DINHEIRO

É importante conhecer o perfil do seu parceiro e saber se é compatível com o seu. Até porque ter valores e objetivos parecidos quando se trata de dinheiro e das conquistas materiais torna o relacionamento muito mais fácil, o que não acontece quando os objetivos são diferentes. Quando um gosta de poupar e outro de gastar, os conflitos são inevitáveis. Por isso, logo nos primeiros meses de namoro, o assunto tem de aparecer nas conversas do casal. Pode até não ser um tema romântico, mas a verdade é que, ao iniciar esse diálogo, vocês se conhecerão melhor e poderão ir ajustando a forma de lidar com o dinheiro para tornar os alvos mais parecidos, preparando-se melhor a fim de evitar conflitos futuros no casamento. Para que isso seja possível, você precisa tocar nesse assunto, falar abertamente sobre dinheiro, conhecer a vida financeira do seu parceiro e saber como ele administra essa área.

Faça perguntas.

Por exemplo, para conhecer o perfil do outro, você pode dizer: "Gosto desse restaurante, mas é caro. E você?". A resposta pode ser: "É caro, mas dinheiro serve para gastar"; ou: "Verdade, não dá para jantar aqui todos os dias". Uma simples resposta pode revelar muito sobre o estilo de vida da pessoa e dizer se você e ela são compatíveis financeiramente ou não, se precisam de alguns ajustes e o que deve ser mudado. Além de fazer esse tipo de pergunta, você também pode ir direto ao ponto e questionar logo o que quer saber. Fale sobre o quanto você ganha e pergunte ao outro qual a renda dele, como gasta o dinheiro, se possui algum tipo de poupança ou dívidas. A transparência nessa área vai ajudar vocês a se conhecerem melhor e a evitar muitos problemas.

3. COMECEM A SE ORGANIZAR FINANCEIRAMENTE

Depois de conhecerem a vida financeira um do outro, é muito importante que vocês se organizem e encontrem uma maneira que seja boa para os dois começarem a se planejar financeiramente para o casamento, desde o namoro. Falar sobre dinheiro não é fácil, mas, além das dicas que eu passei no ponto anterior para você fazer perguntas diretas ou indiretas a fim de ter uma noção de como o outro lida com dinheiro, também é possível conhecer melhor uma pessoa enquanto vocês fazem planos juntos. Portanto, é importante que o casal faça planos na área financeira, pois, para realizar aquilo que se planeja, muitas vezes é necessário que aconteça um investimento e, nesse caso, vocês podem entrar com mais facilidade no assunto sobre dinheiro ou podem observar a maneira como cada um se comporta.

Por exemplo, que tal planejar a viagem de lua de mel? Para isso, vocês terão de se organizar, juntar dinheiro, investir, cortar aqui e ali, e ambos terão de trabalhar juntos. A cada passo dado em busca de um mesmo objetivo, vocês podem se observar e se conhecer. Além disso, como vocês têm algo em comum, o diálogo sobre o assunto e sobre os passos que precisam dar para alcançar o que buscam fará com que vocês se comuniquem mais, e isso se tornará um hábito.

Recomendo que você e a pessoa com quem se relaciona procurem um banco, abram uma conta para cada um de vocês (não abram conta conjunta ou guardem o dinheiro em uma mesma conta durante o namoro) e definam um valor de reserva financeira que vocês farão por mês para bancar os seus sonhos do casamento.

4. INCENTIVE SEU PARCEIRO A BUSCAR UM EMPREGO OU A DESENVOLVER UMA HABILIDADE QUE LHE POSSA TRAZER ALGUM RECURSO FINANCEIRO

Eu defendo que ninguém deve começar a namorar sem ser capaz de sustentar financeiramente um namoro. Não é nada legal sair para fazer um lanche com o namorado ou com a namorada usando o dinheiro dos pais. E quem quer ter um relacionamento precisa entender que namorar custa caro; além dos passeios, refeições e saidinhas do casal, que não são nada baratos, ainda há o Dia dos Namorados, aniversários, Páscoa, Natal, aniversário de namoro, entre outros. Geralmente, as pessoas costumam dar uma lembrancinha nessas datas. E tudo isso exige dinheiro. Por isso, é muito importante que os dois comecem a trabalhar ou desenvolvam alguma habilidade que gere recursos ao casal. Não é vergonhoso fazer trufa, vender picolé na praia, produtos de beleza, montar uma lanchonete delivery ou executar algum tipo de trabalho que possa lhe dar algum retorno financeiro. O problema é querer namorar sem ser capaz de bancar um namoro.

5. FAÇAM O COMPROMISSO DE TOMAR AS DECISÕES FINANCEIRAS EM CONJUNTO

A chave do sucesso para uma vida financeira mais tranquila são: diálogo e esforço em conjunto para administrar as finanças da melhor maneira possível. Isso será muito importante no casamento. A vontade de Deus é que o casal administre sua vida financeira em conjunto, e não que os cônjuges tenham segredos ou que cada um gerencie o dinheiro ao seu modo. A Bíblia diz, em Eclesiastes 4.9, que é melhor ser dois do que um, porque dois têm um pagamento melhor pelo seu serviço. Esse é um indicativo claro de que o dinheiro no casamento deve ser administrado em conjunto. E, por esse motivo, é importante que a moça e o rapaz se preparem para que, no casamento, não exista mais o "meu dinheiro" e o "seu dinheiro", mas sim o "nosso dinheiro". Assim, se não é prudente que o casal de namorados tenha uma conta conjunta ou guarde o dinheiro em apenas uma conta, é fundamental que, quando casados, façam isso e demonstrem, a partir de sua conta bancária, que assumiram o compromisso de fazer o relacionamento dar certo, não possuem segredos e confiam um no outro.

Além disso, se você está lidando com alguma dívida, aprenda a falar com seu parceiro, e não fique tentando esconder dele. Vale lembrar que nossos hábitos do namoro tendem a se repetir no casamento e, embora você possa ocultar uma dívida agora, tentar fazer o mesmo ao se casar é protelar um problema que só vai se tornando maior. A gente não resolve uma discussão quando esconde um problema, na verdade apenas adiamos um desentendimento, e, ao fazer isso, damos tempo para ele crescer e alcançar uma proporção com mais poder para destruir o que construímos. Por isso, sejam sempre sinceros, verdadeiros, honestos e transparentes. Converse com seu parceiro, definam uma rotina de gestão financeira que seja adequada e confortável para ambos e, juntos, tracem metas e objetivos financeiros.

Com determinação, esforço e muita calma é possível administrar as finanças em conjunto e conquistar, a longo, médio e curto prazo, as coisas que os dois desejam e de que precisam.

MOTIVO DE ORAÇÃO

Ore para que você e seu parceiro (ou futuro parceiro) tenham o dinheiro como aliado do relacionamento e para que não tenham problemas nessa área. Além disso, ore para que Deus abra as portas para vocês comprarem o que precisam a fim de se casar e para que ele envie pessoas que os abençoem quando forem se casar.

NAMORADOS

Conversem sobre administração financeira. Falem sobre o valor que ganham por mês, se possuem dívidas, se poupam dinheiro, como vocês poupam e tracem um plano de se organizarem financeiramente para o futuro. Atenção: se forem reservar algum dinheiro em conta bancária, é importante que definam um valor que cada um vai guardar e que cada um tenha a sua conta. Depois do casamento, o casal pode ter uma conta conjunta, mas agora não é prudente.

SOLTEIROS

Pegue papel e caneta e comece a se organizar financeiramente. Quite suas contas, defina uma meta para poupar, abra uma conta no banco e poupe dinheiro para realizar seus sonhos. Se você ainda não tem uma fonte de renda, procure um trabalho ou desenvolva alguma habilidade que possa lhe trazer recursos financeiros.

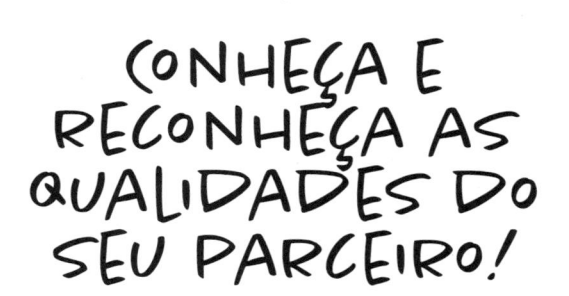

CONHEÇA E RECONHEÇA AS QUALIDADES DO SEU PARCEIRO!

A formosura é uma ilusão, e a beleza acaba, mas a mulher que teme o Senhor Deus será elogiada. Deem a ela o que merece por tudo o que faz, e que seja elogiada por todos.

PROVÉRBIOS 31.30-31

Se você ler o texto de Provérbios, no capítulo 31, do versículo 10 ao 31, vai ver que o rei Lemuel descreve uma mulher que possui muitas qualidades e merece ser elogiada. Mas Lemuel não apenas sugere isso, ele ordena que elogiem e exaltem as qualidades dessa mulher. O texto diz: "Deem a ela o que merece por tudo o que faz, e que seja elogiada por todos" (Pv 10.31). Mesmo que o versículo se refira especificamente a uma mulher, eu diria que também podemos aplicá-lo ao falar a respeito de um homem que teme a Deus e, portanto, também merece e deve ser elogiado por suas virtudes.

Nesse sentido, tenho duas perguntas para você: quais são as maiores qualidades do seu parceiro? E com que frequência você as reconhece? Não basta saber que seu parceiro tem qualidades, você precisa aprender a importância de elogiá-lo por cada uma delas e demonstrar que você o admira.

Muitos casais não entendem a importância do elogio e das palavras de afirmação no relacionamento. E, por isso, as cobranças estão muito mais presentes na relação que os elogios. Tendemos a cobrar muito quando o outro erra, porém, quando ele acerta, ignoramos isso e seguimos como se nada tivesse acontecido, como se o outro não tivesse feito mais que sua obrigação.

Mas veja que interessante: mesmo os oficiais do exército, quando executam uma missão com excelência, recebem condecorações e medalhas por terem cumprido seu dever. Eles não fizeram mais que sua obrigação, mas, por terem agido de forma excelente, alcançam reconhecimento. As medalhas, as condecorações e as patentes de um oficial demonstram que ele foi reconhecido por seus superiores, e isso é motivo de muita honra para eles.

Tanto quanto no exército, todos os dias os casais têm a oportunidade de elogiar seus parceiros e colocar uma medalha na farda emocional deles. No entanto, é assustador como muitos, além de não proceder assim, decidem tirar as medalhas que o outro já possui. Isto é, em vez de elogiar o parceiro, muitos acabam desferindo palavras negativas que diminuem e afetam a autoestima um do outro. Você reconhece as qualidades do seu parceiro e coloca nele medalhas de honra por elas, ou, além de não as enxergar, também aponta os defeitos? Espero que você seja do tipo de pessoa que honra o outro. Mas, se você ainda não age dessa forma, quero lhe apresentar alguns motivos para se tornar alguém assim.

1. SEU PARCEIRO TAMBÉM TEM QUALIDADES

No início do relacionamento, tem-se a impressão de que o parceiro não tem defeitos, não é mesmo? Ele ou ela parece perfeito. São só elogios e palavras de afirmação para lá e para cá. Mas, com o passar dos dias e à medida que os dois vão se relacionando, as coisas começam a mudar, a ponto de parecer que o parceiro não tem mais nenhuma qualidade. Apenas vemos os erros, brigamos e exigimos que o outro mude. É como se existisse um tipo de fenômeno que transforma as pessoas misteriosamente após um tempo de relacionamento e faz com que as qualidades dela vão desaparecendo.

Mas, embora pareça que é assim, isso não é real. Esse fenômeno não existe, ou melhor, talvez até ocorra algo do tipo, mas ele seria o da "ilusão idiótica".[1] Já ouviu falar desse tipo de fenômeno? Os efeitos desse fenômeno fazem com que a pessoa nunca enxergue o parceiro como ele realmente é, há sempre um exagero, e, por isso, só alguém dominado pela ilusão idiótica consegue estar ao lado de alguém no namoro e não perceber os defeitos dessa pessoa. Pode acontecer o contrário também, e alguém deixar-se levar pela ilusão idiótica ao ser capaz de ver somente defeitos na pessoa com quem se relaciona, ignorando todas as suas qualidades. Espero que você não seja assim e seu amor seja repleto de maturidade e sabedoria, para que você consiga enxergar o seu parceiro por inteiro, com defeitos e virtudes, como ele é de verdade. Mas, acima de tudo, desejo que você saiba identificar as qualidades que ele possui. Isso fará toda a diferença.

---

[1] Confira mais profundamente o significado dessa expressão em: MEIRELES, Júnior. *Namoro idiota, tô fora*. Rio de Janeiro: Aprisco, 2021.

2. A LINGUAGEM DO AMOR DELE OU DELA PODEM SER PALAVRAS DE AFIRMAÇÃO

Como vimos no capítulo 10, cada um tem uma linguagem do amor, e nós precisamos descobrir qual é linguagem da pessoa com quem nos relacionamos para que possamos expressar nosso amor a ela por meio de uma linguagem que ela compreenda. Se você não falar e não demonstrar seu amor numa linguagem que a pessoa possa entender, nada do que você fizer terá sentido. Não saber a linguagem do amor do outro é como fazer um bolo de chocolate para servir para alguém especial e descobrir que ele tem diabetes ou intolerância à lactose. A intenção foi boa, mas, por desconhecer os gostos e as restrições alimentares da pessoa, ela não poderá desfrutar daquilo que fizemos. Uma das linguagens do amor corresponde a "palavras de afirmação", e, se essa for a linguagem do seu parceiro, toda vez que fizer um elogio, você abastecerá o tanque emocional dele. Agindo assim, você lhe proporcionará toda a afirmação de que ele precisa.

3. O RELACIONAMENTO SE TORNA MAIS AGRADÁVEL QUANDO SOMOS CAPAZES DE RECONHECER AS QUALIDADES DO OUTRO

Quando o casal se elogia, os indivíduos mostram que se admiram, e isso torna o relacionamento mais leve e agradável. Infelizmente, não dá para dizer o mesmo de uma relação em que o elogio está ausente. Nesses casos, são frequentes as brigas, cobranças e apontamentos dos erros um do outro. E quer saber? Não importa quanto o casal se ame, se eles se cobram o tempo todo, haverá um clima incômodo que poderá desgastar a relação e levá-la ao fim.

Elogiar é muito importante, contudo é bom ressaltar que o elogio não pode ser forçado ou fingido. Afinal, se você elogia seu parceiro por qualidades que ele não possui, você pode gerar problemas. A pessoa com quem nos relacionamos percebe quando não estamos sendo sinceros. Portanto, precisamos elogiar, mas, acima de tudo, fazê-lo com sinceridade. Além disso, também não dá para ser incoerente: falar uma coisa e mostrar o contrário por meio de nossas atitudes. Devemos, sim, expressar o amor que sentimos por meio de palavras e dizer o quanto amamos a pessoa com quem nos relacionamos, todavia, é importante demonstrar por meio de nossas ações que o que estamos falando é verdade. Elogios espontâneos e coerentes deixarão seu relacionamento cada vez melhor.

4. QUEM NÃO ELOGIA FAZ COM QUE O PARCEIRO ANDE COM O TANQUE DE COMBUSTÍVEL EMOCIONAL VAZIO

Este mundo é muito mau e você não deve ter dúvidas de que existem pessoas interessadas no que é seu. Até existe uma frase por aí que diz: "Não critique os 'pneuzinhos' da sua mulher! Sempre há um borracheiro de olho". Poderíamos usar o mesmo exemplo para os "pneuzinhos" do homem. O que quero que você entenda com isso é que você tem a obrigação bíblica de suprir seu parceiro emocionalmente, e, se não fizer isso, você o deixará vulnerável a tentações.

Sei que ceder ou não ceder às tentações é uma questão de caráter. Entretanto, não podemos esquecer que todos temos dias de fragilidade e, se não suprirmos nosso parceiro, alguém pode acabar se aproveitando de sua fraqueza. Veja o que a Bíblia diz: "Quem está com o estômago cheio rejeita até o mel;

mas, para quem está com fome, até a comida amarga é doce" (Pv 27.7). Isso quer dizer que é muito mais fácil para um homem ou uma mulher resistir à tentação de trair quando são amados, elogiados e têm seus tanques de combustível emocional abastecidos por seus parceiros do que quando vivem na reserva emocional.

5. EXPERIMENTE SUBSTITUIR COBRANÇAS POR ELOGIOS

Existe um tempo para tudo, e nós devemos saber viver cada coisa a seu tempo. Há o momento certo para você ter uma DR e falar sobre algo que o está incomodando. E isso é superválido. Mas não dá para discutir ou cobrar o parceiro o tempo todo. Agir assim sufoca o relacionamento. É preciso ser inteligente e esperar a melhor hora para conversar sobre problemas e sobre o que nos incomoda. Por isso, sugiro que toda vez que você quiser exigir algo ou brigar com seu parceiro em um momento que não for propício, lute contra esse desejo e mude a estratégia. Em vez de fazer cobranças e entrar em discussões, se esforce para lembrar uma característica boa dele, algo que você admira nele, e faça um elogio. Trazer à memória uma característica positiva vai fazer você perceber que ele tem mais qualidades que defeitos, que existem razões para vocês ficarem juntos e, por mais que ele erre, há muito mais acertos. Mas é claro! Não deixe o problema passar sem que seja devidamente tratado. Tenha calma e espere o melhor momento para isso.

ATIVIDADE DO DIA

MOTIVO DE ORAÇÃO

Ore para que Deus ajude você a reconhecer as qualidades das pessoas que estão ao seu redor (inclusive seu parceiro ou futuro parceiro) e lhe dê criatividade para afirmar essas pessoas por meio do elogio.

NAMORADOS

Pegue papel e caneta, pense sobre quais são as maiores qualidades do seu parceiro, anote-as e, quando você o encontrar, reconheça-as. Sentem-se um diante do outro, diga quais são as qualidades que ele possui e deixe que ele diga quais são as suas qualidades. Faça disso um hábito e seja criativo ao demonstrar sua admiração.

SOLTEIROS

Você é capaz de perceber as qualidades das pessoas com quem mais convive? Por exemplo, seus pais, irmãos e amigos? Que tal praticar o desafio de hoje com alguém próximo a você? Pague caneta e papel, anote as qualidades de alguém (que tal seus pais?) e, depois de anotar, expresse o que você sente e o que mais admira neles. Essa é uma excelente oportunidade para abençoar quem você ama e praticar algo que será muito importante no seu futuro relacionamento.

CONHEÇA OS SEUS DEFEITOS!

Ai de mim! Estou perdido! Pois os meus lábios são impuros, e moro no meio de um povo que também tem lábios impuros. E com os meus próprios olhos vi o Rei, o SENHOR Todo-Poderoso!

ISAÍAS 6.5

Esse texto que lemos relata o encontro do profeta Isaías com a glória e com a santidade de Deus. Ao contemplar a glória de Deus, o profeta diz: "os meus lábios são impuros, e moro no meio de um povo que também tem lábios impuros". O que há de importante nisso? A fala de Isaías mostra que, antes de apontar o pecado das outras pessoas, ele foi capaz de reconhecer e confessar o próprio pecado. Temos aqui um princípio muito importante sobre o qual precisamos refletir: você é capaz de enxergar seus erros? É interessante que a maioria de nós vê os defeitos de todos a nossa volta, mas não somos capazes de perceber os nossos erros. E Isaías poderia ter feito isso e dito: "Ai de mim! Estou perdido! Pois moro no meio de um povo que tem lábios impuros". Mas não foi o que ele fez. O profeta teve a humildade de reconhecer seus erros e a integridade para falar dos pecados dos outros apenas após confessar seus pecados.

Já imaginou como nossos relacionamentos seriam menos conflituosos se aprendêssemos a fazer o que Isaías fez e se fôssemos capazes de enxergar nossos erros e pecados antes de apontar os dos outros? Tenho convicção de que, se agíssemos assim, teríamos relacionamentos muito mais felizes. E é sobre isso que quero falar neste capítulo: vamos refletir sobre por que é importante que consigamos reconhecer nossos erros.

1. É IMPORTANTE, PORQUE VOCÊ ERRA

Você pode ter dificuldade para admitir que erra ou saber onde erra, mas você não pode negar que erra. João, o discípulo de Jesus, escreveu: "Se dizemos que não temos pecados, estamos nos enganando, e não há verdade em nós" (1Jo 1.8). Isto é, João nos mostra que a pessoa que afirma que não erra ou não peca não está enganando os outros, mas a si mesma. Mas João vai além e completa: "Se dizemos que não temos cometido pecados, fazemos de Deus um mentiroso, e a sua mensagem não está em nós" (1Jo 1.10). Agora a coisa apertou, não é mesmo? Pois é, de acordo com João, a pessoa que insiste em declarar que não peca ou não erra está dizendo que Deus é mentiroso. Você pode estar se perguntando: "Como assim a pessoa está dizendo que Deus é mentiroso?".

Acontece que foi o Senhor quem atestou que todos nós somos pecadores, e, quando falamos que não pecamos ou tentamos viver como se não cometêssemos nenhum erro, estamos dizendo que Deus mentiu. Portanto, somos falhos e, para o bem do nosso relacionamento, precisamos ter humildade para reconhecer nossas faltas.

2. É MUITO DESAGRADÁVEL ESTAR AO LADO DE ALGUÉM QUE NÃO É CAPAZ DE ENXERGAR OS PRÓPRIOS ERROS

Isso é uma tortura! Só quem já teve um relacionamento assim sabe quanto mal-estar gera estar ao lado de alguém que age como se fosse perfeito. A situação pode ser ainda pior se a pessoa não é capaz de reconhecer os erros dela e ainda vive brigando com o outro por causa das falhas dele, ou quando a pessoa é tão manipuladora que, além de não enxergar seus erros e apontar os do outro, também faz o parceiro se sentir culpado por erros que ele não cometeu. Por exemplo: a pessoa comete um erro, e quando é cobrada, em vez de admitir que agiu de forma errada, fecha a cara, chora e diz: "Está vendo o que você faz comigo?".

Isso é manipulação!

Você não deve aceitar esse tipo de comportamento em seu relacionamento, e também não deve agir assim com as pessoas. Manipulação fere quem amamos e não combina com o estilo de vida cristão. Por isso, aquele que deseja ter um relacionamento feliz, forte e duradouro não pode ser manipulador.

3. QUEM ADMITE QUE ERRA ESTÁ DANDO UM EXEMPLO PARA O PARCEIRO

Todos os ensinamentos de Jesus são muito importantes, mas há um deles que pode fazer toda diferença em nossos relacionamentos amorosos. Jesus disse: "Façam aos outros o que querem que eles façam a vocês" (Mt 7.12). É fundamental, portanto, perceber que não adianta esperar que as pessoas ajam com você da maneira como gostaria. Não adianta brigar e exigir que elas façam o que você quer e como quer. Na verdade, o efeito das cobranças pode ser contrário ao que você espera: você pode tentar dizer uma coisa e a pessoa entender outra, ou, dependendo da forma como expressar o que deseja que ela faça, ela poderá pensar que você está cobrando ou brigando, e, por viverem nesse desentendimento, vocês podem ir desgastando a relação.

Enfim, embora seja muito mais fácil falar e muito mais trabalhoso dar o exemplo e mostrar como as coisas devem ser feitas, os resultados de ensinar as pessoas com seu estilo de vida e exemplo são infinitamente maiores que os efeitos de sempre estar falando e cobrando. Palavras até exercem certa influência, mas o exemplo é muito mais impactante. Assim, as pessoas com quem você se relaciona não vão tratá-lo como você deseja, mas como você as trata e as ensina a tratá-lo. Estamos num processo de aperfeiçoamento mútuo, e a maneira como agimos com o outro é uma lição que ministramos a ele.

Portanto, se seu parceiro tem dificuldades para reconhecer que erra, dê o exemplo a ele admitindo seus erros. Garanto que seu exemplo vai constrangê-lo a fazer o mesmo, e, ainda que leve um tempo, ele aprenderá a lição.

4. QUANDO ADMITIMOS NOSSOS ERROS, ENCERRAMOS A CONTENDA

Quer ver como reconhecer seus erros pode mudar a realidade do seu relacionamento? Imagine que você cometeu um erro e sabe que isso vai gerar um desentendimento. Seu parceiro não vai gostar do que você fez, e, logo quando se encontrarem, vai rolar uma DR. Não uma DR qualquer, mas aquela DR. O que você faz? Tenta encontrar uma justificativa? Planeja jogar na cara do parceiro algum erro antigo dele e dizer-lhe: "Você está falando isso, mas você já fez tal coisa"? Prepara-se emocionalmente para não levar desaforo para casa e lacrar em todas as suas respostas? Faz tudo o que foi listado acima e muito mais? Você já agiu assim? Se a resposta for sim, você sabe que todas as alternativas citadas só geram mais desentendimentos e levam o casal a ficar ainda mais chateado um com outro. Agora, veja este conselho bíblico: "Sem lenha o fogo se apaga; sem mexericos a briga se acaba" (Pv 26.20). De acordo com Salomão, quanto mais falarmos em uma discussão, maior se tornará o problema. Então imagine como seria se, em vez de fazer tudo o que eu citei como exemplos, você simplesmente reconhecesse que errou. Por exemplo: seu parceiro se aproxima nervoso, babando de raiva por causa de alguma falta sua e, antes que ele diga qualquer coisa, você olha para ele com toda a sinceridade do mundo e diz: "Me desculpa, eu errei". Agindo assim, você encerra a discussão antes mesmo de começar e causar problemas maiores. Mas é importante que, ao fazer isso, você não aja com demagogia, sarcasmo ou cinismo. Mostre franqueza e humildade. Com isso você desarma a pessoa e a questão é resolvida.

5. RECONHECER NOSSOS ERROS FAZ PARTE DO NOSSO PROCESSO DE AMADURECIMENTO

Todos estamos em construção, ninguém é obra pronta. Quando reconhecemos nossos erros, além de demonstrar maturidade, também estamos admitindo que é melhor tirar um tijolo que colocamos no lugar errado para pô-lo na posição certa do que construir da maneira incorreta e colocar toda a construção em risco mais tarde. Desse modo, quando você falhar (e você vai), não tenha medo de reconhecer seu erro e de tentar corrigi-lo. Tema continuar construindo mesmo sabendo que não está correto. Pois as consequências de edificar sobre o erro podem ser desastrosas.

ATIVIDADE DO DIA

MOTIVO DE ORAÇÃO

Ore e peça a Deus que ajude você a ser capaz de reconhecer seus erros e corrigi-los.

PARA NAMORADOS E SOLTEIROS

Separe um tempo, pegue Bíblia, papel e caneta, fale com Deus e peça que ele sonde seu coração e lhe revele seus erros, defeitos e manias que podem estar atrapalhando conseguir um relacionamento ou o seu relacionamento. Ouça atentamente a voz do Espírito Santo em seu coração. Não resista! Anote tudo o que Deus trouxer ao seu coração e depois trace metas rumo à mudança desses erros, defeitos e manias.

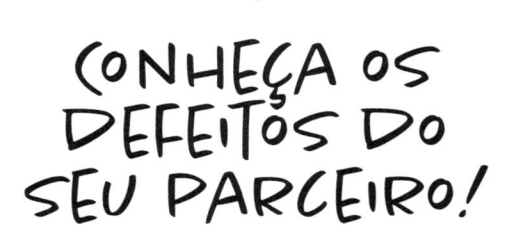

CONHEÇA OS DEFEITOS DO SEU PARCEIRO!

Ai de mim! Estou perdido! Pois os meus lábios são impuros, e moro no meio de um povo que também tem lábios impuros. E com os meus próprios olhos vi o Rei, o Senhor Todo-Poderoso!

ISAÍAS 6.5

Esse texto bíblico é o mesmo que lemos no último capítulo, no qual aprendemos que, antes de apontar o pecado do povo, Isaías demonstrou humildade, autoconhecimento e integridade, reconhecendo, em primeiro lugar, seus erros. Mas, é importante notar que Isaías, além de admitir seus pecados, também conhecia os erros do seu povo. O que isso nos ensina? Isso nos ensina que perceber as falhas do outro é uma maneira prudente e inteligente de manter relacionamentos.

Em Mateus 7.3-5, Jesus nos admoesta que, antes de enxergar e apontar o cisco no olho do irmão, devemos reparar na trave no nosso olho. Jesus não diz que o outro não erra, afinal, este realmente tem um cisco no olho, e também não afirma que as faltas dos outros são maiores ou menores que as nossas. Erro é erro. O que Jesus está dizendo é que ser capaz de reconhecer as falhas dos outros e não conseguir admitir as nossas é hipocrisia, e a hipocrisia é um pecado condenado com veemência pelo evangelho. Desse modo, se no último capítulo tratamos sobre por que nos convém reconhecer nossos erros, neste vamos abordar a importância de sermos capazes de conhecer o erro do outro.

Mas é fundamental que você leia o capítulo anterior e comece por você. Faça uma lista dos seus erros e pense no que tem de mudar, e somente depois de ter feito isso passe a observar seu parceiro e descubra quais são os defeitos e manias dele.

1. O SEU PARCEIRO ERRA E TEM DEFEITOS, E VOCÊ DEVE CONHECÊ-LOS

Tanto quanto é loucura não reconhecer que nós erramos, também o é não admitir que os outros erram. A Bíblia afirma: "todos pecaram e destituídos estão da glória de Deus" (Rm 3.23). Isso quer dizer que não há ninguém na Terra que não erre. Podemos até falhar em áreas diferentes, mas todos erram. No entanto, pessoas dominadas pela "ilusão idiótica" vivem como se seus parceiros fossem perfeitos, não são capazes de enxergar os erros deles e, mesmo que os sinais ou aqueles que estão a sua volta tentem alertá-las sobre os defeitos do parceiro, elas não conseguem vê-los. Não é prudente agir assim.

Não reconhecer que nosso parceiro está sujeito a falhar pode gerar muita frustração quando ele errar conosco de um modo tão grave que, mesmo que não queiramos enxergar, será impossível não ver. Portanto, não seja infantil, amadureça e entenda que aqui é a Terra, e não Nárnia! Aqui somos todos imperfeitos e erramos. Você erra, seu parceiro erra, eu erro e todos nós erramos. O que precisamos fazer é admitir isso para evitar que nosso coração seja partido quando o erro for tão sério que não poderemos mais fingir que nada aconteceu.

2. VOCÊ PRECISA CONHECER OS ERROS E DEFEITOS DO SEU PARCEIRO PARA AJUDÁ-LO A MUDAR

Eu sei que você já deve ter ouvido e até acredita que ninguém muda ninguém. Mas isso é um terrível engano. De acordo com a Bíblia, temos, sim, a capacidade de ajudar uns aos outros a mudar: "As pessoas aprendem umas com as outras, assim como o ferro afia o próprio ferro" (Pv 27.17). E vale pensar que, se a pessoa com quem você se relaciona está cometendo um erro, você precisa auxiliá-la, em amor, a reconhecer esse erro e a modificar suas atitudes. Quem ama não se cala se vir o seu amado seguindo de olhos fechados em direção ao precipício. A Bíblia diz: "Quem ama não fica alegre quando alguém faz uma coisa errada, mas se alegra quando alguém faz o que é certo" (1Co 13.6). Relacionamento é um compromisso de aperfeiçoamento mútuo entre o casal, e precisamos identificar os erros uns dos outros, não para julgar e apontá-los, mas para ajudar um ao outro a se tornar uma pessoa melhor.

3. VOCÊ PRECISA DESCOBRIR SE CONSEGUE CONVIVER COM OS DEFEITOS DO SEU PARCEIRO

Há coisas que você vai falar com seu parceiro e ele vai mudar facilmente. Há atitudes que vão deixar de existir apenas com o tempo. Mas certos comportamentos serão mais difíceis de mudar e podem acompanhar a pessoa por toda a vida. Vai me dizer que você nunca identificou algo de que não gostava em sua vida, entendeu que precisava se consertar, mas teve dificuldade, ou até mesmo não foi capaz de fazê-lo? Todos passamos por isso. Portanto, é importante que você conheça quais erros e defeitos seu parceiro tem mais dificuldade em mudar e descubra se você consegue ou não conviver com eles, caso permaneçam no namoro ou até mesmo mais à frente, no casamento.

4. SEJA FRANCO COM O SEU PARCEIRO E DIGA O QUE ACEITA OU NÃO NO CASAMENTO

Após conhecer os erros e defeitos e saber com o que consegue ou não conviver, você precisa deixar bem claro ao seu parceiro quais atitudes você se esforçará para aceitar, mesmo não gostando, e com o que você não consente e não será capaz de suportar. A conversa tem de ser mais ou menos assim: "Isso aqui é chato, mas eu consigo levar numa boa, mas isso aqui não é possível! Você vai ter de fazer terapia, campanha de libertação e orar muito, mas, para que possamos seguir em frente, você precisa mudar". Existem comportamentos que, por mais que a gente queira tolerá-los, simplesmente não dá. Eles sempre vão causar problemas. Assim, você, que conhece seu limite, é a melhor pessoa para dizer o que consegue ou não aceitar durante o casamento. Para isso, é importante que você não se esqueça de que o matrimônio é uma união para toda a vida.

Assim, a fim de evitar fazer uma viagem que vai durar por toda a sua existência ao lado de alguém com comportamentos intoleráveis ou para não ter de pular do veículo (casamento) em movimento, é melhor ser bem honesto com a pessoa, dizer a ela com o que dá ou não para conviver, exigir que mude, ou até mesmo terminar o relacionamento. Afinal, pior que romper um namoro é acabar um casamento.

E, por falar em terminar um casamento, eu comparo o

divórcio e as feridas que ele causa com a tentativa suicida de alguém que pula de um carro em movimento. Dessa forma, não devemos ceder ao divórcio e abandonar o casamento antes do ponto de desembarque. Ponto de desembarque? Sim! Quando duas pessoas se casam, elas assumem o compromisso de fazer uma viagem juntas por toda a vida até que a morte as separe. Portanto, elas devem seguir juntas até o dia em que uma delas for chamada por Deus. Ou seja, o ponto de desembarque é o cemitério, e tentar sair antes disso vai ser tão perigoso quanto pular de um carro em movimento!

5. PREPARE-SE PARA LIDAR COM OS ERROS E DEFEITOS DO SEU PARCEIRO

Sabe aqueles erros e defeitos que você descobriu e sabe que o outro não vai conseguir mudar, mas entende que consegue lidar com eles? Então, este é o caso. Você precisa se preparar para lidar com essas falhas e comportamentos. Não basta apenas saber que eles existem, é necessário se preparar para encará-los. Pense comigo, se você tem de passar por um lugar e sabe que lá há cobras e escorpiões venenosos, o que você faz? Atravessa de chinelo e bermuda mesmo sabendo que poderá ser picado? Obviamente, não! Se você está ciente dos desafios que pode enfrentar, procura estar pronto para eles — veste uma calça e coloca uma bota. Do mesmo modo, saber quais são os erros ou defeitos que o outro tem dificuldade de mudar faz com que você tenha o compromisso de evitar que surjam problemas no relacionamento por causa deles, ou até mesmo o torna mais preparado para solucionar os conflitos que possam surgir.

MOTIVO DE ORAÇÃO

Ore pedindo a Deus que ajude você a conhecer os erros e defeitos do seu parceiro (ou do seu futuro parceiro) para saber se você consegue conviver com eles no casamento e para que ele não consiga esconder esses erros e defeitos.

NAMORADOS

Pegue papel e caneta, vá para um local separado, ore, peça a Deus discernimento e nomeie os defeitos, as manias e os comportamentos do seu parceiro de que você não gosta. Separe esses comportamentos em duas categorias:

- *Comportamentos toleráveis*: fale com seu parceiro sobre eles, peça que ele tente mudar e ter cuidado para que não se transformem em atitudes com potencial de desgastar o relacionamento. E prepare-se para lidar com eles no casamento caso não mudem.

Comportamentos com os quais você não consegue conviver: fale abertamente sobre sua dificuldade de conviver com

ATIVIDADE DO DIA

esses comportamentos, diga que isso pode atrapalhar o relacionamento de vocês, peça que seu parceiro mude, estabeleçam metas e ajudem um ao outro a executar as mudanças necessárias. Não siga em direção ao casamento caso a pessoa não queira ou não consiga mudar algo que você não é capaz de tolerar! Você pode conseguir lidar com essas atitudes no início do relacionamento, mas, com o tempo, poderá não conseguir mais lidar com elas.

Importante: não discutam nem justifiquem os erros que um citar em relação ao outro. A ideia não é discutir, mas pensar sobre as atitudes que foram listadas por seu parceiro. Vale lembrar que, por mais que você se sinta tentado a não concordar e se justificar, deve procurar mudar o que está incomodando o outro.

SOLTEIROS

Pense sobre a necessidade de conhecer não apenas as qualidades do seu futuro parceiro, mas também os defeitos.

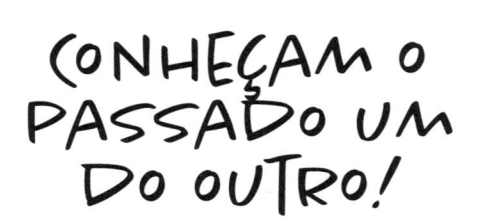

CONHEÇAM O PASSADO UM DO OUTRO!

Não estou querendo dizer que já consegui tudo o que quero ou que já fiquei perfeito, mas continuo a correr para conquistar o prêmio, pois para isso já fui conquistado por Cristo Jesus. É claro, irmãos, que eu não penso que já consegui isso. Porém uma coisa eu faço: esqueço aquilo que fica para trás e avanço para o que está na minha frente.

FILIPENSES 3.12-13

O propósito deste capítulo é tratar de um grande dilema: conhecer ou não o passado do parceiro? Alguns acreditam ser muito importante ter conhecimento do passado da pessoa com quem se relacionam e querem muito saber a respeito. Outros não conseguem lidar com o passado do parceiro e preferem não ouvir nada sobre ele. E há aqueles que acreditam que isso não faz diferença.

1. É CERTO OU ERRADO CONHECER O PASSADO?

Quando falamos sobre a importância de conhecer o parceiro, estamos nos referindo a aprender o máximo possível a respeito dessa pessoa, incluindo o seu passado. Isso é muito importante, e penso que é melhor saber de uma vez sobre o que aconteceu lá atrás do que ser surpreendido aos poucos com as descobertas conforme o tempo vai passando. Além de não ser agradável que os aspectos negativos do passado do seu parceiro lhe causem surpresa à medida que vêm à tona, também é incomum não saber nada sobre os acontecimentos anteriores a sua chegada na vida dele.

Você não acha estranho se relacionar com alguém que não fala sobre o passado e você não sabe nada a respeito do que ele viveu? Eu acho! Acho estranhíssimo! Pior que isso é quando, além de a pessoa não comentar sobre o passado, ainda tenta esconder toda e qualquer informação acerca dele. Esse tipo de comportamento faz surgir o sentimento de que algo muito ruim aconteceu ou de que a pessoa não confia no parceiro a ponto de lhe contar seus segredos. Portanto, para evitar surpresas desagradáveis e suposições desnecessárias, acredito que é muito importante que o casal conheça o passado um do outro.

2. COMO FALAR DO PASSADO E O QUE É IMPORTANTE SABER?

Para falar sobre o passado de vocês, a melhor coisa a se fazer é marcar um dia para isso. Contudo, a fim de que tudo corra bem, é importante que o casal passe um tempo orando e pedindo a Deus para que o diálogo possa ser positivo para o relacionamento e não cause problemas. Assim, acertar uma data é interessante a fim de que o casal se prepare emocional e espiritualmente para conversar e ouvir as revelações sobre o passado um do outro. Durante a conversa, vocês podem fazer perguntas um ao outro. Mas quais perguntas? Qualquer uma que for importante para você saber sobre o passado da outra pessoa.

3. O QUE FAZER QUANDO O PASSADO DO PARCEIRO INTERFERE NO RELACIONAMENTO?

Muitas pessoas convivem com assombrações do passado do parceiro, são coisas que vivem reaparecendo e causando problemas. Por exemplo: o parceiro compara a relação atual com relacionamentos anteriores; ele fica falando detalhes dos seus relacionamentos antigos, ou até mesmo mantém contato e amizade com um ex, dando-lhe liberdade de interferir no relacionamento, em alguns casos. Tudo isso é muito desagradável e não faz bem para a relação. Mas o que fazer quando uma dessas coisas acontece?

Se você tem experienciado isso em seu relacionamento, deve chamar seu parceiro para uma conversa e deixar claro o que o incomoda. Às vezes a pessoa não está percebendo, ou não está fazendo por mal, por isso, é importante que você explique que não acha interessante ficar sabendo sobre a intimidade dela em relacionamentos antigos, não gosta das comparações nem da amizade dela com o ex e, principalmente, não admite que pessoas do passado interfiram no seu relacionamento. Mas é fundamental ser franco e honesto ao falar sobre essas coisas e sobre como você se sente.

4. NÃO TENHA VERGONHA

Não tenha medo ou vergonha de falar sobre o seu passado e não culpe seu parceiro pelo dele. Se você tem algo do passado que pode atrapalhar seu relacionamento atual e sente que seu parceiro precisa ter ciência, fale logo, não deixe que ele fique sabendo por terceiros. Você não precisa conviver com o medo ou se sentir desconfortável com seu passado.

5. O PASSADO PASSOU

Algumas pessoas não estão preparadas para saber sobre o passado umas das outras, elas querem ter conhecimento acerca dele, mas ainda não possuem maturidade para isso. Se esse for o seu caso — você quer saber, mas sente que ainda não está pronto —, melhor deixar a parte prática deste desafio para o último dia do desafio e ir se preparando para ter esse momento. Afinal, tratar sobre o passado exige maturidade e o entendimento de que, por mais vergonhoso que ele tenha sido, se seu parceiro se arrependeu e mudou, o passado ficou lá atrás. Para conhecer o passado da pessoa que amamos, é importante entender que as pessoas mudam, e, não importa se você ou se seu parceiro tiveram uma vida "muito louca", nada é tão louco que Jesus não possa consertar e dar um futuro abençoado.

O texto exposto na abertura deste capítulo mostra a maneira como Paulo tratava do seu passado e como ele tinha esperança no futuro ao lado de Jesus Cristo. Ao ler todo o capítulo 3 de Filipenses, percebemos que Paulo cita dois aspectos a respeito do passado. Um aspecto positivo: ele era hebreu, da tribo de Benjamim e pertencia ao partido dos fariseus. E outro negativo: o apóstolo era um fariseu tão fanático, que foi capaz de perseguir e matar pessoas da igreja de Jesus Cristo. Como podemos ver, como todas as pessoas, Paulo também tinha motivos para não se orgulhar de tudo o que fez no passado. Mas sabe como ele lidava com isso? Ele diz: "No passado, todas essas coisas valiam muito para mim, mas agora, por causa de Cristo, considero que não têm nenhum valor" (Fp 3.7-9).

Paulo está nos ensinando que, quando passamos pela experiência do novo nascimento em Jesus Cristo, não há mais por que se orgulhar ou se culpar por causa do passado. Cristo fez tudo novo em nossa vida. E, por isso, não importa quem você ou a pessoa com quem você se relaciona foram no passado, mas quem vocês serão a partir de agora. Por isso, ao tratarem sobre o passado, não tenham vergonha, não acusem um ao outro, e façam isso com muita ordem, decência e amor.

MOTIVO DE ORAÇÃO

Ore para que Deus ajude você a lidar com seu passado sem culpa nem peso. E peça a ele que lhe dê maturidade para lidar com o passado da pessoa com quem você se relaciona (ou com o passado do seu futuro parceiro), lembrando que o passado passou e o que importa, agora, é o que Deus tem reservado para o futuro de vocês.

NAMORADOS

É importante que você pergunte a si mesmo se está preparado para conhecer o passado do seu parceiro. Se a resposta for não, prepare-se emocionalmente para tratar desse assunto no último dia do desafio. Mas, se a resposta for sim, marquem um dia para conversarem sobre esse assunto. Tire um tempo de jejum e oração e peça a Deus que conduza a conversa de vocês, a fim de que seja produtiva para o relacionamento. Pense no que é importante para você saber sobre o passado dele(a). E faça perguntas.

SOLTEIROS

Anote o que você considera importante falar sobre o seu passado e o que acredita ser importante saber sobre seu futuro(a) parceiro(a). Esteja pronto para falar sobre seu passado em seu futuro relacionamento.

COMO RESOLVER PROBLEMAS DE MANEIRA INTELIGENTE?

Naquele dia, quando soprava o vento suave da tarde, o homem e a sua mulher ouviram a voz do Senhor Deus, que estava passeando pelo jardim. Então se esconderam dele, no meio das árvores. Mas o Senhor Deus chamou o homem e perguntou: Onde é que você está? O homem respondeu: Eu ouvi a tua voz, quando estavas passeando pelo jardim, e fiquei com medo porque estava nu. Por isso me escondi. Aí Deus perguntou: E quem foi que lhe disse que você estava nu? Por acaso você comeu a fruta da árvore que eu o proibi de comer? O homem disse: A mulher que me deste para ser a minha companheira me deu a fruta, e eu comi. Então o Senhor Deus perguntou à mulher: Por que você fez isso? A mulher respondeu: A cobra me enganou, e eu comi.

GÊNESIS 3.8-13

Essa passagem bíblica narra o momento em que Adão e Eva, depois de haverem pecado e ao perceber Deus se aproximando, decidiram se esconder. Ao ver que o casal se escondeu, Deus perguntou a Adão se ele havia comido o fruto da árvore do conhecimento do bem e do mal, e o que Adão respondeu? Ele disse: "Bem, comer eu comi, mas a culpa não foi minha, a culpa foi da mulher que o Senhor me deu". Ao ler a resposta de Adão, posso imaginar Eva olhando para ele, pensando: "Frouxo, não assume as broncas e ainda me denuncia". Mas veja que interessante, a seguir Deus olhou para Eva e perguntou: "Eva, você comeu o fruto da árvore que eu havia proibido?". E Eva respondeu: "Comer eu comi, mas a culpa não foi minha, a culpa foi da serpente". Um transferiu a responsabilidade para o outro, e só faltou Deus questionar a serpente por que tentou o casal, e ela se defender dizendo que a culpa foi de Deus por tê-la criado. Com isso, podemos perceber que Adão e Eva fizeram o que muitos casais fazem quando surge um problema: em vez de tentar resolvê-lo, se concentram em encontrar um culpado.

Você já fez isso? Já discutiu para encontrar o culpado por um problema? Já brigou tentando fazer a pessoa admitir que errou? É claro que já! Todos nós já fizemos isso! Mas a grande questão é que encontrar o responsável ou fazer o outro reconhecer que errou não resolve o problema. Aliás, isso pode tornar o conflito ainda maior. E, para evitar que você cause problemas mais sérios em seu relacionamento, quero lhe apresentar maneiras inteligentes para tratar dos problemas que surgem.

1. NÃO CONVERSEM QUANDO ESTIVEREM NERVOSOS

Um erro comum no relacionamento de muitos casais é a ansiedade para resolver os problemas. Muitos querem solucioná-los logo quando surgem, e o mais interessante é que eles usam o texto bíblico de Efésios 4.26-27 para dizer: "Não devemos deixar o sol se pôr sobre a nossa ira para não dar lugar ao diabo". Usando esse texto, muitos casais de namorados ficam remoendo o problema e insistem em não ir para casa enquanto o que estiver incomodando não for resolvido. E ficam por horas tentando encontrar o culpado, falando coisas que não devem, se estressando e complicando ainda mais a situação. Não dá para tentar resolver problemas no calor do momento e quando estamos com raiva. É muito mais prudente ter paciência e maturidade para esperar o momento certo para acertar as coisas.

Além disso, é importante destacar que o texto de Efésios não trata a questão de lidar com conflitos logo quando surgem ou de não ir dormir sem resolvê-los. Mas, quando o texto diz para você não deixar o sol se pôr sobre a sua ira, ele está nos instruindo a guardar nosso coração e não dormir com raiva de ninguém.

2. PARE DE TENTAR ENCONTRAR UM CULPADO PARA OS PROBLEMAS

Uma maneira nada inteligente de tentar resolver os problemas é discutir para descobrir quem errou. Isso só gera mais confusão e, no processo, o casal pode ferir um ao outro ainda mais. Não é legal estar ao lado de alguém que sempre responsabiliza você por tudo o que acontece no relacionamento, não é capaz de reconhecer que está errado e, mesmo quando está claro que o problema surgiu por um erro dele, fica justificando o que ocorreu e tentando encontrar alguém ou alguma situação para culpar. Isso é muito desagradável.

Por outro lado, tentar fazer alguém admitir que errou é perda de tempo. A pessoa vai tentar se explicar e transferir a responsabilidade pelo erro dela para você, mas você não vai aceitar, e a discussão só vai se intensificar. Por isso, se o seu relacionamento e o seu parceiro são importantes para você, é bom que vocês parem de tentar encontrar um culpado para os problemas que surgem e de fazer o outro admitir que errou.

3. CONCENTREM-SE NA SOLUÇÃO PARA O PROBLEMA

Em vez de tentar encontrar um culpado para o problema, concentrem-se em buscar juntos uma solução. Culpar o parceiro vai causar ainda mais divisão no relacionamento e distanciar vocês. E o momento em que surge um problema não é a hora de se afastar, e sim de se unir! Os dois devem encontrar juntos uma solução para o conflito, e não gerar mais problemas brigando, discutindo, ficando nervosos e culpando o parceiro. Pois bem, quando vocês se concentrarem em tentar resolver uma questão que surgir, inevitavelmente vão descobrir qual foi o problema, a causa dele e o responsável. Sabe o que isso quer dizer? Quer dizer que você não precisa culpar o outro ou forçá-lo a reconhecer que errou. Basta se unirem e buscarem uma solução para o conflito, e o culpado aparecerá naturalmente.

4. TENTEM DESCOBRIR UMA FORMA DE NÃO DEIXAR QUE O PROBLEMA SE REPITA

As pessoas acham muito difícil resolver problemas e acabam complicando demais. Mas solucionar um conflito é muito mais fácil do que se pode imaginar. Quer ver só? Qual é o problema de vocês? Digamos que há desavenças porque o outro não gosta de atrasos, mas você sempre se atrasa. O que você pode fazer para evitar isso? É simples, admita que errou (por mais difícil que seja), peça perdão e comprometa-se a se esforçar para que o problema não se repita. Deste dia em diante, basta chegar no horário ou um pouco antes, afinal é melhor estar adiantado e ter paz do que se atrasar e provocar brigas. A verdade é que não é suficiente querer um bom relacionamento, é preciso construí-lo. Construir um bom relacionamento inclui ser capaz de reconhecer que errou, se esforçar para mudar e fazer o possível para não deixar que o erro continue causando problemas ao relacionamento.

5. EM UM RELACIONAMENTO DE SUCESSO, O CASAL LUTA JUNTO PELO BEM DO RELACIONAMENTO, E NÃO UM CONTRA O OUTRO

Gosto de imaginar o relacionamento amoroso como uma partida de frescobol ou de pingue-pongue. No pingue-pongue temos dois adversários tentando fazer o outro errar e, se um errar, o outro ganha. O objetivo do jogo é se aproveitar da fraqueza e do erro do outro para sair vitorioso. Em muitos relacionamentos é assim que os problemas são resolvidos, o casal joga pingue-pongue nas discussões e tenta a todo custo vencer um ao outro. Porém, relacionamentos bem-sucedidos são mais parecidos com uma partida de frescobol. Já ouviu falar? O frescobol é aquele jogo de beira de praia, em que duas pessoas ficam rebatendo a bolinha uma para a outra com uma raquete. O objetivo do frescobol é não deixar a bola cair, e, se ela cair, os dois jogadores perdem.

É assim que devemos agir quando surge um problema no relacionamento: nos unir para resolvê-lo e fazer todo o possível para preservar a relação. Se fizermos o contrário e tentarmos encontrar um culpado, poderemos até sair vencedores da discussão, mas, sempre que alguém vence uma discussão num relacionamento, na verdade sai perdendo. Portanto, da próxima vez em que vocês tentarem solucionar um problema, lembrem-se de que vocês devem focar na solução dele e em preservar o relacionamento.

ATIVIDADE DO DIA

MOTIVO DE ORAÇÃO

Ore para que Deus lhe dê sabedoria para resolver os problemas que surgem em sua vida ou relacionamento (ou em seu futuro relacionamento) de maneira inteligente e madura.

NAMORADOS

Conversem sobre o assunto e descubram se estão resolvendo os problemas de maneira inteligente. Da próxima vez que forem resolver um problema, ponham o desafio em prática: não conversem quando estiverem nervosos; parem de tentar encontrar um culpado para os problemas; concentrem-se em encontrar uma solução; tentem descobrir uma forma de não deixar que o problema se repita; entendam que em um relacionamento de sucesso o casal luta junto pelo bem do relacionamento e não um contra o outro.

SOLTEIROS

Esteja pronto para tratar deste assunto no seu futuro relacionamento. E, quanto à prática, você pode realizar a atividade dos namorados com um amigo chegado. Certamente você e um amigo podem descobrir como resolver os problemas que surgem na amizade de maneira inteligente.

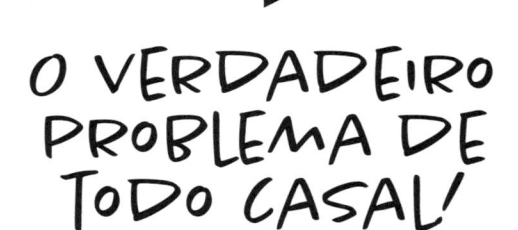

O VERDADEIRO PROBLEMA DE TODO CASAL!

Porque todos pecaram e destituídos estão da glória de Deus.

ROMANOS 3.23

Esse versículo revela duas coisas: primeiro, o texto afirma: "todos pecaram", e isso quer dizer que todos nós somos pecadores; e segundo, quando diz: "e destituídos estão da glória de Deus", que significa estar afastado da plenitude da presença de Deus. E essa é a condição do ser humano diante do Senhor — todos somos igualmente pecadores. No capítulo anterior, vimos que Adão e Eva desobedeceram à ordem de Deus, comendo o fruto do conhecimento do bem e do mal que ele havia proibido. De acordo com a crença cristã, Adão e Eva foram os primeiros seres humanos, e deles descende toda a humanidade. Por serem os pais de todos os seres humanos, todos nós — homem e mulher — herdamos a natureza pecaminosa desse primeiro casal. Talvez você diga que isso não é justo, afinal, se foram eles que pecaram, qual culpa o resto da humanidade tem? Não é a primeira vez que respondo a essa pergunta.

Lembro-me de uma ocasião em que estava pregando sobre esse assunto e um rapaz interrompeu minha ministração para me questionar sobre isso. Ele também não achava "justo" a humanidade ter herdado a natureza pecaminosa de Adão e Eva. E, para que ele pudesse entender, conjecturei: "Imagine que seu pai faleceu e deixou uma fortuna inestimável de herança. Seria bom ser herdeiro de uma fortuna, não é?". Ele respondeu que sim! Então eu prossegui: "Agora, imagine se eu dissesse que você não poderia aceitar essa herança, visto que foi seu pai quem trabalhou para acumulá-la e, como você não fez nada, seria injusto recebê-la. Você deixaria de herdar algo só porque eu não acho justo?". Ele sorriu e disse: "Entendi o que você quis dizer, se fosse uma herança boa, eu não recusaria e diria que era justo recebê-la mesmo não tendo feito nada, mas, como é ruim, é mais fácil dizer que não é justo".

Parece que ele compreendeu!

Mas o que que isso tem a ver com o seu relacionamento?

Tenho cinco coisas para lhe dizer que podem fazer você entender melhor a conexão deste assunto com seu relacionamento.

1. RELACIONAMENTO É UNIÃO DE DOIS PECADORES

O que tenho enfatizado neste capítulo tem o objetivo de ajudar você a entender a sua condição e a da pessoa com quem você se relaciona diante de Deus. Perante ele, todos nós — eu, você e seu parceiro — somos pecadores. Eu sei que é mais fácil identificarmos o outro como pecador. Mas não é isso que o texto que nós lemos diz, quando afirma: TODOS PECARAM, ou seja, todos nós, sem exceção, somos pecadores. Então, precisamos compreender que um relacionamento é, antes de tudo, a união de dois pecadores.

Isso significa que: somos imperfeitos, incapazes de acertar o tempo todo, e, mais cedo ou mais tarde, vamos falhar um com o outro. Se não entendermos isso, não seremos felizes com o outro e muito menos com nós mesmos, afinal, viveremos esperando que a pessoa com quem nos relacionamos seja perfeita e passaremos a vida carregando o peso da culpa sempre que errarmos ou pecarmos.

2. O PECADO NOS LEVA A ERRAR UM COM O OUTRO

Não importa há quanto tempo seu parceiro sirva a Deus ou qual é o cargo dele na igreja, você precisa saber que, por ser pecador, ele é uma pessoa falha e, mais cedo ou mais tarde, vai errar com você. Muitas pessoas têm uma visão muito mística da conversão e acreditam que, quando uma pessoa se converte, deixa de ser pecadora. Mas esse não é o ensinamento bíblico. A Bíblia diz: "Pois eu estou certo de que Deus, que começou esse bom trabalho na vida de vocês, vai continuá-lo até que ele esteja completo no Dia de Cristo Jesus" (Fp 1.6). Após ter um encontro com Deus, isto é, após nossa conversão, Deus começa uma obra em nós, nos envia o Espírito Santo, e o Espírito Santo inicia um processo de aperfeiçoamento em nós. No entanto, note que o texto diz que esse processo só vai terminar "no Dia de Cristo Jesus". Isso significa que, enquanto vivermos nesta Terra, permaneceremos pecadores. Com a ajuda do Espírito Santo, pecamos menos que aqueles que não têm a presença dele. Porém, mesmo com o Espírito Santo, não deixamos de pecar e errar. Isso acontece para nos lembrarmos sempre de que precisamos de Deus e sem ele estaríamos perdidos. Assim, você tem de entender que, por mais que você ou seu parceiro não queiram e se esforcem para não errar, em algum momento vocês vão falhar e ferir um ao outro. E o que fazer quando isso acontecer?

3. NENHUM RELACIONAMENTO SOBREVIVE SEM PERDÃO

Pecadores são imperfeitos, e, se todos somos pecadores, é impossível encontrar uma pessoa que nunca erre. Isso quer dizer que existirão momentos em um relacionamento em que um vai errar com o outro, e, quando isso acontecer, a Bíblia nos ordena a perdoar sempre que surgirem desavenças. Perdoar é um mandamento da Palavra de Deus. Não é um sentimento, nem depende de nossa vontade ou emoção. Devemos perdoar porque Deus nos perdoou e para continuarmos recebendo o perdão dele. A Palavra declara: "Assim como o Senhor vos perdoou, assim também perdoai vós" (Cl 3.13). O perdão que recebemos de Deus, mesmo sendo pecadores, deve gerar em nosso coração o desejo de perdoar os outros, tal como o Senhor fez conosco. Perdoar significa não olhar mais para o outro com desprezo ou ressentimento. É ter compaixão, deixando de lado toda a ideia de vingar-se daquilo que foi feito ou pelas consequências que sofremos.

O perdão tem o poder de fortalecer intensamente a relação, e a falta dele adoece até mesmo os melhores e mais intensos relacionamentos. Sendo o relacionamento a união de dois pecadores, quando um erra, é muito importante que o outro esteja sempre pronto a perdoar, a ajudar o parceiro a se levantar, para que ele se torne uma pessoa melhor e se aproxime mais de Deus. Sem o perdão, isso não é possível.

4. O PECADO AFETOU NOSSAS EXPECTATIVAS

Nossa natureza pecaminosa é carente e gera em nós expectativas muito altas em relação ao outro. Uma coisa interessante sobre a qual devemos pensar é que todo pecador é um ser à procura de Deus. Todos temos um vazio dentro de nós, o qual só pode ser preenchido plenamente pelo Senhor. Porém, frequentemente nos esquecemos disso e passamos a buscar satisfação para esse vazio em coisas e pessoas. É comum alguém esperar que o outro o preencha, o agrade, não erre e seja capaz de lhe dar todo o amor de que precisa. Mas isso simplesmente não vai acontecer. Nós vemos muitas pessoas fazendo de tudo pelo parceiro, mas, ainda assim, não conseguem satisfazer um ao outro por completo.

Isso mostra que o problema não é com a pessoa com quem nos relacionamos, mas a questão é que, por mais que ela queira, nem ela nem qualquer outra pessoa, além de Deus, será capaz de nos satisfazer inteiramente. Nossa natureza pecaminosa deturpou nossas expectativas em relação ao outro e faz com que esperemos mais dele do que ele pode nos oferecer. Por isso, precisamos equilibrar nossas expectativas e descobrir se não estamos exigindo perfeição da outra pessoa ou esperando que ela faça por nós o que só Deus pode fazer.

5. O PECADO É O VERDADEIRO PROBLEMA DE UM CASAL

A narrativa bíblica nos mostra que, antes da Queda, o ser humano vivia em perfeita pureza e santidade. Adão e Eva jamais teriam problemas se não tivessem desobedecido a Deus. Eles seriam um casal muito feliz. Mas eles pecaram. E, por meio do pecado, os conflitos, as doenças, as pestes e a morte entraram no mundo. O pecado trouxe para a vida do ser humano tudo de ruim que possa existir. Portanto, precisamos entender que todo problema em um relacionamento (não só amoroso, mas em qualquer relação) existe porque somos pecadores.

Não estou dizendo que você enfrenta adversidades em seu namoro ou em qualquer outro relacionamento porque você pecou, e sim por você ser pecador e por se relacionar com outros pecadores. O pecado nos torna egoístas, vingativos, rixosos e incapazes de perdoar. E, se observarmos cuidadosamente, veremos que todo problema em um relacionamento entre duas pessoas tem raiz no egoísmo, na vaidade e na incapacidade de perceber o outro como ele é: um pecador que carece da graça de Deus.

Por outro lado, quando um casal vive em situação de pecado no namoro, muitas dificuldades podem surgir, a curto, médio e longo prazo. Infelizmente, tenho visto namoros que tinham tudo para dar certo morrendo porque o casal começou a pecar. Quando o pecado entra em um namoro, ele joga as bênçãos de Deus fora. Desse modo, é muito importante que você entenda que a raiz de todo problema no mundo e nos relacionamentos é o pecado. Ele é o verdadeiro inimigo contra o qual devemos lutar. E, dessa forma, precisamos fazer tudo o que estiver ao nosso alcance para eliminá-lo de nossa vida e dos nossos relacionamentos.

ATIVIDADE DO DIA

MOTIVO DE ORAÇÃO

Ore para que Deus ajude você a vencer o pecado em sua vida e em seus relacionamentos.

NAMORADOS

Orem juntos pedindo que Deus envie o Espírito Santo para ajudar vocês a vencerem o pecado. O pecado é o real inimigo de todos nós. Conversem e descubram se existe algum pecado no relacionamento de vocês e tratem--no. E, toda vez que um errar, lembre-se de que ele é tão pecador quanto o outro e que, para que o relacionamento de vocês prospere, devem se perdoar.

SOLTEIROS

Esteja pronto para tratar deste assunto no seu futuro relacionamento. Tire um tempo para orar e descobrir se há algum pecado repetitivo em sua vida que tem matado seus sonhos, planos e até sua vida sentimental. Lembre-se de que o salário do pecado é a morte e, quando o pecado entra na vida de alguém, alguma coisa morre. Peça ajuda de Deus para se livrar do pecado e para que sua vida prospere em todas as áreas.

A IMPORTÂNCIA DO DIÁLOGO

O que você diz pode salvar ou destruir uma vida; portanto, use bem as suas palavras e você será recompensado.

PROVÉRBIOS 18.21

Se soubermos usar as palavras, elas farão bem para nossa vida e para o nosso relacionamento. Mas, se não, podem afastar as pessoas de nós, fazer com que elas tenham medo de conversar conosco e, no caso dos casais, o mau uso das palavras pode destruir o relacionamento.

Eu e Michele conversamos tanto durante nosso namoro, sobre tantas coisas da vida de casado que, quando nos casamos, já sabíamos como resolver mais da metade dos problemas que surgiram. Dialogar é fundamental em todo e qualquer relacionamento. E, ao longo de toda a minha vida como conselheiro, nunca vi uma ferramenta tão poderosa quanto o diálogo. Ele é eficaz tanto para prevenir um problema quanto para corrigi-lo. Portanto, é muito importante que o casal de namorados converse muito.

Acredito que o que determina o sucesso de um relacionamento não é o tempo em que o casal está junto, mas sim o tempo que investe em comunicação. Por isso, existem casais de namorados e noivos que se conhecem muito mais e convivem melhor que muitos casados que estão juntos há dez anos. Claro que, para que o casamento seja tão bom quanto o namoro e o noivado, o casal de namorados deve continuar dialogando durante o casamento. Tenho algumas dicas que podem ajudar vocês a estabelecerem uma comunicação mais satisfatória.

1. DEFINAM UM TEMPO LIVRE DE DISTRAÇÕES PARA VOCÊS CONVERSAREM

A comunicação em um relacionamento precisa ser um processo natural, e é muito importante que o casal dedique tempo para ouvir e falar um com o outro. Porém, isso vem com o tempo. E, até que isso aconteça, precisamos estabelecer um tempo para exercitar a comunicação. Desse modo, aconselho que vocês desliguem os celulares, saiam de perto de qualquer coisa que possa atrair a atenção e se conectem um ao outro. Esse é um tempo de vocês e deve ser usado para que possam conversar a respeito de tudo e se conhecerem melhor. Caso vocês tenham muita dificuldade para dialogar ou encontrar um assunto relevante para conversarem, podem adquirir um livro sobre namoro, ler esse livro juntos e depois trocar ideias sobre o que vocês leram. Mas é importante que vocês superem as dificuldades, marquem um dia e conversem.

2. FAÇA PERGUNTAS E TENHA DISPOSIÇÃO PARA OUVIR

Infelizmente, muitos casais desistiram do diálogo e dizem que fizeram isso porque sentiam que não eram ouvidos. Vale destacar que estamos nos referindo a prestar atenção e tentar entender o que o outro está expressando. Por isso, embora algumas pessoas afirmem que escutam seus parceiros, elas na verdade só ouvem. Escutar é demonstrar interesse no que o outro está dizendo, é olhar nos olhos, interagir, não tentar completar o que ele diz ou apressá-lo para falar. Também não adianta falar "vaquês" ou "boiês", balançando a cabeça enquanto o outro se comunica. A propósito, você sabe o que é falar "vaquês" e "boiês"? Esses são os dialetos da vaca e do boi, eles param um diante do outro e ficam balançando a cabeça e mugindo: "Humm, muuu". Isso não é ouvir, e sim fingir que está ouvindo! Para escutar uma pessoa e mostrar a ela que estamos interessados no que ela diz, precisamos abandonar as distrações, olhar nos olhos, dar tempo para ela falar e fazer perguntas sobre o assunto. É assim que você ouve?

3. TENTE ENTENDER O QUE O OUTRO QUIS DIZER

Eu sei que para muitas pessoas o que importa é o que a gente diz e não o que o outro entende. Você pensa assim? Se sua resposta for sim, é melhor mudar sua maneira de pensar. Esse tipo de pensamento não combina com um relacionamento de sucesso. Em um relacionamento de sucesso, o casal precisa estar disposto a entender o que o outro disse e quis dizer.

Eu e Michele chegamos neste nível de comunicação: nos conhecemos a ponto de conseguir compreender o que o outro quer dizer só com um olhar, de entender o que o outro está sentindo e o que quis dizer quando falou determinada coisa. Às vezes, Michele está naqueles dias (TPM), na correria, fazendo alguma coisa ou com muitos compromissos e acaba se expressando de modo diferente sem perceber. Eu ouço o que ela diz, mas não me prendo às palavras dela, ao contrário, tento entender o que minha esposa quis dizer e sei que, em outro momento, ela não falaria tal coisa.

O mesmo acontece com Michele em relação a mim. Ela é capaz de ser compreensiva com meus dias difíceis e minhas palavras ditas na correria. Penso que todo casal deveria se esforçar para chegar a esse nível de comunicação e poder de entender não apenas o que o outro disse, mas, acima de tudo, o que ele quis dizer. Se fizéssemos isso, certamente teríamos relacionamentos mais leves e felizes.

4. NUNCA FIQUE NA DÚVIDA EM RELAÇÃO A ALGO QUE O OUTRO DISSE

Se existe algo que destrói relacionamentos é o tal do mal--entendido. Você disse algo, seu parceiro entendeu outra coisa e, se vocês não tomarem a atitude de perguntar: "Foi isso mesmo o que você quis dizer?", é aí que a "vaca vai para o brejo". Como salientei, precisamos tentar compreender o que o outro quis dizer. Mas, caso não consigamos fazer isso, presumir o que ele quis dizer ou ficar na dúvida sobre o que foi dito não é o ideal. Devemos perguntar e esclarecer as coisas.

Aqui em casa, quando nos sentimos tristes com algo que o outro disse ou quando não conseguimos entender o que se tentou expressar, separamos um tempo e falamos sobre o que sentimos, e aquele que errou ou que empregou palavras que não soaram bem se explica, pede perdão e a vida segue. Isso é tão natural para nós que chegamos a nos surpreender quando duas pessoas que se relacionam e querem passar a vida toda juntas conseguem ficar aborrecidas uma com a outra ou até mesmo romper o relacionamento por causa de mal-entendidos. O melhor remédio contra isso é o bom entendimento. Por isso, sempre que for necessário, sentem, olhem no olho um do outro e se entendam.

5. VIGIE SUAS PALAVRAS E EVITE BRIGAR ENQUANTO VOCÊS CONVERSAM

Uma coisa muito comum que acontece com casais que decidem exercitar o diálogo e investir em comunicação é que eles começam a ter conflitos todas as vezes que se propõem a conversar. E, quando isso ocorre, sabe o que muitos casais fazem? Desistem do diálogo. Eles pensam: "Se toda vez que a gente tenta conversar, nós brigamos, é melhor nem conversar". Já aconteceu com você? Se sim ou se você estiver experienciando isso, é importante que vocês não desistam do diálogo. Continuem praticando a comunicação e, em vez de parar de conversar, passem a ter mais cuidado com suas palavras e com a maneira como se expressam. O diálogo é fundamental para o relacionamento, e sem ele o relacionamento morre. Desse modo, é importante não evitar conversar porque surgem problemas e procurar se expressar adequadamente.

ATIVIDADE DO DIA

MOTIVO DE ORAÇÃO
Ore pedindo a Deus que lhe dê o dom de se comunicar melhor com as pessoas.

NAMORADOS
Conversem sobre o assunto e descubram se vocês têm um nível satisfatório de comunicação. Caso vejam que precisam melhorá-la, conversem e descubram qual é o maior empecilho para a comunicação no relacionamento. Mudem o que está impedindo vocês de se comunicar melhor.

SOLTEIROS
Esteja pronto para tratar deste assunto no seu futuro relacionamento. Exercite sua capacidade de se comunicar com seus familiares, amigos e com as pessoas ao seu redor. A prática ajudará você em seu futuro relacionamento.

CONHEÇAM AS DIFERENÇAS ENTRE VOCÊS!

Assim Deus criou os seres humanos; ele os criou parecidos com Deus. Ele os criou homem e mulher.

GÊNESIS 1.27

Nesse versículo, lemos sobre a criação dos seres humanos e podemos ver que, embora sejamos iguais em diversos aspectos, também somos diferentes em muitos outros. Por exemplo, Deus criou os seres humanos parecidos com ele, mas também os formou com particularidades que os diferem. Além das diferenças que cada indivíduo carrega em si, que o identificam entre todos os outros — suas digitais, arcada dentária e o DNA —, Deus também criou duas espécies de seres humanos: o homem e a mulher. Como sabemos, esses dois seres são extremamente diferentes, e, embora a distinção mais evidente entre um homem e uma mulher seja uma questão fisiológica — isto é, os órgãos genitais que cada um possui e que determinam o gênero masculino e o feminino estabelecido por Deus na Criação —, eles diferem entre si, por exemplo: na maneira como pensam e se expressam, demonstram amor e se sentem amados, enxergam o sexo e até na noção de tempo. O homem diz: "Vou me arrumar em dez minutos e te encontro", e para ele isso é literal. Já para a mulher, "se arrumar em dez minutos" é só uma figura de linguagem.

Imagine que, além de todas essas diversidades que fazem com que homem e mulher sejam seres intrinsecamente diferentes, ainda existe a diferença cultural, ou seja, eles também são criados em culturas familiares diferentes. Tudo isso faz com que seja muito difícil encontrarmos um casal composto por duas pessoas muito parecidas. É até bonito ver um casal que se parece. Mas, na maioria das vezes, casais são formados por duas pessoas que diferem em muitos aspectos. Aqui em casa eu e Michele somos muito diferentes. E, ao contrário dos casais que descobrem primeiro o que possuem em comum para poderem encontrar algo que os conecte, foram justamente nossas diferenças que ficaram evidentes no início do nosso relacionamento. Qualquer um que nos olhasse, mesmo de longe, já perceberia o quanto éramos distintos — afinal, eu sou roqueiro e plebeu, e ela, bailarina e da realeza.

Diante do que temos exposto, você pode se perguntar: "Como podem duas pessoas tão diferentes conseguir ficar juntas por tanto tempo? Será que ao longo dos anos em que estão casadas as diferenças deixaram de existir?". Devo dizer que não! Pelo contrário, logo nos primeiros dias de casamento, nosso relacionamento foi provado por essas diferenças, as quais foram ficando bem evidentes e nos causaram muitos problemas. Mas, com o passar do tempo, eu e Michele aprendemos a lidar com elas de maneira madura. E é sobre isso que quero compartilhar com você neste capítulo. Vou lhe contar o que fizemos em relação às diferenças que nos ajudou a permanecer juntos, e desejo que os nossos segredos sejam úteis para você.

1. ACEITAMOS QUE SOMOS DIFERENTES

Muita coisa muda quando aceitamos que somos diferentes, que ninguém precisa ser igual a ninguém e está tudo bem não sermos parecidos. E foi isso o que fizemos, decidimos aceitar as diferenças e respeitá-las. Pois há uma razão para Deus ter nos criado tão diferentes uns dos outros — até mesmo irmãos gêmeos, que foram gestados juntos e cresceram no mesmo ambiente, são distintos em muitos aspectos um do outro. Dessa forma, por mais que um casal se esforce muito, nunca conseguirá ficar livre das diferenças. Assim, já que as diferenças nunca vão deixar de existir, o que devemos fazer? Continuaremos lutando contra elas? Brigaremos com o outro por causa dessas diferenças? Cobraremos que o outro mude? Deixaremos que elas destruam o relacionamento? Não! Não! E não! Se você não pode modificar algo, quem tem de mudar é você. E essa mudança pode começar com você aceitando o fato de que é diferente da pessoa com quem se relaciona e que está tudo bem em ser assim.

2. DESCOBRIMOS EM QUE SOMOS DIFERENTES

Que você e seu parceiro são diferentes você já sabe, mas em que vocês diferem? Saber em quais áreas vocês são diferentes é essencial. Até porque, enquanto não levarmos isso em consideração, as diferenças podem provocar muitos problemas no relacionamento, chegando ao ponto de desistirmos da relação pensando que o outro está errado ou viver conflitos intermináveis. As coisas não precisam ser assim. Podemos mudar isso descobrindo em que somos diferentes. Portanto, comece a observar em que vocês não são parecidos, como: temperamento, linguagens do amor, gostos, opiniões, entre outros aspectos. Sabendo em que vocês são diferentes, podem se preparar para evitar um conflito todas as vezes que essas diferenças ficarem evidentes ou tentar encontrar uma maneira de fazer com que elas contribuam para o relacionamento.

3. DECIDIMOS QUAL SERIA A FUNÇÃO DAS DIFERENÇAS EM NOSSO RELACIONAMENTO

Como já disse, ser diferente é normal. E quando nós aceitamos isso e descobrimos em que diferimos, podemos encontrar maneiras de lidar com as diferenças de forma que não afetem o relacionamento de maneira negativa. A verdade é que o problema não são as diferenças em um relacionamento, e sim como as enxergamos e tratamos. Se você acredita que a diferença é ruim, sua relação será prejudicada por tudo aquilo em que vocês diferem. Mas, quando você encara a diferença como algo natural e percebe que ela ajuda o casal a não cair numa rotina, o relacionamento é impactado positivamente. Aqui em casa decidimos usar as diferenças para o bem. Michele gosta de sair, e eu, de ficar em casa. E, para não cairmos na rotina, temos o dia de ir à praça, passear com as crianças e o de ficar em casa assistindo a um filme e comendo pipoca. Cada um cede um pouco, faz o que gosta e o que o outro gosta. Assim, seguimos felizes e celebrando a criatividade de Deus em ter criado dois seres tão diferentes que chegam a se completar.

4. DECIDIMOS NÃO MUDAR UM AO OUTRO

Infelizmente, muitos casais estão querendo transformar o parceiro em uma cópia de si mesmos. Mas isso é muito errado. Cada pessoa tem sua identidade, sua essência e foi criada por

Deus para ser do jeito que é. Nós precisamos ajudar um ao outro a mudar os defeitos, erros, manias e comportamentos ruins, mas não obrigar o outro se tornar alguém como nós. Portanto, respeite as opiniões, a forma de ver a vida e a simplicidade do seu parceiro. Não tente mudá-lo! Aceitar as diferenças e entender que o outro é especial por ser como é fará com que o relacionamento de vocês seja mais leve e feliz.

5. FOMOS NOS ADAPTANDO UM AO OUTRO

Eu sei que muitas vezes você ouve pessoas dando conselhos sobre encontrar alguém que seja compatível com você. Eu mesmo já falei sobre isso. Mas é preciso ter cuidado com essa ideia de compatibilidade. Não existe ninguém totalmente compatível com outra pessoa. Nós temos muitas diferenças, e é graças a elas que o casal pode se encaixar e se adaptar. Duas peças iguais de um quebra-cabeça não se encaixam. Para que se ajustem perfeitamente, elas precisam ser diferentes.

E aqui está a razão pela qual Deus nos criou diferentes: somos partes de um todo, cada ser humano é parte um do outro, e cada um com suas diferenças completa o outro. Portanto, você que está solteiro deve, sim, procurar alguém que seja o mais compatível possível com você, mas não igual. E você, que está em um relacionamento, tem de se esforçar para diminuir ao máximo as diferenças que existem entre você e a pessoa com quem se relaciona. Mas tanto solteiros como quem está namorando devem saber que as diferenças nunca vão deixar de existir e que não há alguém cem por cento compatível conosco. Precisamos, portanto, respeitar as diferenças, conviver com elas e usá-las para o bem do relacionamento.

ATIVIDADE DO DIA

MOTIVO DE ORAÇÃO

Ore para que Deus lhe conceda a graça de se relacionar com alguém o mais parecido possível com você. Porém, se essa não for a vontade dele, peça que lhe dê sabedoria para lidar com as diferenças.

NAMORADOS

Conversem sobre o assunto e descubram em quais áreas vocês são diferentes. Após descobrirem quais diferenças vocês possuem, tentem encontrar um meio-termo, para que as diferenças não atrapalhem o relacionamento.

SOLTEIROS

Esteja pronto para tratar este assunto no seu futuro relacionamento e pense sobre como você lida com as diferenças de seus familiares e amigos. Você consegue extrair o melhor dessas diferenças?

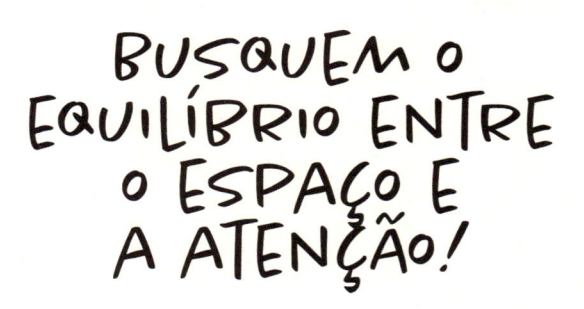

BUSQUEM O EQUILÍBRIO ENTRE O ESPAÇO E A ATENÇÃO!

Tudo neste mundo tem o seu tempo; cada coisa tem a sua ocasião. Há tempo de nascer e tempo de morrer; tempo de plantar e tempo de arrancar; tempo de matar e tempo de curar; tempo de derrubar e tempo de construir. Há tempo de ficar triste e tempo de se alegrar; tempo de chorar e tempo de dançar; tempo de espalhar pedras e tempo de ajuntá-las; tempo de abraçar e tempo de afastar.

ECLESIASTES 3.1-5

Salomão diz que existe um tempo para todas as coisas, inclusive tempo para abraçar e tempo de afastar. Aplicando essa passagem bíblica ao contexto de um relacionamento, entendemos que é necessário existir um equilíbrio entre dar atenção e dar espaço. Nada em excesso é bom. Veja as flores, se você não as regar, elas morrerão, mas se aguá-las demais, também poderão morrer. Para que elas vivam, é importante dar água na medida certa. Portanto, comece a pensar que tanto quanto existem relacionamentos que morrem por falta de cuidado, também há aqueles que acabam porque um dos envolvidos se sente sufocado. Dessa maneira, o grande erro não é dar muita ou pouca atenção, é não o fazer na medida certa. Como é seu relacionamento? Você sente que falta ou que sobra atenção? Não sei qual é o seu caso, mas gostaria de tratar neste capítulo de cinco coisas que podem ajudá-lo a equilibrar a questão da atenção e do espaço no seu relacionamento.

1. TODO RELACIONAMENTO PRECISA DE UM POUCO DE ATENÇÃO

O melhor presente que você pode dar a alguém é o seu tempo, e, quando digo *tempo*, estou falando sobre *tempo de qualidade*. É muito importante que você separe um tempo para dar atenção exclusiva ao seu parceiro e para priorizarem a relação. Não estou falando de sair, jantar juntos ou ir ao cinema — vocês podem e devem fazer isso —, mas de simplesmente ficar perto um do outro, dando atenção e sem fazer qualquer outra coisa. Quer dizer, vocês podem fazer um carinho no cabelo, na mão, olhar nos olhos e reclinar a cabeça no colo um do outro por um tempo. Não é necessário gastar ou investir dinheiro para isso, basta querer ter um tempo ao lado de quem você ama. Atitudes simples assim podem reacender a chama do amor no relacionamento e mostrar o quanto vocês se importam um com o outro. Ah! E eu já ia me esquecendo de algo importante: tomem cuidado com o uso do celular!

2. TODO RELACIONAMENTO PRECISA DE UM POUCO DE ESPAÇO

É muito importante que desde o namoro vocês entendam que cada um tem suas necessidades particulares, e um relacionamento no qual um não faz nada sem o outro não é saudável. Isso cria dependência emocional, leva o relacionamento para a rotina, cerceia as necessidades individuais e não educa o casal para o casamento. No namoro é muito comum que o casal queira mais atenção um do outro e deseje fazer tudo junto. Afinal, os dois nem sempre se encontram todos os dias e, quando se veem, o tempo passa rápido.

Além disso, o fato de morarem em casas diferentes faz com que eles convivam com a saudade um do outro, mesmo que tenham acabado de se encontrar há poucos minutos. Vai me dizer que nunca aconteceu de você se despedir da pessoa que ama e já ficar com saudades dela? Isso é bem normal no início do namoro. Porém, as coisas mudam com o passar do tempo. E, quando um precisa de espaço, mas o outro quer atenção, o casal pode enfrentar sérios problemas. Contudo, ter um pouco de espaço para si é fundamental, e no casamento isso faz muita falta.

É claro que nos primeiros dias de casamento ninguém vai reclamar de ausência de espaço, até porque quanto menos espaço (e quanto mais juntos) os recém-casados tiverem, será melhor, não é mesmo? No entanto, com o passar dos dias, as necessidades individuais de cada um começarão a surgir e, nesse momento, será importante que vocês saibam respeitar a necessidade um do outro. Por isso, é fundamental praticar o exercício de dar um pouco de espaço para o parceiro desde o namoro, para que isso seja um hábito no casamento.

3. COMO SABER QUAL É A NECESSIDADE ATUAL DO MEU RELACIONAMENTO?

Mesmo no namoro, já é possível identificar se o parceiro está precisando de mais atenção ou de mais espaço. É muito comum que, em alguns relacionamentos, um ou até mesmo os dois também tenham de dividir o tempo com o trabalho e os estudos. No nosso caso, como cristãos, ainda podemos acrescentar a igreja e os ministérios. Desse modo, todo o nosso tempo é dividido entre essas coisas, e muitas vezes acabamos priorizando outros compromissos e não dedicamos tempo de qualidade para o relacionamento, ou até fazemos isso, mas não separamos um tempo para nós mesmos.

Se estamos dando tempo para todas as coisas e prejudicando o relacionamento, é sinal de que o relacionamento precisa de um pouco de atenção. E se estamos nos sentindo sufocados diante de tudo o que estamos fazendo e não temos tempo para nós mesmos, então precisamos de um pouquinho de espaço — não só do relacionamento, mas de tudo que pode estar nos sobrecarregando. E como saber qual é a sua necessidade e a necessidade do relacionamento? Dialogando! É muito importante que o casal tenha uma boa conversa para entender se precisam de mais atenção ou de mais espaço.

4. ESTABELEÇAM PRIORIDADES E FAÇAM ACORDOS

Conversando, talvez vocês descubram que um precisa de um pouco mais de atenção e o outro de mais tempo. O que fazer quando isso acontece? Se isso ocorrer, é necessário que vocês estabeleçam um acordo que seja bom para ambos. Digamos que você percebeu que está precisando de um pouco mais de espaço e seu parceiro, de mais atenção. Nesse caso, você deve apresentar a ele suas prioridades para aquele momento que está vivendo e pedir que ele o apoie. Além disso, você também deve se comprometer a dedicar tempo de qualidade a ele e ao relacionamento, quando vocês estiverem juntos. A conversa pode ser da seguinte maneira: "Eu preciso terminar este curso, ele é muito importante, por isso preciso de um pouquinho de espaço, mas prometo que, quando estivermos juntos, não vou usar o celular e vou dedicar tempo a você".

Pois bem, é fundamental que vocês entendam que, embora o namoro precise de atenção, ele não pode ser uma prioridade. As prioridades de quem ainda não se casou são: Deus, a família, a obra de Deus, a própria pessoa (isso inclui tudo o que você deve fazer para se preparar para o futuro, como estudar, trabalhar e fazer cursos), o parceiro e depois seus amigos e outros interesses. É só após o casamento que o parceiro sobe algumas posições na escala das prioridades. Depois do casamento, as prioridades se estabelecem da seguinte forma: Deus, o parceiro, os filhos, a própria pessoa, sua família de origem, a obra de Deus e depois seus amigos e outros interesses. Note que, nos dois casos, existe uma distinção entre Deus e a obra de Deus. Isso quer dizer que não devemos confundir o que fazemos para o Senhor com ter Deus como prioridade e ter um relacionamento com ele.

A obra de Deus, isto é, os ministérios de que fazemos parte, não devem ocupar mais espaço que o casamento em nossa vida. Porém, infelizmente há muitas pessoas que se envolvem em um ministério, fazem tudo pela obra do Senhor e, dizem que estão ocupadas dando tempo para Deus e, por isso, não podem dar a atenção de que o casamento precisa. O que essas pessoas esquecem é que a obra de Deus mais importante na vida de alguém casado é o próprio casamento, pois, de acordo com a Bíblia, "aquele que não cuida dos seus parentes, especialmente dos da sua própria família, negou a fé e é pior do que os que não creem" (1Tm 5.8). Portanto, para Deus vale mais que ergamos um trono para ele em nossa família e no seio do nosso lar do que pregar o evangelho e deixar que nossos familiares se percam.

Desse modo, ajuste sua escala de prioridades, não coloque o namoro em uma posição que não é a dele e, se você precisa de mais espaço, fale com seu parceiro sobre suas prioridades para aquele momento e peça que ele o apoie. Porém, se você está sobrecarregado e, por causa disso, não consegue dar atenção ao relacionamento, é bom tirar o pé do acelerador, respirar e começar a se dedicar à pessoa com quem você se relaciona. Até porque, embora o namoro não seja a maior prioridade na vida de um solteiro, quem decidiu namorar se comprometeu a dar atenção e tempo à outra pessoa.

5. DEFINAM DESDE O NAMORO UM DIA PARA QUE CADA UM FAÇA O QUE QUISER

Se vocês se encontram de segunda a segunda, pode ser um dia mesmo. Vocês podem dizer: "Olha, vamos nos ver todos os outros dias, mas neste dia você pode fazer as outras coisas que são importantes para você e eu também posso fazer aquilo que é importante para mim". Por outro lado, se vocês só conseguem se encontrar no final de semana, estabeleçam uma parte do dia para que cada um possa se dedicar a outras coisas. Por exemplo, ao escolher o sábado à tarde, o rapaz pode jogar bola com os amigos, e a moça pode sair com suas amigas.

Agindo assim, vocês mostram que confiam um no outro e resolvem o problema da interferência das amizades no relacionamento. Ou seja, se vocês definem o sábado à tarde para ser de cada um de vocês, nesse tempo vocês podem sair com os amigos, dar atenção a eles e deixar claro (para os amigos e entre o casal) que esse é o espaço dos amigos na vida de vocês. Mas e se eu me sinto inseguro ou não confio no meu parceiro? Então você tem um problema mais grave que só um psicólogo pode resolver, e você precisa fazer terapia para conseguir entender o porquê de estar se relacionando com alguém em quem você não confia.

ATIVIDADE DO DIA

MOTIVO DE ORAÇÃO

Ore para que Deus lhe dê discernimento para não assumir mais compromissos do que é capaz e para que seu relacionamento (ou futuro relacionamento) não seja afetado pelo excesso de compromissos.

NAMORADOS

É importante que você e seu parceiro tenham uma boa conversa para saber qual é a necessidade do relacionamento: se precisam de mais atenção ou de mais espaço. Quem precisa de mais espaço precisa falar sobre quais são suas prioridades para o momento, pedir que o outro o apoie e também se comprometer em dedicar tempo de qualidade ao outro quando estiverem juntos.

SOLTEIROS

Esteja pronto para tratar desse assunto no seu futuro relacionamento e pense se você sabe dar espaço e atenção de forma equilibrada para as pessoas com quem você se relaciona.

VOCÊS SABEM OUVIR?

Lembrem disto, meus queridos irmãos: "cada um esteja pronto para ouvir, mas demore para falar e ficar com raiva. Porque a raiva humana não produz o que Deus aprova.

TIAGO 1.19-20

Tiago nos diz que devemos estar prontos para ouvir e demorar para falar. Mas você já percebeu como as pessoas estão sempre prontas para falar e não sabem ouvir? Infelizmente, parece que, a cada dia que passa, as pessoas conseguem ouvir menos. Se pensarmos bem, a própria anatomia humana demonstra que nós precisamos ouvir mais que falar, veja: temos duas orelhas e uma boca, e isso revela que o desejo de Deus é que sejamos capazes de ouvir mais e de forma atenta. Portanto, muitos relacionamentos enfrentam crises porque os envolvidos simplesmente não sabem ouvir. É comum vermos pessoas que, quando estão conversando com seus parceiros, agem da seguinte forma:

- criticam antes que ele conclua o que está falando;
- partem para a justificativa;

- abortam qualquer ideia do parceiro antes que ele a explique;
- não conseguem entender exatamente o que o outro disse;
- estão distraídas com outras coisas;
- falam o tempo todo e não deixam o outro se expressar.

E, na maioria das vezes, quando a pessoa ouve o que o outro diz, o faz somente para responder, e não se preocupa em entender o que está sendo dito de fato. Tudo isso gera o sentimento de incompreensão, e a pessoa que está tentando falar sente que o outro não tem interesse em ouvi-la e não quer saber o que ela tem a dizer. Esse sentimento contribui para que o casal se afaste, e isso desgasta o relacionamento. Além disso, acredito que, após o casal colocar Deus em primeiro lugar no relacionamento, o que vai determinar se será ou não um relacionamento de sucesso será a capacidade de ouvir e de se expressar. No próximo capítulo, trataremos sobre como podemos nos expressar corretamente, mas neste quero lhe dar dicas que podem auxiliar você a ouvir melhor e a demonstrar interesse no que as pessoas estão lhe dizendo.

1. OUÇA COM ATENÇÃO

Um fato sobre mim: eu não gosto de conversar com alguém que não presta atenção quando falo. Um dia estava em uma reunião com um amigo para tratar sobre a possibilidade de realizarmos juntos eventos para jovens nas capitais do Brasil. O interessante é que, quando falávamos por telefone, ele me respondia rápido, mas, quando marcamos para conversar e discutir o assunto, ele ficou o tempo todo no celular e não olhava para mim. O máximo que ele fazia era uns barulhos com a boca e balançava a cabeça. Sabe o que eu fiz? Peguei meu telefone, liguei para ele e perguntei: "Você prefere falar por aqui?". Ele ficou muito constrangido! Mas desligou o celular e pudemos conversar. Tenho certeza de que muitos gostariam de fazer isso com a pessoa com quem se relacionam.

Ou quem sabe fazer como aquele filho que tinha um pai muito ocupado e certo dia lhe perguntou quanto ele recebia por hora trabalhada. Então, o menino quebrou o cofrinho, juntou o dinheiro, deu ao pai e disse: "Posso comprar uma hora da sua atenção?". A verdade é que, como eu já mencionei, ao longo da minha vida ouvi muitas pessoas dizendo que desistiram do diálogo no relacionamento por sentir que o outro não prestava atenção. E, quando um casal chega a esse ponto, é sinal de que o relacionamento está na UTI.

Dialogar é tão importante para o relacionamento quanto a água é necessária para as plantas. Se as plantas morrem sem água, relacionamento nenhum sobrevive sem diálogo. Portanto, quando vocês estiverem conversando, ouça com o olhar também. Não entendeu? Quero dizer que você deve olhar para o outro e dedicar sua atenção exclusiva enquanto ele fala. Isso demonstra interesse, respeito e faz a pessoa perceber que estamos atentos ao que ela está falando. Não espere que o outro ligue no celular e pergunte se você prefere conversar por ali ou que ele junte dinheiro para comprar alguns minutos da sua atenção.

2. NÃO INTERROMPA

Já conversou com alguém do tipo Faustão?! Que te interrompe o tempo todo e não deixa você concluir o que está falando? Sério, você já viu o Faustão tentando entrevistar alguém? É uma loucura, ele interrompe a pessoa o tempo todo, muda de assunto e não a deixa sequer terminar o que estava dizendo. Isso até que mudou hoje em dia, mas, há dez anos, era insuportável assistir ao programa dele — se bem que ainda é da mesma forma, dada a qualidade da programação, mas pelo menos ele está agindo um pouco diferente quanto a suas interrupções. Eu fico arrepiado só de pensar em estar conversando com alguém que me interrompe, muda de assunto e não me deixa concluir o que estou falando. É muito chato.

Já atendi casais que vieram conversar para resolver um problema ou contar sobre um plano, e o rapaz ou a moça ficavam interrompendo um ao outro enquanto falavam — um tentava explicar o que o outro quis dizer ou monopolizava a conversa, não deixando o outro se expressar. Em alguns casos, aconteceu de eu ter de falar com pessoa: "Deixa ele(a) falar também". Faça um favor para você mesmo e para o seu relacionamento: não seja a pessoa que interrompe o outro o tempo todo. Mesmo que você sinta um "mas" preso na garganta, seja para se defender, seja corrigir seu parceiro, segure a onda, respire fundo, engula o "mas" e continue ouvindo com atenção até que a pessoa conclua o que estiver dizendo. Seu único trabalho é manter um contato visual tranquilo e absorver as palavras. Mande seu ego passear nessas horas. Primeiro ouça e só depois responda!

3. EVITE DEBOCHAR OU RIDICULARIZAR A OPINIÃO DO OUTRO

Lembro um dia em que estava em uma reunião de jovens e um rapaz deu uma ideia de algo para fazermos com a juventude, mas a namorada dele não gostou da sugestão e disse: "Que ideia tosca". Ele ficou todo sem graça, afinal, a jovem menosprezou o que ele tinha sugerido na frente de todos. Percebi que ele havia ficado muito triste, então, quando acabou a reunião, pedi que ficassem para falarmos sobre o assunto. Logo quando começamos a conversar, ele chorou e desabafou: "Não dá mais! Toda vez que ela não gosta de algo que eu falo, diz que o que eu disse foi idiota, ridículo, tosco e que eu só falo besteira". A namorada levou um susto! Acontece que ela ainda não tinha percebido o quão cruel estava sendo e o quanto suas palavras estavam ferindo a pessoa que ela amava. Felizmente, minha intervenção foi só tocar no assunto. E, quando o rapaz começou a falar, a moça entendeu que estava errada, pediu desculpas e mudou sua postura. Na outra reunião, ela teve a oportunidade de se desculpar com ele no meio de todos.

No caso deles, felizmente, havia alguém atento que, ao abordar a questão, ajudou a namorada a reconhecer seu erro. E o relacionamento deles amadureceu muito depois que acertaram esse detalhe inconveniente. Dessa forma, é importante que você observe a maneira como recebe as ideias do seu parceiro e como você o trata na frente dos outros. Nunca deboche do outro quando ele expressa sua opinião, pensamentos, crenças ou quando apresenta uma ideia de algo que vocês podem fazer juntos. Não faça isso em particular e muito menos em público.

4. OUÇA COM O CORAÇÃO

No início deste capítulo, orientei você a ouvir com os olhos, e agora preciso dizer que você também deve ouvir com o coração. Ouvir com o coração é colocar-se no lugar do outro, entender o que ele sente e o que ele pensa quando diz algo. Isso é fundamental. Por exemplo, quando aquele casal da reunião de jovens conversou sobre a maneira como a moça tratava as ideias e opiniões do namorado, ela ouviu com os ouvidos, com os olhos e com o coração. A jovem se pôs no lugar dele e pensou em como se sentiria se fosse ele quem tivesse agido com ela daquela forma em público. E foi por ter ouvido com o coração e se colocado no lugar dele que a jovem decidiu pedir perdão publicamente. Desse modo, quando você estiver conversando com seu parceiro, se esforce para entender o que ele está sentindo e tentando dizer e se ponha no lugar dele — isso é ouvir com o coração.

5. TENHA CERTEZA DE QUE ENTENDEU

Antes de responder algo sobre o que não tem certeza, busque a compreensão exata do que o outro quis dizer. Por exemplo, imagine que vocês estão conversando sobre algo relacionado à fidelidade de vocês e o outro diz algo que "pareceu" uma indireta ou uma direta. O que você faz? Responde sem ter certeza de que entendeu certo ou pede a ele que se explique? Se você é o tipo de pessoa que retruca sem ouvir uma explicação, então você está sempre incendiando e tentando apagar os focos de incêndio que você mesmo provocou no seu relacionamento.

Não dá para responder sem ter convicção de que entendeu e só depois de já ter falado muita besteira descobrir que interpretou de forma errada e se desculpar. É melhor ter certeza de que compreendeu, pedir que ele se explique de maneira mais clara ou que dê um exemplo sobre o que quis dizer e só depois emitir sua opinião. Assim, antes de responder uma pergunta ou uma possível indireta, segure a língua, afine sua audição, questione e peça que o outro esclareça a intenção dele ao se expressar de certa forma.

ATIVIDADE DO DIA

MOTIVO DE ORAÇÃO

Peça a Deus que lhe dê capacidade para ouvir as pessoas à sua volta e para se colocar no lugar delas antes de responder.

NAMORADOS

Pergunte ao seu parceiro se ele está satisfeito com sua disposição em ouvir. Se a resposta for não, pergunte como você pode melhorar e trace alvos para que melhore sua capacidade de ouvir. Faça o mesmo em relação a ele.

SOLTEIROS

Esteja pronto para tratar deste assunto no seu futuro relacionamento e reflita sobre sua capacidade de ouvir.

VOCÊS SABEM SE EXPRESSAR?

*Falando a verdade com espírito de amor,
cresçamos em tudo até alcançarmos a altura
espiritual de Cristo, que é a cabeça.*

EFÉSIOS 4.15

Você sabe se comunicar e se expressar corretamente com seu parceiro? Consegue falar sobre seus sentimentos? Tem facilidade de compartilhar os seus planos? É difícil para você conversar sobre problemas que tenham surgido? Sabe falar sobre seus desejos? Sabe? "Não sabe? Não sabe... não sabe... vai ter que aprender. Orelha de burro, cabeça de ET". Tudo bem, eu sei que dizer que alguém tem orelha de burro e cabeça de ET é *bullying*, mas há uma verdade na cantiga infantil, e essa verdade é que quem não sabe se comunicar adequadamente, mas deseja ter um relacionamento feliz, *vai ter de aprender.*

Muitos casais reclamam que não conseguem se exprimir e se entender de maneira satisfatória. Mas a questão é que na maioria dos relacionamentos temos uma pessoa que tem dificuldade de se expressar e outra que não sabe ouvir. Aí não dá! Para que um relacionamento seja bem-sucedido, é importante que os dois se comuniquem. E comunicar é muito mais que falar, é fazer o outro entender o que você disse e saber ouvir.

Sobre saber se expressar — o foco deste capítulo —, é importante lembrar que existem pessoas que já nascem com o dom de se expressar, e, à medida que crescem e desenvolvem sua fala, elas têm muita facilidade de falar e fazer com que os outros as entendam. Porém, isso não é um privilégio de todos. Nem todos têm o dom de se expressar de maneira eficaz.

A boa notícia é que podemos aprender e adquirir a habilidade de nos expressar corretamente. E, ainda que precisemos exercitar ou seguir alguns métodos para que sejamos compreendidos, com o tempo saberemos fazer isso de maneira natural. Existem cursos (inclusive cursos gratuitos no YouTube) sobre oratória e sobre como se expressar de forma mais eficaz. Basta procurar por esses cursos e praticar o que é ensinado. Mas, para ajudar você que sente um pouco de dificuldade de se expressar, seja para resolver um problema, seja para comunicar algo relevante para seu parceiro, tenho cinco dicas importantes:

1. ANOTE O QUE VOCÊ DESEJA FALAR

Eu já mencionei que não é correto resolver um problema quando ele surge, e agora também preciso ressaltar que, se você tem algo a dizer, mas ainda não sabe como proceder, você também não deve tentar falar até que saiba como abordar o assunto. Tire um tempo para pensar sobre o que você deseja dizer. Anote os pontos principais e aquilo que você não quer esquecer de jeito nenhum. Prepare uma colinha para o momento em que você for conversar. Peça que seu parceiro lhe dê atenção e vá falando ponto a ponto para que ele o entenda. Após falar sobre um tópico, pergunte: "Você compreendeu ou tem alguma dúvida sobre o que eu disse?". Isso pode parecer algo mecânico e não natural, mas é melhor agir assim e conseguir fazer com que o outro o entenda do que tentar ser natural e causar uma grande confusão por não ser compreendido.

2. TENTE FALAR O MÍNIMO POSSÍVEL

Quanto mais falamos, mais chances temos de dizer algo errado ou de sermos mal interpretados. Portanto, ao tratar de um assunto, não faça rodeios ou crie suspense, mas seja o mais direto possível e fale menos. Falar muito pode ser entediante e fazer com que a pessoa se disperse ou se perca no meio de tudo o que você disse. Por exemplo, eu escrevi pouco neste tópico, ele é um dos menores do livro, mas você entendeu o que eu quis dizer?

3. USE UMA LINGUAGEM MENOS AGRESSIVA

Muitas pessoas rogam para si a qualidade de serem sempre verdadeiras e transparentes. Elas dizem: "Se eu tiver que falar uma coisa, eu falo mesmo". Certamente, ser verdadeiro e transparente são virtudes importantes no cristianismo e, portanto, devem ser praticadas por todo cristão. O problema é que falar a verdade sem amor não é ser verdadeiro, e sim mal-educado, podendo causar ainda mais conflitos no relacionamento. De acordo com o texto bíblico de Efésios que lemos no início deste capítulo, é necessário falar a verdade em amor. Isso quer dizer que existem pelo menos duas formas de dizer uma mesma coisa: de maneira amável ou sem amor. Não devemos esquecer que, no que diz respeito a relacionamentos, é importante que falemos a verdade sempre em amor, para que a verdade nos aproxime do outro, e não nos afaste.

4. VOCÊ ME ENTENDEU?

Pergunte ao outro se entendeu e, caso tenha ficado alguma dúvida, explique cuidadosamente, não dê lugar ao mal-entendido. Conheço um casal que brigou por causa de um bolo de chocolate, você acredita nisso? Certa ocasião em que o casal estava junto, a moça disse: "Nossa, estou com muita vontade de comer um bolo de chocolate, pena que estou de dieta, se eu não estivesse de dieta, comeria um bolo inteiro". No outro dia, quando o namorado estava indo se encontrar com a jovem, passou na porta da padaria e lembrou que ela queria comer um bolo — assim como que ela estava de dieta. Então, cheio de boa intenção, entrou na padaria e pediu um bolo para quem estava de dieta. A atendente sugeriu que ele levasse um bolo de banana, e assim ele fez. Ao chegar na casa da namorada, foi logo dando o bolo esperando agradá-la. A moça ficou toda feliz achando que era o bolo de chocolate, mas, ao abrir e ver o bolo de banana, se frustrou, fez cara de nojo e disse: "Eu odeio bolo de banana!". Ela não soube se comunicar bem, tampouco expressar seu desejo corretamente ou reconhecer o gesto do namorado. Com isso a jovem falou demais e aquilo gerou um problemão para eles.

Você pode dar exemplos para o outro conseguir entender o que você quer dizer, mas tenha cuidado e seja claro, pois, se a mensagem não for expressa corretamente, o outro não vai compreender, e, mesmo que ele ache que captou a mensagem certa, vai acabar errando o alvo e não agradando.

5. EXEMPLIFIQUE

Dê exemplos que o ajudem a explicar o que você quer dizer e seja o mais claro possível. Albert Einstein certa vez afirmou: "Se você não pode explicar algo de forma simples, então você não entendeu muito bem o que tem a dizer". É muito comum que no dia a dia encontremos coisas que não conseguimos compreender ou esclarecer. Porém, Richard Feynman, ganhador do Prêmio Nobel de Física, em 1965, garantiu que existe uma tática simples que ajuda a entender e explicar qualquer tema. O próprio Feynman sempre foi reconhecido por essa característica entre os colegas: ele tinha muito talento para transformar explicações de coisas muito complexas em algo simples e fácil de entender. O que Feynman fazia? Sua técnica não é nenhuma novidade, é na verdade algo que o próprio Jesus já praticava há milhares de anos. A técnica adotada por Feynman consistia em usar exemplos para simplificar os assuntos mais difíceis, possibilitando com isso que pudessem ser compreendidos até mesmo por uma criança.

E, por acaso, não era isso que Jesus fazia ao usar parábolas para transmitir para as pessoas ensinamentos que estavam muito à frente do seu tempo de modo que elas conseguissem entender? Pois era exatamente isso que Jesus fazia. Portanto, quando você tiver algo a dizer, pense sobre o que quer que o outro entenda. Imagine que você está explicando tal coisa para uma criança, acrescente exemplos do dia a dia da outra pessoa e pergunte a si mesmo: uma criança entenderia isso? Se a resposta for sim, você sabe como falar e explicar o que tem a dizer para qualquer pessoa.

Ah! E não tenha medo de ser qualificado como simples por ser claro demais. Feynman foi simples em suas explicações, mas sua simplicidade lhe rendeu o Prêmio Nobel de Física. Desse modo, seja o mais simples possível e lembre-se de que falar até papagaio fala e, mais do que falar, você precisa ser compreendido.

ATIVIDADE DO DIA

MOTIVO DE ORAÇÃO
Ore para que você saiba se expressar corretamente.

NAMORADOS
Pergunte ao seu parceiro se ele está satisfeito com a maneira como você se expressa ou se acredita que você pode se expressar melhor. Permita que ele sugira o que você pode fazer para melhorar sua comunicação e ponha em prática. Faça o mesmo em relação a ele, diga se está satisfeito, se ele pode melhorar e dê sugestões do que deve fazer para se expressar melhor.

SOLTEIROS
Esteja pronto para tratar deste assunto no seu futuro relacionamento. Converse com um(a) amigo(a) sobre o assunto, pergunte se ele(a) acredita que você deve melhorar sua comunicação e sua capacidade de se expressar. Peça sugestões do que você deve fazer para melhorar sua forma de se expressar.

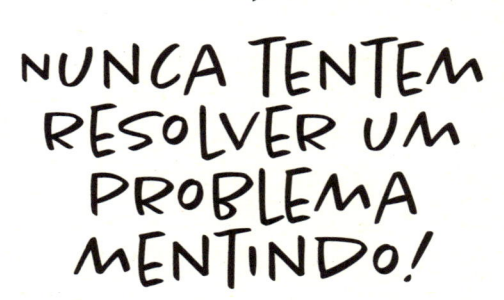

NUNCA TENTEM RESOLVER UM PROBLEMA MENTINDO!

Por isso não mintam mais. Que cada um diga a verdade para o seu irmão na fé, pois todos nós somos membros do corpo de Cristo!

EFÉSIOS 4.25

Conta-se que, em certa ocasião, Tomás de Aquino estava mergulhado em seus livros quando foi interrompido por um aluno que gritava: "Mestre, venha até aqui. Há uma vaca voando lá fora!". Tomás levantou-se depressa, foi correndo à janela e olhou para o céu. No mesmo instante o jovem soltou uma sonora gargalhada e disse em tom de deboche: "Como pode alguém acreditar que uma vaca está voando?". Foi, então que o mestre olhou para o aluno e respondeu: "É mais fácil crer que uma vaca está voando do que acreditar que um cristão está mentindo". E Tomás de Aquino tinha razão! Afinal, no texto que lemos no início deste capítulo, Paulo está tratando da nova vida em Cristo, e ele diz claramente que a mentira não combina com uma pessoa que nasceu de novo. Dentre outras coisas que precisamos abandonar da nossa vida antiga após nossa conversão, está o hábito de mentir. Um cristão deve ser sempre verdadeiro. E, no Evangelho de João, capítulo 8, versículo 44, Jesus afirma que o diabo é o pai da mentira portanto quem mente é filho do diabo. Pesado, não é?

A mentira é um pecado combatido com veemência pelo evangelho e deve ser extinto de nossa vida e de nossos relacionamentos. Mas não é novidade que, embora o hábito de mentir seja pecado, muitas pessoas continuam a praticá-lo. Por exemplo, algumas vezes, durante a discussão de um problema, alguns escolhem mentir para acabar com a desavença. Porém, a mentira nunca será o caminho correto para tratar um problema. Nenhuma cova é profunda o suficiente para esconder a verdade e, mesmo que a gente tente ocultar ou mentir sobre algo, mais cedo ou mais tarde toda mentira acaba sendo descoberta. E, quando isso acontece, quem mentiu vai ter problemas ainda maiores para consertar as coisas. Mas por quais outras razões práticas um casal não deve mentir para resolver um problema ou em qualquer outra situação?

1. O NAMORO É UM TEMPO DE CONQUISTAR A CONFIANÇA

Quem mente durante o namoro está começando da maneira errada. Afinal, em vez de usar esse tempo para conquistar a confiança da pessoa com quem quer passar a vida toda, ele está mostrando, na verdade, que talvez não seja alguém confiável. Além disso, uma mentira descoberta no namoro pode fazer com que a pessoa perca todo o crédito de confiança que já tinha conquistado, e recuperá-lo pode não ser tão fácil.

Conquistar a confiança de alguém é um trabalho árduo, demanda tempo, esforço, dedicação e muito cuidado. Mas basta apenas uma mentira, por mais boba que seja, para fazer você perder toda a confiança que a pessoa depositava em você. E, se pensarmos que já é difícil conseguir que alguém confie em nós, imagina o quão trabalhoso pode ser reconquistar a confiança dessa pessoa?

Eu, por exemplo, se descobrir que alguém em quem confio mentiu para mim, perdoo e até posso continuar mantendo algum relacionamento com ele, mas nada será como antes. Terei muita dificuldade para voltar a acreditar naquela pessoa e, particularmente, se eu puder, prefiro não conviver com alguém que, além de ter mentido e perdido minha confiança, também não dá sinais de que merece que eu volte a confiar nela. Você permaneceria ao lado de alguém assim? Acredito que não! Portanto, se você também não ficaria ao lado de alguém que não se mostra confiável, não seja esse tipo de pessoa, seu parceiro pode pensar como você e não se sentir confortável por estar ao lado de alguém que não inspira confiança.

2. FALAR A VERDADE É UMA DEMONSTRAÇÃO DE RESPONSABILIDADE

É comum algumas pessoas mentirem para se esquivar de responsabilidades ou por medo de o relacionamento ser afetado. Porém, quando mentimos para manter um relacionamento, por exemplo, nós o estamos sustentando e construindo sobre uma base vulnerável que pode ruir a qualquer momento. A mentira nunca será uma base firme o bastante para conservar a relação feliz por muito tempo. Você pode até pôr fim em uma discussão mentindo e falando o que o outro quer ouvir em vez de falar a verdade, que é o que ele precisa ouvir, porém você não resolve o problema assim. Ele adormece, mas não morre.

Imagine, por exemplo, que você mentiu por medo de perder seu parceiro no namoro. Ao mentir, você estabelece uma base para tudo o que vai construir dali por diante. E, se mais tarde ele descobrir a mentira, tudo que você construiu do ponto em que mentiu até aquele momento será colocado abaixo. Por isso é muito mais responsável admitir a verdade do que construir sobre o erro. Por mais dolorosa que a verdade seja e por mais estragos que ela possa causar, nunca será pior que a mentira, portanto devemos dizê-la o quanto antes.

3. A MENTIRA É UM SINAL DE INFIDELIDADES MAIORES

Sem meias-palavras: o mentiroso é um infiel. Você não precisa ter contato físico com outra pessoa para estar sendo infiel a seu parceiro. A mentira já é infidelidade. Quem mente está faltando com a verdade para com a pessoa que confia nela, logo, não está sendo fiel. É por isso que, quando uma mentira é descoberta, gera o sentimento de traição, desconfiança e insegurança. Portanto, sim, acredito que quem mente sobre onde estava também mente sobre com quem estava e sobre o que fez.

Geralmente, a pessoa que mente tem de contar várias outras mentiras para tentar provar que está falando a verdade, e, assim, uma mentira pode estar escondendo muitas outras. Por isso, além de considerar que a mentira é uma forma de infidelidade, também acredito que ela é um indício claro de que a pessoa pode ser infiel em todos os outros aspectos que essa palavra possa ter.

4. ESTEJA PRONTO PARA FALAR E OUVIR A VERDADE

Tão importante quanto saber falar a verdade é saber ouvir a verdade. Muita gente diz que prefere ser ferida pela verdade do que consolada com uma mentira. Mas isso é só teoria, pura e simples demagogia. Na prática, elas não sabem ouvir a verdade. Sempre dizem: "Me fala a verdade", e no dia em que se deparam com ela, brigam e "soltam os cachorros". O problema é que a maneira como ouvimos e reagimos à verdade que as pessoas nos dizem pode fazê-las temerem continuar contando a verdade.

Aqui em casa pegamos pesado com a mentira, disciplinamos os meninos quando mentem e deixamos claro o quanto isso é algo que deve ser evitado em nossa família. Porém, também temos um acordo, e o acordo é o seguinte: se o Heitor ou a Isabela contar uma mentira e, antes de descobrirmos, se arrepender e confessar que mentiu, sua disciplina será menor do que se ficarmos sabendo por nossa conta. Sim, a disciplina será menor, mas ela vai existir para que eles entendam que toda ação tem uma reação. Assim, quando eles nos contam, ficam um ou dois dias sem algo de que gostam muito, mas, quando descobrbrimos por conta própria que mentiram, eles acabam ficando de uma semana a quinze dias longe daquilo de que gostam. Aqui nós decidimos seguir o conselho de Machado de Assis, que disse: "Não levante a espada para alguém que lhe pediu perdão". Esse conselho tem feito toda a diferença em nossa família, e acredito que também pode ajudar seu relacionamento.

Seja capaz de ouvir a verdade e use pesos diferentes ao lidar com algo de que você toma conhecimento por meio de uma confissão ou por outros meios. Agindo com maturidade ao ouvir uma confissão, você pode criar um vínculo de confiança e acolhimento em relação ao outro, e isso pode fazer com que ele não tenha medo de lhe dizer a verdade em toda e qualquer circunstância.

5. DÊ UM ULTIMATO AO MENTIROSO

Em capítulos anteriores, já abordamos o fato de que as pessoas possuem defeitos e devemos estar dispostos a conviver com eles. Porém, a mentira não está entre os defeitos e erros de uma pessoa que nós devemos aceitar. Não tolere alguém que mente para você. Se você descobriu uma mentira do seu parceiro durante o namoro, é bom ligar o alerta e começar a observar se esse não é um hábito que ele poderá cultivar e repetir no casamento. Desse modo, se você está ao lado de alguém que vira e mexe o surpreende com uma mentira, dê um ultimato a ele. Mostre a essa pessoa que você não aceita esse tipo de comportamento e diga com muita firmeza que quer que ela o abandone.

Por exemplo, se a mentira for tão inaceitável para você quanto é para mim, você pode colocar o mentiroso contra a parede e dizer: "Escute bem, foi a última vez que você mentiu para mim, eu não vou aceitar que isso aconteça novamente, por isso, pense bem antes de mentir, pois, se eu descobrir outra mentira, termino com você. Estou sendo claro?". Pronto, após dizer isso, dê uma chance para que a pessoa demonstre se quer mudar e ficar ao seu lado. Se ela mentir novamente, está indicando que não se importa em perder você, e nesse caso, você também não deveria se preocupar em mantê-la em sua vida. É melhor perder o mentiroso no namoro e se livrar dele nesse tempo do que se casar com ele e ter de conviver com suas mentiras no casamento.

ATIVIDADE DO DIA

MOTIVO DE ORAÇÃO

Ore para que Deus ajude você a ser sempre verdadeiro.

PARA TODOS

Faça o compromisso de falar sempre a verdade em seu relacionamento (ou futuro relacionamento) e de não aceitar que o outro minta para você. Se acredita que precisa corrigir algo que disse ao seu parceiro, faça isso. E, se você feriu alguém por ter lhe falado a verdade em algum momento, peça desculpas e comprometa-se em ter mais maturidade para ouvir a verdade.

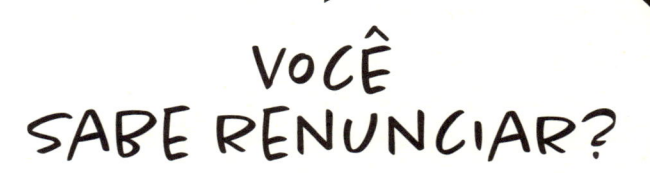

VOCÊ SABE RENUNCIAR?

Sujeitando-vos uns aos outros no temor de Cristo. As mulheres sejam submissas ao seu próprio marido, como ao Senhor; [...] Maridos, amai vossa mulher, como também Cristo amou a igreja e a si mesmo se entregou por ela.

EFÉSIOS 5.21-25

Efésios 5 é um dos textos mais importantes sobre casamento nas Escrituras. Nesse capítulo Paulo menciona em um só lugar várias doutrinas bíblicas sobre casamento. Porém, muitas pessoas, e principalmente nós que somos ocidentais, lemos o versículo 21 e temos muita resistência ao termo *sujeitar*. No caso das mulheres, então, algumas, ao se deparar com o versículo 22, estremecem na alma e não admitem a possibilidade de se submeterem ao seu marido. Porém, se lermos o contexto de Efésios, veremos que a ideia do evangelho sobre casamento resumida aqui por Paulo é de que os cônjuges devem servir um ao outro. Não é só a mulher que é convidada ao serviço, mas todos nós somos chamados a nos sujeitarmos uns aos outros no temor de Cristo. E, outra coisa, se formos honestos, observaremos que o princípio de submissão que é uma ordem bíblica às mulheres não é mais pesado que a ordem que a Bíblia impõe sobre o homem. Paulo diz que a esposa deve se submeter ao seu marido, tal qual a igreja se submete a Cristo. Mas, aos homens, o apóstolo afirma que eles devem se sacrificar por suas esposas, como Cristo se sacrificou pela igreja. Entenda o que quero dizer: o padrão para as mulheres é o padrão da igreja, mas o modelo para os homens é o próprio Cristo. Desse modo, se fôssemos fazer um juízo de valores sobre quem tem a responsabilidade mais pesada, certamente teríamos de admitir que ser parecido com Cristo, amar como ele amou e se sacrificar como ele se sacrificou é muito mais difícil que o chamado para servir.

E, por falar no chamado para servir, nos dois casos, tanto em relação à submissão feminina quanto ao amor sacrificial masculino, Paulo está ordenando que o casal tenha uma disposição radical de servir. De modo prático, o que Paulo está dizendo é que relacionamento exige disposição de renunciar e servir um ao outro. Portanto, quem não sabe renunciar terá muitos problemas na vida sentimental e no relacionamento, porque estar ao lado de alguém requer que exercitemos nossa capacidade de autorrenúncia. Ou seja, biblicamente, assumir o compromisso de um relacionamento com alguém é um convite para crucificar o "eu" e fazer o possível para o bem da relação e do "nós". Nesse sentido, quero lhe dizer cinco coisas importantes sobre renúncia que podem ajudar você a entender o quanto essa capacidade é necessária para o bem de um relacionamento.

1. RENUNCIE À IDEIA DA PESSOA CERTA

Desde pequenos ouvimos falar que precisamos procurar alguém que seja a pessoa certa para se casar. E crescemos buscando essa pessoa. Porém, sinto informá-lo que essa pessoa não existe. Sim, você leu corretamente, e eu disse que não existe alguém certo para você. Gosto de uma frase que até parece clichê, mas é o clichê mais verdadeiro que já ouvi: "Não existem pessoas certas, somos todos errados à procura de alguém que aceite nossas imperfeições". E a verdade é que o homem e a mulher buscam parceiros perfeitos, porém o que eles não sabem é que Deus os criou para aperfeiçoar um ao outro.

A ideia da pessoa certa faz com que acreditemos que encontraremos alguém que se encaixará tão bem na nossa vida que o relacionamento será um mar de rosas, não enfrentaremos problemas e não teremos dificuldade nenhuma para fazer com que tudo funcione. Mas isso não é verdade! Relacionamentos e pessoas não vêm prontos. Para que um relacionamento tenha êxito, é preciso que existam duas pessoas maduras e dispostas a fazer dar certo, bem como a renunciar ao que puderem pelo bem do relacionamento.

2. RENUNCIE À IDEIA DE QUE QUEM O AMA TEM DE ACEITÁ-LO COMO VOCÊ É

Logo no início quero que você saiba que ninguém o ama mais que Deus, mas também devo esclarecer que ninguém quer mais a sua mudança que o próprio Deus. Se alguém lhe disse que o Senhor o aceita incondicionalmente, essa pessoa mentiu para você. Deus o ama de forma incondicional, mas, para o seu próprio bem, ele espera que você passe por uma transformação. E em um relacionamento amoroso não é diferente. Faz parte do processo de construção mudarmos em prol do relacionamento e para o crescimento dele. Nós não somos perfeitos e, se alguém entrar em nossa vida, vai conhecer muitos dos nossos defeitos e tentará nos mudar. Por outro lado, essa pessoa também não será perfeita, e você também vai tentar mudá-la. E não há nada de errado nisso. Quando pedimos à pessoa com quem nos relacionamos para deixar determinados comportamentos prejudiciais, nós estamos sendo um instrumento de Deus na vida dela, ajudando-a com isso em seu processo de se tornar uma pessoa melhor. Portanto, se não alertarmos o outro sobre seus erros e esperarmos que ele nos aceite como somos, não cumpriremos nosso propósito de ser um canal de Deus para ajudá-lo a passar por uma transformação positiva. Devemos ouvir as pessoas que estão a nossa volta, aceitar as sugestões de quem nos ama a fim de mudar e nos tornarmos pessoas melhores. Tudo isso fará muito bem para você e para seus relacionamentos.

3. HAVERÁ MOMENTOS EM QUE ALGUÉM TERÁ DE CEDER

Lembra-se de que eu disse que relacionamento é composto por duas pessoas diferentes, nascidas e criadas em culturas familiares distintas? Toda essa diferença que existe entre duas pessoas pode contribuir para que o casal se depare frequentemente com dois caminhos, em que terão de escolher se andarão juntos ou separados. Esses caminhos são os impasses da vida a dois. É aquele momento em que um quer uma coisa e o outro deseja algo diferente. E nesses momentos só existem três alternativas: cada um fazer o que quer, os dois buscarem um meio-termo ou alguém renunciar.

A primeira opção nunca é uma boa escolha. Portanto, a melhor saída sempre será o meio-termo. Mas o meio-termo às vezes não será possível e, quando isso acontecer, será importante que alguém ceda para o bem do relacionamento. Você está pronto para ser esse alguém? Está preparado para renunciar a algo em benefício da relação, ou é o tipo de pessoa que quer que as coisas sejam sempre do seu jeito? Se você não está disposto a ceder e gosta de que tudo aconteça a sua maneira, é melhor ficar sozinho e não se casar. Compre um cachorrinho, uma planta e vá cuidar deles. Isso pode funcionar com eles, mas com outro ser humano não vai dar certo!

4. RELACIONAMENTO É A MORTE DO EU E O NASCIMENTO DO NÓS

Algo que nossa cultura vem mudando radicalmente é a ideia de que devemos lutar pelo bem-estar do relacionamento em primeiro lugar. Nossa sociedade individualista rompeu com a pregação de que dois se unem para cuidar do relacionamento e vem ensinando que você deve estar em uma relação amorosa que faça com que se sinta bem, caso contrário, deve terminar e seguir em busca de um relacionamento que seja melhor para você. Basta ver a realidade dos divórcios hoje em dia para constatarmos essa triste realidade. Muitos permanecem em um relacionamento apenas enquanto se sentem bem, e, quando não está mais agradando, rompem e saem à procura de alguém que os satisfaça. Se esse for o seu caso, você vai perder sua vida buscando alguém que o faça feliz e nunca encontrará a verdadeira felicidade. Relacionamento não é e nunca será uma questão do que me faz feliz. Também não é para sua satisfação apenas; é para a satisfação dos dois.

5. NUNCA RENUNCIE A SEUS VALORES E AO RESPEITO NO RELACIONAMENTO

Acho importante dizer que há coisas às quais não dá para renunciar, e entre elas estão seus princípios, valores e o respeito.

Sabemos que não existe a pessoa certa, mas alguém que não o respeita e tenta fazer você abrir mão de seus princípios e valores sempre será a pessoa errada. Portanto, não fique ao lado de alguém que age assim em relação a você, que não o respeita e ainda exige que você o satisfaça a custo de abrir mão de quem você é do que acredita. Lembre-se: ninguém merece que você se anule para estar ao lado dele. Além disso, quem não considera sua identidade, valores e princípios é alguém que não o respeitará de modo algum. Pois não respeitar essas coisas é só a ponta do iceberg e pode ser o indício de desrespeitos muito maiores.

Nunca desista dos seus valores e jamais fique ao lado de alguém que mutila sua identidade, que o fere, oprime, abusa e agride (verbal ou fisicamente). Ele não é a pessoa certa. Essas coisas não podem ser toleradas em hipótese alguma. Você nunca deve renunciar ao respeito a si mesmo para manter relacionamento nenhum.

ATIVIDADE DO DIA

MOTIVO DE ORAÇÃO

Ore e peça a Deus capacidade para crucificar seu "eu", a fim de que o seu relacionamento (ou futuro relacionamento) seja abençoado e feliz.

NAMORADOS

Conversem e descubram como podem exercitar a capacidade de renúncia no namoro para que o casamento de vocês possa ser impactado positivamente por ela.

SOLTEIROS

Esteja pronto para tratar deste assunto no seu futuro relacionamento. Pense sobre sua capacidade de renunciar e, caso você perceba que se agarra a coisas pequenas, que não fazem sentido, tente melhorar e mudar esse comportamento.

SAIBAM LIDAR COM AS INTERFERÊNCIAS

Quando um cego guia outro, os dois acabam caindo num buraco.

MATEUS 15.14

Nesse texto, Jesus está chamando os fariseus de guias cegos e está dizendo que seguir o conselho deles é como ser conduzido por um cego em direção ao abismo. No contexto de um relacionamento, é sempre importante recorrer a bons conselheiros. Porém, é necessário ter muito cuidado ao falar sobre nosso relacionamento para outras pessoas e atentar bem a quem elegemos como nosso conselheiro. Além disso, não importa quem estiver aconselhando, todo conselho que recebemos na nossa vida deve ser submetido à Palavra de Deus e à oração. Assim, se a Bíblia confirma a orientação que você recebeu, você pode segui-la. Caso contrário, não a siga. E, se por algum motivo, o conselho for sobre um assunto que as Escrituras não tratam diretamente, é importante orar, falar com o Senhor e consultar outras pessoas de Deus para confirmar se o que lhe orientaram está certo ou não. Conselho é bom? Sim, é bom! Porém, um problema que muitos casais enfrentam é o fato de haver pessoas querendo dar pitacos no relacionamento. E é muito comum casais me procurarem para falar sobre a interferência de familiares, amigos e até mesmo de estranhos na relação.

Você já viveu algo assim? Você e seu parceiro estão enfrentando conflitos ou já passaram por algum devido à intervenção de outras pessoas no relacionamento? Se a resposta for sim, este capítulo é para você. Aliás, o capítulo é importante para todos! Afinal, muitas vezes teremos de lidar com pessoas tentando ter mais espaço do que podem ocupar em nossa vida, relacionamento ou em qualquer outra coisa que nos propormos a fazer. Nesse sentido, quero lhe dar cinco dicas que podem ajudá-lo a saber lidar com a interferência no seu relacionamento.

1. FALE MENOS SOBRE SEU RELACIONAMENTO COM AS PESSOAS

Deixe-me lhe perguntar uma coisa: o que você faz quando enfrenta um problema no relacionamento e não sabe como resolver? Você procura alguém que pode ajudá-lo ou se aconselha com a primeira pessoa que estiver disponível? É muito comum buscarmos ajuda de terceiros quando estamos lidando com alguma dificuldade na vida ou no relacionamento e não sabemos como encontrar uma solução. E não há nada de errado nisso, afinal, como eu disse, não faz mal obter bons conselhos. Porém, é preciso cautela com quem falamos dos nossos problemas. Existem pessoas que contam para qualquer um sobre as dificuldades delas e do relacionamento. E há aqueles que expõem seus problemas nas redes sociais e acabam falando demais dos parceiros, se abrindo até mesmo com desconhecidos.

A grande questão é que, quando você desabafa sobre seu relacionamento para alguém, inevitavelmente, você concede a ele oportunidade para lhe dar conselhos e interferir na sua relação. E, se o conselheiro for a pessoa errada, as opiniões dela podem impactar de forma negativa o relacionamento. Por isso, é importante que você tenha cuidado com quem você está falando sobre sua vida amorosa, pois a interferência pode ser causada por você mesmo.

2. ELEJAM JUNTOS UM CONSELHEIRO PARA O RELACIONAMENTO

Isto tem de ficar muito claro: o problema não é falar sobre o relacionamento, é com quem falar. Por isso, é importante, sim, que o casal procure um conselheiro experiente que possa ajudá-lo no relacionamento e orientá-lo. Tem de ser uma pessoa séria e espiritualmente madura. Não pode ser alguém novo na fé, muito jovem ou que não tenha maturidade. Tenham um tempo para conversar sobre isso e escolham juntos alguém para ser o conselheiro do relacionamento. Vocês podem procurar o pastor, o padre, o líder de jovens ou um cristão maduro de sua igreja para acompanhar vocês durante o namoro. Eu e Michele tivemos três bons conselheiros, e eles nos ajudaram muito. Sempre os procurávamos quando precisávamos de ajuda, e eles não deixavam de checar se estava tudo bem. Um dos nossos conselheiros foi o nosso primeiro pastor, Elan Tebas, da Comunidade Águas Vivas de Caratinga, e com frequência íamos ao gabinete dele para orar, falar do andamento das coisas, dos nossos planos, das tentações e das dificuldades de modo geral.

Houve um momento em que eu Michele nos empolgamos e decidimos que iríamos nos casar. Então, fomos até ele para marcar a data do casamento. Lembro-me daquele dia como se fosse hoje. O pastor nos abraçou e disse: "Estou vendo que vocês estão bem empolgados, não é mesmo? Mas não vai ser agora. Sinto que está faltando um pai no relacionamento de vocês. E eu acredito que preciso estar ainda mais presente, para saber se vocês estão prontos para dar esse passo importante. Vamos nos preparar melhor?". Aquele abraço foi fantástico! Meu pai havia falecido, e o pai de Michele, além de ser separado da mãe dela, sempre foi distante. Realmente, faltava uma figura paterna, e ele nos abraçou como um pai e nos ajudou a tomar as decisões corretas até o dia do nosso casamento. Vocês já possuem um conselheiro? Não? Então está na hora de procurarem alguém.

3. EVITE PROCURAR CONSELHOS DE PESSOAS QUE NÃO PODEM CONTRIBUIR

É muito comum ver jovens aconselhando jovens, mas isso não é correto. Outro dia vi duas moças conversando, e uma delas estava falando sobre um rapaz que a estava paquerando, mas ela tinha namorado e achava errado dar atenção a outra pessoa. Na conversa a jovem perguntou à outra moça: "O que que eu faço para ele entender que eu não estou gostando das investidas dele, amiga?". Sabe o que a "amiga" lhe disse? Ela respondeu: "Como assim, não está gostando? Eu não perderia essa oportunidade de ficar com aquele gato, vai ser só uma vez, e ele é muito bonito". A moça comprometida retrucou: "Mas isso não é certo, amiga". E a "amiga" respondeu: "Amiga, entre o certo e o errado, escolhe o que te faz feliz, e vai". Seria cômico se não fosse trágico.

Quanto a esse tipo de conselheiro, a Bíblia mostra inúmeros exemplos de pessoas que se deram mal por ouvir o conselho de pessoas mais novas e imaturas que não podiam contribuir. Entre esses exemplos está Amnom, filho de Davi, que se apaixonou por Tamar, sua meia-irmã, e foi pedir conselhos a seu primo Jonadabe sobre o que fazer. O primo, em vez de dizer algo que fizesse Amnom desistir da ideia, ajudou-o a criar uma estratégia para convencer ou forçar sua irmã a ter relações com ele.

Amnom colocou o conselho de Jonadabe em prática, acabou abusando sexualmente de Tamar, e isso provocou desastres familiares incontáveis. Acontece que, depois de ter violentado sua própria irmã, ele fugiu, e, vendo que seu pai não fez nada contra Amnom, seu irmão Absalão ficou ainda mais furioso e buscou vingança. Ele procurou Amnom e o matou. Quando Davi soube o que Absalão fez, o expulsou do reino, e eles se tornaram inimigos. Mais tarde, Absalão conseguiu voltar para o palácio e convenceu algumas pessoas a matar o rei Davi com o intuito de tomar o trono. Contudo, Davi não queria lutar contra o próprio filho e preferiu fugir para ter tempo de pensar no que fazer, deixando algumas de suas esposas para trás. Então, além de Absalão usurpar o trono, ainda teve relações sexuais com as mulheres de seu pai no terraço do palácio. Mais tarde, os soldados de Davi acabaram matando Absalão.

Uma sucessão de tragédias causadas por um péssimo conselheiro.

Portanto, precisamos procurar alguém com mais maturidade que nós para nos aconselhar. Pois alguém com menos experiência pode não dar um bom conselho. E, por outro lado, um outro jovem que está trilhando ao nosso lado a jornada da vida vê as coisas da mesma forma e pode não ter experiência para nos orientar corretamente. Por isso, é muito importante que vocês busquem um conselheiro, mas que seja alguém maduro e um cristão verdadeiro.

4. SEUS FAMILIARES NÃO SÃO OS MAIS INDICADOS PARA SER SEUS CONSELHEIROS

Digamos que você costuma se abrir com seu pai ou com sua mãe toda vez que acontece algum problema entre você e a pessoa com quem se relaciona. Isso não é prudente. E, se esse for o caso, é importante entender que aquilo que você diz para seus pais sobre o que acontece no seu relacionamento e sobre o que a pessoa fez ou deixa de fazer está moldando a impressão que a sua família tem sobre seu parceiro. Assim, quando algum conflito surge, é provável que seus pais tomem partido para te defendê-lo e criem alguma resistência quanto à pessoa com quem você se relaciona. Além disso, ao falar sobre seu relacionamento, você dará liberdade para que seus pais interfiram nele, deem conselhos e até mesmo tenham atitudes em relação ao outro para mostrar que você tem alguém para agir em sua defesa. E, se isso acontece no namoro, as chances de que se repita no casamento são muito grandes.

Então, a fim de evitar dar liberdade demais aos pais para intervir no namoro e, consequentemente, mais à frente, no casamento, é importante tentar encontrar outra pessoa para ser o conselheiro do casal. Porém, se vocês não tiverem outra pessoa de confiança, tudo bem se aconselhar com seus pais. Melhor eles do que ninguém. Mas é fundamental que ainda que, possam estar abertos aos conselhos que sua família tenha para oferecer, vocês saibam demonstrar que esses conselhos só serão bem-vindos quando forem apenas uma orientação, e não uma exigência que cause interferência. Para isso, basta conversar com muita educação e deixar claro que os pais e sogros não podem ultrapassar essa linha tênue que separa o conselho da interferência.

5. SEJAM MADUROS

A maior causa de interferência nos relacionamentos é o fato de o casal ser imaturo. A forma como você encara os problemas do dia a dia em casa, se comporta com seus pais, trata seus irmãos, resolve seus conflitos, lida com as responsabilidades e a maneira como seus pais o veem se relacionando com seu parceiro vão dizer se você tem maturidade ou não.

Se você for uma pessoa madura, vai inspirar confiança, e, por mais que as pessoas se importem com você, o máximo que elas farão é dar um toque ou outro sobre algumas coisas para ter certeza de que você já está ciente e está cuidando daquilo. Mas, se você for imaturo, as pessoas que estão em volta terão medo de que você não consiga lidar com o problema da forma correta ou acabe fazendo algo muito errado que vai prejudicar você lá na frente.

Assim, ao sentir isso, os pais e as pessoas que amam o casal entendem que eles não estão sabendo resolver as coisas e não estão tendo maturidade, por isso acabam interferindo no relacionamento e tentam ajudar. Portanto, para que vocês tenham um relacionamento livre de interferências, além de não falarem sobre seu relacionamento para qualquer pessoa, dando espaço para que elas intervenham, é muito importante que vocês demonstrem ter maturidade.

MOTIVO DE ORAÇÃO

Ore e peça a Deus que ajude você a encontrar pessoas fiéis a ele e dispostas a aconselhar você e seu parceiro (ou futuro parceiro).

NAMORADOS

Vocês estão sofrendo problemas com interferência no relacionamento? Pensem se, por algum motivo, não são vocês que estão dando espaço para pessoas interferirem e como podem limitar essas interferências. Lembrem-se de que é importante que o casal tenha um mentor e que não cometa o erro de se aconselhar com a primeira pessoa disponível. Conversem e elejam juntos uma pessoa para mentorear vocês. Em seguida, procurem essa pessoa e perguntem se ela pode dar-lhes acompanhamento.

SOLTEIROS

Esteja pronto para tratar deste assunto no seu futuro relacionamento. Você também pode e deve buscar alguém para ser seu mentor. Pense em uma pessoa experiente e fiel a Deus, procure-a e pergunte se ela pode ajudar. Ter bons conselhos de pessoas de Deus vai ajudar você a errar menos.

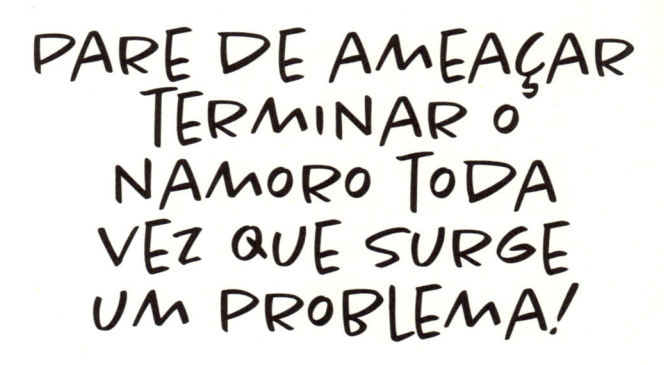

PARE DE AMEAÇAR TERMINAR O NAMORO TODA VEZ QUE SURGE UM PROBLEMA!

Como o louco que lança fogo, flechas e morte,
assim é aquele que engana a seu próximo e diz:
Fiz isso por brincadeira.

PROVÉRBIOS 26.18-19

Esse texto fala sobre tomar uma decisão séria e depois se arrepender. É como se alguém fizesse algo errado e depois dissesse: "Eu não fiz por mal, foi sem querer" ou "era só brincadeira". De acordo com Salomão, quem age assim é como um louco que lança fogo, flechas e morte. Algo comum que acontece em muitos namoros (que não deveria) é um dos envolvidos, ou os dois, tomar a decisão de terminar a relação de cabeça quente. Existem relacionamentos em que, após qualquer briguinha, um diz para o outro: "Me cansei, estou fora. Acabou. Você não muda, e por isso não dá para continuar". Então, depois de ter dito essas coisas, cada um vai para sua casa, e a pessoa que terminou o namoro segue nervosa, muito decidida a cumprir o que disse e disposta a nunca mais procurar o parceiro. Porém, ainda durante o trajeto de volta para casa ou quando se deita e pensa melhor no que fez, a cabeça esfria, a consciência pesa, a pessoa se dá conta da bobagem que fez e começa a enviar mensagens com justificativas, pedidos de desculpas e tentativas de reatar o namoro.

Já aconteceu isso com você? Você já terminou um relacionamento de cabeça quente e depois se arrependeu? O que houve? Não sei o que aconteceu com você, mas romper um relacionamento quando estiver irritado é um erro grave que você não deve cometer ou repetir. Neste capítulo quero explicar por que você não deve tolerar que alguém sempre ameace terminar o namoro ou rompa o relacionamento toda vez que surgir um problema, e, claro, você também entenderá por que não deve agir assim.

1. CUIDADO: O DIVÓRCIO PODE COMEÇAR NO NAMORO!

Eu escrevi um livro que se chama *Casamento começa no namoro*. Nele defendo a ideia de que o namoro é um tempo de estabelecer as bases sobre as quais vamos construir nosso casamento. Acredito que um casamento firme e inabalável deve começar a ser planejado e construído desde o namoro. Porém, o contrário também é uma verdade e, infelizmente, no caso de muitos namoros que são conduzidos de maneira errada, o casal está treinando para o divórcio. Uma das maneiras mais evidentes de que isso pode estar acontecendo é o fato de eles ameaçarem terminar o relacionamento ou até mesmo romperem sempre que surgir um problema. Se o namoro é um treinamento para o casamento, aquilo que o casal faz no namoro tende a se repetir no matrimônio. Então, é possível que um casal que resolva um problema terminando também tente acabar com um conflito no casamento com o divórcio.

2. ESSE COMPORTAMENTO DESGASTA O RELACIONAMENTO

Como eu disse antes, geralmente a pessoa que termina o relacionamento quando está estressada, ao ir para casa, pensa melhor, se dá conta do erro que cometeu, se arrepende e tenta reatar. Em muitos casos, depois que as coisas chegam no lugar, o casal volta e o relacionamento segue. Porém, se isso começa a se tornar repetitivo demais, a relação vai se desgastando e pode ser que, de tanto um dos parceiros ameaçar romper e depois mudar de ideia, o outro decida pôr um ponto final nesse jogo de términos e recomeços. Dessa maneira, se você tem o hábito de dizer que vai terminar o seu relacionamento, mas depois se arrepende por perceber o quanto ele é importante e não quer que chegue ao fim de verdade, é melhor parar com essas atitudes, afinal, pode ser que o outro decida fazer o que você não tem coragem. E aí, é possível que a pessoa termine de vez.

3. AMEAÇAR TERMINAR E NÃO FAZÊ-LO É MANIPULAÇÃO

Manipulação psicológica é a maneira que algumas pessoas encontram para fazer com que suas opiniões prevaleçam sobre as dos outros, influenciando desse modo seus parceiros a mudar seu comportamento, suas percepções e a fazer o que elas querem. Geralmente, o manipulador usa ameaças e táticas enganosas ou dissimuladas para controlar. E, quando uma pessoa ameaça terminar o relacionamento toda vez que enfrenta uma briga ou quando o outro não quer fazer algo que ela deseja, mas não termina, ela está usando a ameaça como estratégia de manipulação.

Portanto, é importante observar se isso não está acontecendo no seu relacionamento, e, caso esteja, você deve colocar um fim na chantagem e na manipulação. Você pode até já ter cedido a esse tipo de comportamento antes por ter medo de que a pessoa rompesse o relacionamento ou por alguma insegurança sua, mas, de agora em diante, não permita que isso continue. Não deixe que as pessoas a coajam e tentem forçar você a fazer algo com que não concorde. Se a pessoa disser que vai terminar, experimente responder "tudo bem", virar as costas e pôr um ponto final na relação. Ninguém merece estar ao lado de um manipulador.

4. AMEAÇAR TERMINAR O NAMORO TODA VEZ QUE SURGE UM PROBLEMA GERA INSEGURANÇA

Nada melhor que se sentir seguro ao lado de alguém. É muito bom saber que o seu parceiro se importa com você, o ama, faz planos que o incluem e quer ficar ao seu lado. Porém, não deve ser nada agradável estar acompanhado de alguém imaturo e que não gera em nós o sentimento de segurança. O problema da insegurança é que ela trava o relacionamento, impedindo-o de crescer e evoluir. Imagine você convivendo com alguém que sempre que se chateia pensa em abandoná-lo. Conviver com a possibilidade de ser deixado a qualquer momento gera muita insegurança, não é mesmo? Agora imagine que essa mesma pessoa peça você em casamento. Você se casaria com alguém que age assim? Só um louco aceitaria se casar com alguém que vive terminando o namoro. Eu jamais faria isso. E quero acreditar que você também não. Afinal, só mesmo um tolo decidiria se casar com alguém que sempre dá sinais de que pode ir embora a qualquer momento.

5. JÁ QUEIMOU SEUS NAVIOS?

O compromisso de um relacionamento é como queimar nossos navios. Hernán Cortez foi um explorador espanhol que ficou muito conhecido por conquistar o centro do território que hoje corresponde ao México. Tente se transportar mentalmente para os idos de 1500 na América Central. Imagine o cenário: doenças, ameaças de índios querendo cortar sua cabeça, desconfortos, além do calor, das chuvas e de muito mato a ser desbravado. Quem aceitaria fazer parte de uma empreitada dessas? Sabedor da dificuldade de voluntários, uma das primeiras ordens que Cortez deu, ao desembarcar no México, foi para queimar os navios, com o intuito de não permitir que seus companheiros sequer vislumbrassem a chance de fugir. Sem a possibilidade de retornar de onde vieram, a missão estava clara: deveriam enfrentar com coragem o desconhecido; caso contrário, morreriam.

Do mesmo modo, a decisão de assumir um compromisso com alguém implica querer fazer dar certo, e não um "vou ver no que vai dar", e, caso não funcione, vocês terminam e cada um segue seu caminho. Você deve "queimar seus barcos" e sequer cogitar a hipótese de declinar da decisão que tomou de estar ao lado de alguém. Portanto, das duas uma: ou você termina esse relacionamento, ou "queima logo os barcos" e se compromete a ficar ao lado dessa pessoa. Isso também se aplica ao seu parceiro, você deve jogar limpo com ele e dizer: "Ou você 'se manda' da minha vida ou queima seus barcos e escolhe ficar. Mas decida o que vai fazer, eu não nasci para ser a indecisão de ninguém".

MOTIVO DE ORAÇÃO

Peça a Deus que ajude você a entender a seriedade de um relacionamento. Também que, ao assumir um compromisso ao lado de alguém, vocês sejam capazes de queimar seus navios para ficarem juntos.

NAMORADOS

Se um de vocês ou os dois possuem o hábito de ameaçar terminar o relacionamento toda vez que surge um problema, façam o compromisso de não repetir esse erro. Observem se as ameaças e os términos apresentam indícios de tentativa de manipulação. Caso a resposta seja sim, rompam com esse comportamento ou tomem a decisão de romper o relacionamento. Mas não aceite que alguém manipule você.

SOLTEIROS

Esteja pronto para tratar deste assunto no seu futuro relacionamento e fique atento quanto às estratégias que algumas pessoas usam para manipular seus parceiros. Não aceite manipulação.

ALIVIEM A BAGAGEM!

E a terrível tempestade continuou. No dia seguinte começaram a jogar a carga no mar. E, no outro dia, os marinheiros, com as próprias mãos, jogaram no mar uma parte do equipamento do navio.

ATOS 27.18-19

Esse texto narra um momento da viagem que Paulo fez para Roma, quando estava preso, a fim de apresentar sua defesa diante de César. A Bíblia conta que, no trajeto, a embarcação em que ele viajava enfrentou uma grande tempestade, e, para que não naufragasse, os marinheiros começaram a lançar parte da carga do navio no mar. Devo dizer que existem cargas que levamos em nossa bagagem de solteiro que, se não nos livrarmos delas antes de seguir viagem em direção ao matrimônio, podem causar tempestades e até mesmo o naufrágio do casamento. Dessa forma, gosto de imaginar que o namoro é o embarque para o casamento.

Você já viajou de avião? Se sua resposta for sim, você sabe que durante o embarque no aeroporto os passageiros precisam passar por um processo de desintoxicação. Nesse processo, tanto a pessoa quanto suas bagagens são inspecionadas para verificar se ela não está levando consigo ou nas malas algo que possa comprometer sua segurança e a dos outros passageiros da aeronave. Do mesmo modo, sendo o casamento uma longa viagem a dois, o namoro precisa ser um tempo em que o casal fará a inspeção das bagagens que cada um pode estar carregando a fim de evitar surpresas após o casamento. Você já fez isso? Sabe o que você mesmo está levando em sua bagagem? Seu parceiro conhece sua bagagem? Você tem conhecimento do que seu parceiro está levando? É importante que vocês descubram o que cada um tem em sua bagagem, afinal, existem algumas coisas que podem surpreender negativamente e comprometer a segurança e a felicidade do casamento, por isso devem ser deixadas para trás. E, para ajudá-los a compreender quais as bagagens um do outro vocês precisam conhecer a fim de decidir se podem ou não ser levadas para o casamento, separei cinco dicas muito úteis:

1. CONHEÇA AS BAGAGENS DE QUE O OUTRO NÃO ABRE MÃO

Existe alguma coisa na sua vida da qual você não desistiria por nada nem ninguém? Talvez um plano, um sonho, um princípio ou até mesmo um comportamento? Se sua resposta for sim, você tem o dever de compartilhar com a pessoa com quem você se relaciona o que seria. É muito importante que vocês descubram o que cada um traz consigo de que não abre mão, afinal, se um de vocês não desistir de algo, significa que os dois terão de conviver com isso no casamento, e, caso percebam que não vão conseguir tolerar tal coisa, é melhor nem iniciar a viagem juntos. Até porque pode ser difícil viverem harmonicamente se não aceitarem o que o outro está levando consigo. A fim de evitar mal-entendidos, surpresas desagradáveis ou mesmo brigas para tirar algo da bagagem depois que já embarcaram no casamento, melhor contar ao parceiro e perguntar a ele quais coisas vocês estão levando na bagagem das quais não estão dispostos a abrir mão.

2. CONHEÇA A BAGAGEM EMOCIONAL DO SEU PARCEIRO

Existe uma história por trás de cada um de nós e, algumas vezes, essa história é composta por experiências traumáticas. É possível que você ou seu parceiro carreguem traumas familiares, de relacionamentos ou de algum abuso, seja ele sexual ou psicológico, que sofreu em algum momento da sua vida. Muitas vezes esses traumas ficam adormecidos dentro de nós e surgem quando menos esperamos. Há pessoas que presenciaram certas atitudes no casamento dos pais que marcaram sua vida a ponto de terem medo de que aquilo ocorra em seu matrimônio. Se esse for o seu caso, é possível que, toda vez que o parceiro fale sobre casamento, você se sinta intimidado, recue e tente mostrar que não está na hora ou que não está pronto.

Também pode acontecer de a pessoa que sofreu o trauma perceber que o parceiro está fazendo algo parecido com o que viu em casa e acabar se fechando ou criando um problema por temer passar pela mesma situação que os pais. Existem pessoas que foram traídas, abandonadas e sofreram com seus parceiros anteriores, e agora a vida delas é dirigida pelo medo e pela insegurança. Assim, elas vivem temendo que seus parceiros atuais façam o que os outros fizeram. Dessa forma, se você carrega consigo algum tipo de trauma que pode afetar seu futuro casamento, fale sobre isso e pergunte ao outro se existe algo na vida dele que ele precisa compartilhar.

3. DESCUBRAM SE EXISTE ALGUM PECADO NÃO TRATADO NA BAGAGEM DE VOCÊS

Durante muito tempo, as pessoas se casavam acreditando que o casamento era a solução para a masturbação, a homossexualidade, a infidelidade e a impureza sexual de modo geral. Alguns falavam: "Eu me masturbo, mas, depois que me casar, eu vou parar". Outros diziam: "Eu tenho dificuldade para ser fiel, e até traí meus parceiros anteriores, mas, depois que eu me casar, vou parar". E ainda havia aqueles que pensavam: "Não tenho tanta certeza quanto a minha sexualidade, mas acredito que, se eu me casar, isso estará resolvido". Grande engano. Você não deve esperar o casamento para mudar seus hábitos ruins e abandonar seus pecados, ou que o casamento o purifique e torne santo. Você precisa se santificar, se tratar e se resolver para que, ao se casar, esteja livre de pendências. Deve deixar de lado seus vícios e pecados cometidos no tempo de solteiro e namoro, para que eles não o acompanhem no matrimônio.

Portanto, seja capaz de falar com seu parceiro sobre sua luta contra a masturbação, a pornografia e até mesmo, a dificuldade de se manter fiel em relacionamentos passados. Procure a ajuda de um líder espiritual que possa apoiá-lo quanto ao que estiver indeciso. Quanto à sua sexualidade, busque auxílio e só vá em direção ao casamento após ter resolvido tal questão. Sei que se expor em determinadas situações não é confortável, mas a confissão e o pedido de ajuda fortalecem o relacionamento, criam um clima de intimidade, sinceridade e confiança. Além disso, quem confessa suas fraquezas recebe auxílio e livramento para que não peque mais.

4. CONHEÇA AS BAGAGENS DAS TRADIÇÕES

Como já vimos, é importante que você entenda que relacionamento é composto por duas pessoas que nasceram e foram criadas de maneiras muito opostas. Cada um de nós é fruto de uma construção familiar, e nossa família nos influencia muito mais do que imaginamos. Por isso, quando um casal se une, é possível que as diferenças nas tradições familiares prejudiquem a relação. Muitas pessoas valorizam suas tradições, querem mantê-las em sua nova família e não pensam em abrir mão delas.

O problema é que algo pode ter sido muito bom para você e para sua família de origem, mas pode não fazer bem para o seu parceiro e o seu lar. Desse modo, se vocês não conhecem os costumes que cada um está levando para o casamento, estão assumindo o risco de enfrentar tensões mais à frente por causa disso. Por esse motivo, vocês precisam conversar e descobrir quais tradições familiares seu parceiro gostaria de manter, mas não são compatíveis com a realidade de vocês, e quais podem ser preservadas sem que causem problemas.

5. CUIDADO COM PROBLEMAS NÃO RESOLVIDOS

Este é outro ponto importante: descobrir se vocês estão levando problemas não resolvidos do namoro na bagagem para o casamento. Portanto, se você sente que precisa confessar ou pedir perdão por algo, faça-o. Se está ferido por algum motivo, fale sobre isso e diga que você gostaria de perdoar. Se você não confia em alguma coisa, converse sobre sua desconfiança. Se está inseguro, compartilhe sobre a sua insegurança. Se você não gosta de algum comportamento do outro, deixe isso claro para ele. Mas não sigam em direção ao casamento com problemas do namoro não tratados. Resolvam todas as questões pendentes primeiro.

Seja lá qual for o problema, invistam tempo no namoro e encontrem uma solução, chorem, falem sobre o que sentem, expressem sua opinião, acertem as arestas e não deixem nada mal resolvido. Casamento já possui suas dificuldades, por isso, antes de seguir em direção a ele, a melhor coisa que vocês devem fazer é se livrar de todo problema da vida de solteiro e do namoro que possam estar carregando. Encerrem corretamente o ciclo, para viverem de forma mais leve o ciclo que se inicia.

MOTIVO DE ORAÇÃO

Ore para que Deus ajude você a conhecer a bagagem do seu parceiro e para que ele conheça a sua.

NAMORADOS

Conheça a bagagem do outro e deixe que ele(a) conheça a sua. Anotem coisas importantes que vocês gostariam de perguntar sobre o que cada um de vocês está levando na bagagem e falem sobre isso. Levem este assunto a sério.

SOLTEIROS

Esteja pronto para tratar deste assunto no seu futuro relacionamento e fique atento quanto às bagagens que você está adquirindo e carregando em sua vida que podem atrapalhar seu futuro relacionamento. Livre-se dessas bagagens antes que elas comprometam o seu futuro.

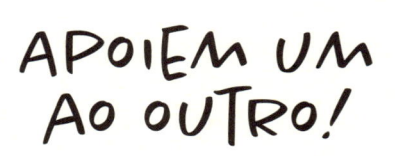

APOIEM UM AO OUTRO!

Não é bom que o homem esteja só; farei para ele alguém que o auxilie e lhe corresponda.

GÊNESIS 2.18

Qual é o propósito pelo qual o Senhor une duas pessoas? Nesse texto vemos que Deus se propôs a criar uma companheira para Adão que o auxiliasse e lhe correspondesse. O que isso quer dizer? Quer dizer que o propósito de Deus na união de duas pessoas é que elas se apoiem e se ajudem. Nesse sentido, vejamos o que Salomão afirmou:

> É melhor ter companhia do que estar sozinho, porque maior é a recompensa do trabalho de duas pessoas. Se um cair, o amigo pode ajudá-lo a levantar-se. Mas pobre do homem que cai e não tem quem o ajude a levantar-se! E se dois dormirem juntos, vão manter-se aquecidos. Como, porém, manter-se aquecido sozinho? Um homem sozinho pode ser vencido, mas dois conseguem defender-se. Um cordão de três dobras não se rompe com facilidade.
>
> Eclesiastes 4.9-12

A reflexão de Salomão nesse texto mostra que Deus deseja unir duas pessoas para que possam apoiar e auxiliar uma à outra a se tornarem o melhor possível. Afinal, um homem e uma mulher se unem para crescerem juntos, ajudarem um ao outro a se levantar caso caiam, se aquecerem e se defenderem de um inimigo. Dar um passo em direção ao noivado e posteriormente ao casamento é embarcar em uma jornada em que será muito necessário que o casal se disponha a apoiar um ao outro. O casamento é a emancipação familiar. Isto é, nós e a pessoa com quem nos casamos deixamos o ambiente familiar onde antes vivíamos protegidos e passamos a tomar decisões e assumir responsabilidades. Tudo isso é novidade para nós, e ninguém nos educa para viver essas coisas. Por isso, para o bem de um casal, é muito importante que estejam dispostos a dar suporte e se ajudar mutuamente.

Acredito que relacionamentos de sucesso são baseados no apoio mútuo. E, por essa razão, o casal deve se unir e enfrentar os problemas um do outro como se fossem seus. E a grande verdade é que, se a pessoa com quem você está se relacionando está com alguma dificuldade, é só questão de tempo para que o problema dela se torne "o problema de vocês". Então, é melhor encarar as adversidades um do outro juntos no início do que esperar que elas se tornem tão grandes que passem a afetar o relacionamento. Se um luta sozinho, este pode ser derrotado facilmente. Mas o cordão de três dobras é difícil de se arrebentar. Cordão de três dobras? Sim! Isso quer dizer que, quando lutamos junto com a pessoa com quem nos relacionamos e chamamos Deus para nos ajudar, formamos um cordão de três dobras que não se arrebenta.

Neste capítulo, quero falar sobre cinco áreas importantes nas quais você deve se comprometer a apoiar seu parceiro no namoro e se tornar um hábito no casamento.

1. APOIEM UM AO OUTRO NA VIDA CRISTÃ

Existem áreas importantes e desafiadoras na nossa vida, mas não poderíamos começar por nenhuma outra que não fosse a vida cristã. Afinal, por maiores que sejam nossos desafios na Terra, todos vão passar, mas, quando falamos da vida cristã, estamos nos referindo a algo que pode influenciar toda nossa eternidade. E, como cristãos, nosso desejo deve ser o de ajudar a pessoa com quem nos relacionamos a ser salva e alcançar a vida eterna ao lado de Deus.

Por isso, é muito importante que o casal se apoie em sua caminhada cristã, auxilie um ao outro a perseverar, ore um pelo outro e, sobretudo, coopere para que nenhum dos dois se perca. Sempre ensino que o nosso maior objetivo enquanto cristãos é nos tornarmos parecidos com Jesus, e o segundo maior é ajudar as pessoas a se tornarem parecidas com ele. Portanto, esta deve ser sua preocupação e do seu parceiro: ser o mais possível parecido com Jesus.

2. APOIEM UM AO OUTRO NOS MOMENTOS DIFÍCEIS DA VIDA

Nossa cultura é extremamente individualista, e as pessoas só pensam em si mesmas. Muitos se casam para serem felizes e têm um compromisso apenas com o próprio bem-estar, não se envolvendo com os problemas dos outros. Alguns, mesmo estando em um relacionamento, não encontram no companheiro o suporte de que precisam para enfrentar dores, enfermidades ou conflitos. O parceiro até está ali, mas não demonstra apoio e parece não se importar. Vive os bons momentos da vida da outra pessoa, mas não quer passar pelos momentos difíceis; quer sorrir ao lado de alguém, contudo não quer ser um ombro amigo ou aquele que vai secar as lágrimas do outro quando este mais precisar.

O resultado de relacionamentos assim são pilhas e pilhas de processos de divórcios. E garanto que, se existisse um censo que mostrasse quantos namoros terminam por isso, ficaríamos assustados. Precisamos entender que, para que um relacionamento seja feliz, é importante estar comprometido tanto a enfrentar os momentos difíceis da vida do outro quanto a partilhar e participar da felicidade dele. Seu parceiro precisa do seu apoio, do seu ombro amigo e da sua companhia nas adversidades da vida, e você deve estar disposto a dar todo o suporte necessário. Até porque, se a gente colhe o que planta, e você não lhe oferece apoio nas horas mais difíceis, como pode esperar que ele faça isso quando você precisar?

3. APOIEM UM AO OUTRO NO RELACIONAMENTO COM A FAMÍLIA DE ORIGEM

Você precisa contribuir para a solução dos problemas que seu parceiro enfrenta em família, e não ser parte deles. Quem nunca teve um conflito familiar? Todos nós passamos por isso. E, em um relacionamento amoroso, os parceiros devem ajudar um ao outro a tratar esses problemas de maneira inteligente. Não é legal colocar mais lenha no fogo e dificultar as coisas ainda mais. Precisamos assumir o papel de conciliadores, ajudar nosso parceiro a perceber seus erros, perdoar o erro dos outros e ter um relacionamento familiar o mais harmônico possível.

Portanto, apoie seu parceiro no relacionamento com a família dele para que, quando vocês decidirem se casar, ele saia de casa debaixo da bênção dos pais e estes enxerguem você como um aliado da família, e não um inimigo.

4. APOIEM UM AO OUTRO A CRESCER NA VIDA

Se seu parceiro parou de estudar e não trabalha, isso está errado. Não importa se é homem ou mulher. O trabalho e o estudo são importantes em todos os casos. Assim, você precisa estimular o outro a se dedicar aos estudos e procurar uma profissão. Apoiar seu parceiro a crescer na vida é muito importante, e você vai experimentar reflexos disso no seu casamento. Afinal, se você está ajudando-o a se preparar para o futuro e vocês querem se casar, todo investimento que você fizer na vida dele hoje vai gerar uma colheita positiva para vocês amanhã. Desse modo, apoiem um ao outro a fazer uma faculdade, uma especialização, a se formar e construir uma carreira. Uma atitude simples como essa fará com que vocês tenham muito mais estabilidade no casamento e, ao se casarem, terão fechado o ciclo do tempo de solteiro de forma que estejam preparados para sustentar o casamento.

5. APOIEM UM AO OUTRO EM SUAS MUDANÇAS

Somos bons em cobrar e fracos em elogiar e reconhecer o esforço do outro. Não deveria ser assim. E talvez seja por isso que não alcançamos os resultados que almejamos em nosso relacionamento, ou esse pode ser o motivo pelo qual, mesmo cobrando a pessoa com quem nos relacionamos, ela não muda. Não significa que nós não devemos cobrar e mostrar ao outro em que ele precisa mudar. Precisamos, sim, fazer isso. Mas devemos exercitar o reconhecimento, o elogio e o incentivo na mesma medida.

Lembro-me de um casal que estava vivendo muitos conflitos e me procurou querendo se separar. Eles me disseram que a razão era porque eles brigavam por vários motivos. Conversei com cada um em particular e percebi que o verdadeiro problema era que eles se cobravam muito, e, mesmo que o outro se empenhasse para mudar, ambos não eram capazes de reconhecer os esforços um do outro. Então falei com cada um deles para usar outra tática. Eles já haviam dito o que gostariam que cada um modificasse, e agora era o momento de parar de cobrar e apontar o erro um outro. Por isso eles deveriam começar a observar o empenho de ambos, elogiando toda atitude de mudança. O casal saiu da conversa disposto a fazer o que tínhamos combinado. E, semanas depois, voltamos a nos encontrar. Foi incrível notar como os dois estavam com uma fisionomia melhor e, acima de tudo, mais unidos.

Percebe como uma atitude simples como parar com as cobranças e passar a elogiar faz toda a diferença no relacionamento? Eles me contaram que, após termos conversado, quando surge um problema, dialogam, explicam o que acreditam que cada um deve fazer e observam as atitudes um do outro. Dessa forma, se notam que o outro está fazendo algo para melhorar, eles usam o elogio como forma de demonstrar que perceberam e incentivar o parceiro a continuar mudando. Precisamos aprender com esse casal a reconhecer os esforços da pessoa com quem nos relacionamos, motivando-a a se tornar alguém melhor para o bem do relacionamento. O diálogo para mostrar o que não está dando certo, unido ao elogio e incentivo, funcionam de forma mais eficaz que a cobrança.

ATIVIDADE DO DIA

MOTIVO DE ORAÇÃO

Peça a Deus que seu parceiro (ou futuro parceiro) o apoie e para que você também possa apóiá-lo.

NAMORADOS

Você e seu parceiro se apoiam? Façam o compromisso de se apoiarem nas áreas sobre as quais tratamos neste capítulo e descubram se existe alguma outra área em que seu parceiro gostaria de ter seu apoio. Você também pode falar se existe alguma área em que você gostaria de receber mais apoio. Lembrem-se de que relacionamentos de sucesso são baseados no apoio mútuo.

SOLTEIROS

Esteja pronto para tratar deste assunto no seu futuro relacionamento, reflita sobre a importância de dar e receber apoio nas áreas citadas neste capítulo e liste algumas áreas nas quais você gostaria muito que seu futuro parceiro apoiasse você. Fazendo isso, você terá facilidade para pedir que ele o apoie.

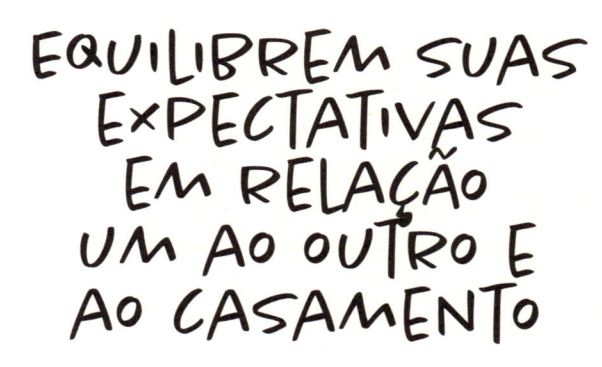

EQUILIBREM SUAS EXPECTATIVAS EM RELAÇÃO UM AO OUTRO E AO CASAMENTO

*Quando Raquel percebeu que não podia ter filhos,
ficou com inveja da sua irmã Leia e disse ao marido:
Dê-me filhos; senão, eu morro! Jacó ficou zangado
com Raquel e disse: Você está pensando que eu sou
Deus? É ele quem não deixa você ter filhos.*

GÊNESIS 30.1-2

A vida de Jacó e Raquel é uma linda história sobre esperar em
Deus. Jacó amava Raquel e trabalhou durante sete anos para o
sogro, Labão, a fim de se casar com ela. Porém, quem conhece
a história sabe que seu sogro o enganou e, na noite de núpcias,
em vez de lhe dar Raquel em casamento, entregou-lhe Leia.
Para se casar com Raquel, então, Jacó teve de se comprometer
a trabalhar mais sete anos para Labão, e a Bíblia diz que todo
este tempo passou como se fossem dias, pelo tanto que Jacó

amava Raquel. Mas, nesse texto que lemos no início do capítulo 30, podemos ver que o casamento deles nem sempre foi um mar de rosas — e nenhum casamento é! Aqui temos o relato de uma grande expectativa de Raquel em relação ao matrimônio — ela desejava ter filhos —, mas, por não conseguir tê-los, sentia-se frustrada, por isso ela e seu marido estavam enfrentando grandes problemas conjugais. Chegou ao ponto de ela pedir que Jacó lhe desse filhos, caso contrário, morreria. Por causa disso, Jacó se exaltou e disse: "Você está pensando que eu sou Deus?".

O texto nos mostra que uma expectativa não comunicada e, consequentemente, frustrada, pode gerar problemas no casamento. Quem tem grandes expectativas para o matrimônio precisa ter muito cuidado para que elas estejam dentro daquilo que é possível para a outra pessoa. Pois ela simplesmente não será capaz de fazer o que está além das possibilidades dela, e, quanto maiores forem suas expectativas, maiores serão suas frustrações. Neste capítulo quero lhe dizer o que é preciso fazer para evitar que nossas expectativas em relação ao casamento não se frustrem.

1. NÃO TENHA EXPECTATIVAS EXAGERADAS EM RELAÇÃO AO CASAMENTO E MUITO MENOS EM RELAÇÃO AO SEU PARCEIRO

A pergunta de Jacó para Raquel quando ela pede que ele lhe dê filhos se não morreria é muito importante para nós. Ele questiona: "Você está pensando que eu sou Deus?". Com isso podemos aprender que é errado se casar sem comunicar as expectativas ou com expectativas que o cônjuge talvez nunca consiga cumprir. Além disso, também revela um problema muito comum quanto às expectativas nos relacionamentos: muita gente se casa (ou até mesmo namora) com expectativas tão altas que só Deus tem o poder de satisfazê-las.

Gosto de um texto que narra um momento em que os sacerdotes enviaram oficiais para prender Jesus, mas eles voltaram de mãos vazias. E os sacerdotes e fariseus exigiram uma explicação: "Por que é que não o trouxeram para cá?". A resposta desses homens arrebata minha alma, aquece meu coração e faz as lágrimas escorrerem pelo meu rosto. Eles responderam: "Não conseguimos trazê-lo porque ninguém nunca falou como ele". O simples modo de falar de Jesus é suficiente. Ele é perfeito e nos preenche por completo. Ninguém nunca fará por nós aquilo que somente ele pode fazer. Portanto, esperar — consciente ou inconscientemente — que isso aconteça é loucura.

Por outro lado, algumas pessoas sonham em se casar e viver todos os dias uma história de amor digna de um filme de Hollywood. Por exemplo, nos filmes e nas novelas, as mulheres e os homens acordam sempre bem-dispostos, com o cabelo arrumado, maquiados e muito cheirosos. Mas isso acontece apenas na TV. Na vida real, as pessoas acordam com o cabelo igual à juba do leão, com remela nos olhos e com aquele bafo de onça. Portanto, não dá para seguir em direção ao casamento pensando que vai ser sempre bom, que vocês não vão enfrentar problemas e as coisas vão sempre terminar bem. Não romantize o casamento. Afinal, até que tudo se ajeite, o casal passa por algumas situações difíceis.

Os primeiros momentos do casamento são duros, e são chamados de fase de adaptação. E, para lhe dizer a verdade, essa fase não é nada fácil. Acredito que, se alguém segue em direção ao casamento com expectativas exageradas, ela se torna ainda mais difícil, podendo gerar frustração e comprometer a felicidade e o futuro do matrimônio. Casamento não vem pronto, casamento se constrói; e são necessários muito esforço, dedicação e zelo para que seja bom. Por outro lado, também é importante que o casal tenha cuidado com a expectativa em relação ao parceiro, e esse cuidado começa ao ter maturidade para não criar uma expectativa que está além do alcance do outro.

2. FALE SOBRE SUAS EXPECTATIVAS

Ninguém precisa de muitas expectativas para se frustrar. Por menores que sejam, elas, por si só, podem gerar grandes decepções. Desse modo, imagine quanta frustração alguém pode ter por não comunicar suas expectativas em relação ao que espera de alguém que vai passar a vida toda ao seu lado. Algumas mulheres começam um casamento pensando que se casaram com um homem multitarefas, aquele que sabe fazer tudo, mas logo se frustram quando descobrem que este não sabe nem colocar um quadro na parede. Assim também acontece com os homens, ao imaginar que se casaram com uma modelo, que tem cem empregadas à disposição e estará sempre cheirosa, feliz e pronta para namorar. Mas logo se decepcionam ao perceber que aquela mulher que não gostava de recebê-lo em casa sem se arrumar agora usa as camisas dele em casa, fica de meias boa parte do dia e em certos momentos (como na hora de preparar o almoço) usa colônia de cebola ou (como na hora de limpar a casa) cheira a água sanitária.

Tudo isso faz parte da vida a dois. E, para evitar que nos frustremos, precisamos encarar o casamento como ele realmente é, tendo também o cuidado de comunicar nossas expectativas em relação ao outro. Por isso, seja sensato, tome cuidado e não fique alimentando mil e uma expectativas em relação ao casamento e ao outro sem falar com ele. Afinal, se você fizer isso, terá pelo menos mil e uma chances de se decepcionar. E a verdade é que nada mágico acontecerá depois do casamento, vocês não vão simplesmente entrar em sintonia e começar a fazer cada um o que o outro espera. Além disso, é possível que sua experiência de vida já tenha lhe mostrado que as coisas nem sempre acontecem como esperamos. Portanto, não pense que será diferente em relação ao casamento.

3. DESCUBRA QUAIS SÃO AS EXPECTATIVAS DO OUTRO

Lembre-se: você está se casando com um ser humano igual a você, e isso quer dizer que a pessoa também tem certas expectativas em relação a você e ao casamento. Saber que alguém tem expectativas que me envolvem deve fazer com que eu busque conhecê-las a fim de descobrir se sou capaz ou não de realizá-las. Não siga em direção ao casamento sem saber o que seu parceiro espera de você e se você pode ou não satisfazê-lo. Como vimos no ponto anterior, casamento não é uma questão de desejar algo e esperar que aconteça, e sim de desejar, planejar, fazer acordos e colocá-los em prática. Por isso, chame seu parceiro para uma conversa, peça que ele fale sobre as expectativas dele e façam acordos para que essas expectativas possam ser satisfeitas dentro daquilo que você é capaz.

4. FAÇAM ACORDOS

Sim, após falar sobre suas expectativas e ouvir sobre as expectativas do outro, façam acordos e comprometam-se com aquilo que está ao alcance de vocês. Deixem muito claro o que vocês conseguem e se comprometem a fazer e o que não é possível realizar. Nunca assegure que fará algo que você sabe que está além de suas possibilidades. É muito melhor você dizer: "Olha, quanto a isso, eu prometo me esforçar, mas quero deixar bem claro que vai ser difícil para mim" do que afirmar que vai cumprir determinadas expectativas e depois perceber que prometeu algo que estava muito longe do seu alcance e acabar frustrando a pessoa. Por isso, seja sensato e sincero.

Uma boa ideia é criar uma lista de coisas que vocês esperam um do outro. Então você pode pedir à pessoa que assine se comprometendo com as coisas que você espera dela e que ela acredita que pode realizar, marcar como "talvez" os pontos que ela não sabe se consegue cumprir e descartar de uma vez por todas a expectativa em relação àquilo que ela disse que não fará ou que não está ao alcance dela. Pode até parecer mecânico, mas é melhor conhecer as expectativas do outro e saber o quanto vocês se comprometem do que deparar com a frustração no dia a dia da vida a dois no casamento.

5. NÃO SE ESQUEÇA DE QUE VOCÊS SÃO LIMITADOS

Compreenda que você tem limites e está se casando com alguém que também tem limitações. Nunca podemos nos esquecer dessa verdade. Não estamos nos casando com alguém perfeito que estará sempre bem e disponível para nós ou que será capaz de nos fazer completamente felizes. O nosso parceiro é um ser humano, falho e limitado, mas certamente tem a intenção de acertar e nos fazer bem. Por isso, entenda que o outro pode errar e fazer as coisas diferentes do jeito que você imagina. Além disso, não aja como Raquel, que esperava que o esposo e o casamento fizessem por ela coisas que só Deus pode fazer. Aprenda a ter suas necessidades supridas no relacionamento com Deus e se esforce para atender às expectativas e necessidades do outro, fazendo a ele o que você gostaria de que ele lhe fizesse.

ATIVIDADE DO DIA

MOTIVO DE ORAÇÃO

Ore pedindo a Deus que ajude você a ter expectativas equilibradas, para que ele o capacite a comunicar essas expectativas ao seu parceiro (ou futuro parceiro) e que lhe dê estratégias para descobrir as expectativas do outro em relação a você.

NAMORADOS

Você e a pessoa com quem se relaciona possuem grandes expectativas para o casamento e em relação um ao outro. Quando nossas expectativas envolvem outra pessoa, é necessário comunicá-las para evitar frustrações. Vocês já conversaram sobre suas expectativas para a vida a dois? Façam isso!

SOLTEIROS

Esteja pronto para tratar deste assunto no seu futuro relacionamento e reflita se, por algum motivo, você não tem expectativas elevadas demais em relação ao casamento e não está esperando que alguém faça por você o que só Deus pode fazer.

CASA NÃO SE ARRUMA SOZINHA, QUEM VAI FAZER O QUÊ?

Maridos, vós, igualmente, vivei a vida comum do lar, com discernimento; e, tendo consideração para com a vossa mulher como parte mais frágil, tratai-a com dignidade, porque sois, juntamente, herdeiros da mesma graça de vida, para que não se interrompam as vossas orações.

1PEDRO 3.7

Nesse versículo, o apóstolo Pedro está falando que o homem deve viver *a vida comum do lar*. O que seria isso? Pedro está claramente se referindo a todas as questões que envolvem o dia a dia de um casal, o que inclui a organização da casa, e ele diz que os maridos devem viver essas coisas e tratar suas esposas de maneira digna. As tarefas do lar, por muito tempo, foram atividades exclusivas das mulheres, pois os homens trabalhavam e proviam o sustento, e isso funcionou muito bem dentro desse contexto. Mas as coisas mudaram, e, hoje em dia, tanto o homem como a mulher trabalham e dividem as despesas do lar. Nesse novo cenário, não dá mais para a mulher ser a única pessoa responsável pelos afazeres domésticos.

Para você ter uma ideia, eu realizei uma pesquisa entre os mais de 8 mil membros do nosso canal de um aplicativo de mensagens e o resultado apontou que 97% das mulheres esperam que seus parceiros ajudem nas tarefas de casa, o que mostra que existe uma grande expectativa por parte das mulheres para que isso aconteça no casamento. Pois bem, não sei se você sabe, mas expectativas frustradas são a principal causa de divórcios entre casais em todo o mundo. E, para evitar que a expectativa das mulheres em relação ao desejo de serem ajudadas por seus parceiros no casamento se frustre, separei cinco dicas importantes.

1. FALE O QUE VOCÊ ESPERA DO SEU PARCEIRO

Sabendo que nós não devemos seguir em direção ao casamento sem comunicar nossas expectativas, é muito importante que você fale com seu parceiro sobre o que espera dele em relação à divisão das tarefas do lar, como, por exemplo: lavar louça, limpar a casa e lavar roupas. Você precisa deixar isso claro.

Não dá para se casar e, no primeiro sábado que vocês estiverem juntos, quando ele estiver assistindo ao jogo do time dele na televisão, você simplesmente aparecer com um cesto de roupas sujas ou com uma vassoura nas mãos e exigir que ele a ajude. Isso não vai dar certo. Você precisa comunicar a ele antecipadamente sua expectativa em relação à participação dele na vida do lar, pedindo-lhe que se comprometa a auxiliá-la e se organize para fazer isso no momento mais oportuno. Se você não fizer isso, lamento, mas você vai se decepcionar, e a frustração pode ser motivo de desentendimentos no casamento.

2. DIVIDAM AS TAREFAS DO CASAMENTO DESDE O NAMORO

Cada pessoa sabe qual é a sua expectativa. Existem mulheres que estão seguindo para o casamento e esperam que o marido as ajude em tudo. Outras sabem que isso nem sempre é possível e esperam menos; se o marido lavar a louça, arrumar o quintal e varrer a casa, já está bom. No meu caso, eu nunca havia feito nada em casa no tempo de solteiro. É sério, eu nunca tinha lavado vasilhas, lavado roupas ou preparado comida, e por aí vai. Mal sabia fazer um café. Fui criado numa cultura extremamente machista, em que o homem chegava em casa, sentava-se no sofá, pedia que a esposa pegasse o controle da televisão para ele, trouxesse café e ficava horas assistindo à televisão.

Quando eu e Michele falamos sobre o desejo dela para que eu a ajudasse no casamento, ela foi muito sensata ao entender que não poderia esperar muita coisa de mim. Ela preferiu se surpreender do que alimentar expectativas. Assim, a parte que me coube na organização da casa consistia em limpar o que eu sujei sempre, ajudar a lavar louça, lavar o banheiro, tirar a poeira dos móveis e limpar a parte externa da casa. Esse foi o nosso acordo, e, para ela, estava muito bom.

Quando nós nos casamos, eu pude auxiliá-la além do nosso compromisso e, com frequência, fazíamos as coisas juntos, o que era muito divertido. Por isso, para evitar surpresas e a frustração de certas expectativas, é muito importante que vocês estabeleçam desde o namoro o que cada um vai fazer.

3. SE OS DOIS TRABALHAM FORA, AMBOS DEVEM SER RESPONSÁVEIS PELA ORGANIZAÇÃO DA CASA

Como eu disse, no modelo antigo apenas o homem trabalhava, a mulher cuidava do lar, e isso funcionava. Mas, hoje em dia, muitas vezes é necessário que a mulher e o homem trabalhem, e, se esse for o caso, nada mais justo que os dois sejam responsáveis pelos afazeres domésticos. Ainda mais se a mulher colaborar para que as despesas da casa sejam supridas. Afinal, como um homem pode aceitar que sua esposa trabalhe tanto quanto ele, contribua com a manutenção da casa, mas não a ajude nas tarefas do lar? Que tipo de homem é esse? Imagine que, após um longo dia de trabalho, os dois estão igualmente cansados, e não é justo que apenas um faça tudo dentro de casa. Por isso, se os dois trabalharem e se vocês não contratarem uma empregada doméstica, o marido terá de ajudar sua esposa.

A questão é que, muitas vezes, o casal enfrenta problemas por isto: a mulher conta com a atitude do homem para auxiliá-la, mas ele não se mexe e ainda espera que a esposa tenha tempo para relaxar com ele ou para namorar, mas com frequência ela está fazendo alguma coisa em casa. Resultado? Os dois se frustram juntos. Mas, se ambos assumirem a responsabilidade pelo lar, poderão fazer as tarefas juntos, se divertir e desfrutar de mais tempo para relaxar e namorar. Gostou da ideia?

4. O MÉTODO ANTIGO AINDA FUNCIONA

Aqui em casa, depois de que nós tivemos filhos, decidimos que não gostaríamos que eles fossem criados por outra pessoa que não fosse nós mesmos. Desse modo, Michele deixou de trabalhar e assumiu a responsabilidade pelas tarefas de casa, o que não me isenta de ajudá-la. Com frequência Michele está desanimada ou cansada e me pede para eu fazer alguma coisa, e eu faço tranquilamente. Pelo menos uma vez por semana, eu espontaneamente faço almoço e janta aqui em casa, arrumo a bagunça que fiz na hora de preparar as refeições e lavo as louças. Em relação a nossos filhos, sempre fui presente em tudo, troquei fraldas, dei banho, acordava de noite quando eles choravam, dava mamadeira e colocava para dormir.

Hoje, dividimos responsabilidades, como: fazer a tarefa com a Isabela, dar banho nas crianças, colocá-las para dormir e, quando vamos sair, minha esposa separa as roupas delas e eu as ajudo a se vestir enquanto ela se arruma. Mas uma das coisas mais importantes que Michele sempre me pediu foi: "Não precisa fazer, só não bagunça o que eu fiz, e, se bagunçar, arruma". Desse modo, é possível, sim, que apenas um trabalhe e o outro, no caso a mulher, fique responsável pela casa. Mas é imprescindível que o homem ofereça ajuda a sua esposa para fazer algumas coisas e, sobretudo, nunca diga que ela "só" fica em casa ou "só" cuida dos afazeres domésticos. Cuidar de uma casa nunca será "só". Afinal, o homem não deve esquecer que após ele sair do trabalho, o expediente daquele dia acabou, mas o trabalho de uma casa nunca acaba, sempre tem alguma coisa a se fazer.

E, caso alguém opte por esse modelo de casamento em que apenas um trabalhe, deve considerar o impacto que isso pode trazer sobre a vida financeira do casal. Afinal, quando eu e minha esposa tomamos essa decisão, nossas finanças foram afetadas, mas, como nós vivemos para Deus e dependemos dele, ele tem suprido as nossas necessidades. E nunca nos faltou nada.

5. AMIGO, VOCÊ NÃO ESTÁ SE CASANDO COM UMA EMPREGADA DOMÉSTICA

Comentei que eu e Michele fizemos um acordo e também contei que eu ajudo, certo? Mas eu ainda não disse o que aconteceu no nosso primeiro dia de casamento. Veja, por mais que eu tenha me comprometido, cometi um erro logo no primeiro dia em que voltamos da lua de mel para o dia a dia comum da vida. Eu tinha trabalhado muito — e ela também —, então cheguei em casa cansado e fiz o seguinte: tirei o tênis e o deixei de qualquer jeito na porta de casa, tirei a blusa e a coloquei no sofá e ainda arranquei a calça, largando-a pelo chão do quarto.

Porém, quando eu estava entrando no banheiro, tomei um susto com a forma que Michele estava olhando para mim. Ela estava lá, de braços cruzados e com uma fisionomia que revelava o quanto estava nervosa. Veio em minha direção (confesso que nunca tive tanto medo), chegou bem perto, olhou nos meus olhos e disse: "Dá um jeito de ir lá na entrada da casa, pegar seu tênis e colocar no lugar certo. Pega sua blusa no sofá, sua calça no chão do quarto e coloca na roupa suja e vê se lava essa cueca sua, porque você não casou com uma empregada e eu não sou obrigada. Ok?". Prestei continência e respondi: "Sim, senhora". Prometi, então, que não deixaria aquilo se repetir e fui logo fazer o que ela mandou.

Dessa forma, se vocês já conversaram e já deixaram claro qual é a responsabilidade de cada um no casamento, estejam prontos para colocar em prática o que vocês combinaram, e, qualquer coisa que saia do combinado, vocês devem cortar o mal pela raiz, antes que vire um hábito.

ATIVIDADE DO DIA

MOTIVO DE ORAÇÃO

Ore para que você e seu parceiro (ou futuro parceiro) vivam a vida comum do lar e se ajudem.

NAMORADOS

Você e seu parceiro já fizeram acordos em relação a quem vai fazer as tarefas de casa e como o outro pode ajudar? Se vocês ainda não fizeram isso, conversem sobre tudo o que leram neste capítulo e deixem claro o que esperam um do outro e qual é a parte que cabe a cada um nas tarefas do lar.

SOLTEIROS

Esteja pronto para tratar deste assunto no seu futuro relacionamento e reflita sobre a importância de o homem ajudar sua esposa nas tarefas e no dia a dia do lar.

APRENDAM A CONFIAR UM NO OUTRO

Quem ama é paciente e bondoso. Quem ama não é ciumento, nem orgulhoso, nem vaidoso.

1 CORÍNTIOS 13.4

Nesse versículo Paulo está afirmando claramente que quem ama não é ciumento. E isso quer dizer que, diferente do que alguns pensam, nem mesmo uma pitada de ciúme faz bem para o relacionamento. Há aqueles que acreditam que ciúme é demonstração de afeto, cuidado e valor. Algumas pessoas acham bonitinho o parceiro estar com ciúme e até alimentam isso. Porém, essa atitude não é bíblica! Na verdade, é uma má interpretação dos sentimentos zelo e ciúme, e confundi-los é um erro gravíssimo. O ciúme é um sentimento doentio baseado na desconfiança e no sentimento de posse. O zelo, por sua vez, é um sentimento bom, baseado no amor abnegado e na confiança. O ciumento quer algo ou alguém apenas para si; o zeloso entende que o outro não é seu e quer, acima de tudo, o bem daquele que ama, portanto é capaz de deixá-lo dividir a atenção com outras pessoas. Se o zelo é muito bom para o relacionamento, o ciúme, por outro lado, ainda que seja apenas uma pitada, não faz bem, pois alimenta o sentimento de desconfiança. Não poderíamos encerrar este livro sem falar sobre confiança, ciúme e desconfiança.

A confiança é um dos pilares importantes de todo relacionamento, mas a desconfiança e o ciúme são bombas que podem destruí-lo. Confiar na pessoa com quem nos relacionamos e ter a confiança dela é fundamental para o bem-estar do relacionamento. E o contrário também é uma verdade, a falta de confiança e o ciúme são duas coisas que fazem mal e desgastam qualquer relação. É muito bom estar ao lado de alguém em quem confiamos, deitar a cabeça no travesseiro e ter a certeza de que aquela pessoa não fará nada sem pensar em nós e em como vamos nos sentir. Mas, por outro lado, é terrível você estar com alguém em quem não confia ou que não confia em você.

Sem confiança, nenhum relacionamento prospera ou sobrevive. Afinal, quando o casal não tem um relacionamento baseado na confiança, possui uma relação insegura, problemática e desgastante. Já imaginou você tendo de prestar contas de tudo o que fez ou deixou de fazer para o outro? Isso é sufocante. É por isso que neste capítulo quero lhe dar cinco dicas para construir a confiança no relacionamento e se livrar dos ciúmes.

1. TENHA CERTEZA DE QUE VOCÊ CONHECE A PESSOA COM QUEM SE RELACIONA

O problema da falta de confiança e do ciúme está diretamente ligado ao fato de conhecer ou não a pessoa com quem nos relacionamos. É normal não confiarmos em alguém que não conhecemos. Mas, à medida que o tempo passa e aprendemos sobre o outro, o ciúme e a desconfiança devem ir desaparecendo naturalmente. Porém, se isso não acontecer e você permanece não acreditando na pessoa, talvez seja porque ela não demonstrou ser confiável. Quando conhecemos alguém, sabemos o que ela faria ou não contra nós. Por exemplo, imagine que eu e você estamos conversando, e de repente, um amigo meu chega, pede a chave do meu carro e eu a entrego sem pensar duas vezes. Você olha para mim e pergunta: "Você entregou a chave do seu carro sem sequer perguntar o que ele vai fazer?". Pode imaginar o que eu responderia? Eu diria que não preciso saber o que ele vai fazer, pois eu o conheço o suficiente e sei que ele não faria algo que pudesse me prejudicar. Entende?!

Dito isso, é importante que você saiba que, embora seja normal ter dificuldade para confiar em alguém que ainda não conhecemos, por medo e insegurança, você não deve continuar desconfiando dessa pessoa após tê-la conhecido. Logo, se você e a pessoa com quem se relaciona estão juntos há um bom tempo e querem se casar, mas ainda não confiam um no outro, só pode haver duas razões: você não conhece a pessoa o bastante para saber se pode confiar nela, ou você a conhece o suficiente para pensar que ela não é confiável. Se é loucura se casar com alguém que não conhecemos, é ainda mais louco se casar com alguém que não lhe dá motivos para confiar nele. Portanto, é muito importante que vocês se conheçam a ponto de poder dizer: "Posso confiar em você, pois sei o que você é ou não capaz de fazer". Se, mesmo se conhecendo, vocês não conseguirem chegar a esse nível de confiar um no outro, tentem mudar isso, mas, caso não consigam, desistam do relacionamento. É insensato permanecer ao lado de alguém em quem não confiamos.

2. CONVERSEM

Não existe nada melhor para ajudar você a conhecer uma pessoa e saber se ela é confiável do que o diálogo. Casais que conversam muito se conhecem e, portanto, sabem se o parceiro é ou não digno de confiança. Eu insisto: desliguem o celular e conversem! Conversem sobre tudo: passado, presente e futuro. Seja curioso sobre o outro! Questione-o a respeito de tudo que você acredita ser importante saber sobre ele. Assim, à medida que o outro se mostrar sincero, vocês criarão confiança um no outro. Além disso, todo investimento que vocês fizerem em diálogo ajudará você e a pessoa com quem se relaciona a chegar mais preparado ao casamento.

3. FALEM SEMPRE A VERDADE E CUMPRAM A PALAVRA DE VOCÊS

Para conquistar a confiança de alguém e confiar nele, duas coisas são importantes: cumprir aquilo que falamos e ser verdadeiro. Uma pessoa se mostra confiável pelo valor que dá ao que prometeu. Não dá para acreditar em alguém que promete fazer algo e não cumpre, ou que vira e mexe você descobre que falou uma mentira. Se seu parceiro mente ou se você for pego mentindo, não podem reclamar do fato de os dois terem passado a desconfiar um do outro. Afinal, foram vocês que causaram a desconfiança na relação. E, quer saber, não adianta mentir. Como já tratamos, a mentira nunca será a solução para um conflito, na verdade tão somente é o adiamento de um problema e, portanto, é a causa de problemas ainda maiores. Quem mente uma vez tem de contar várias outras mentiras para continuar convencendo o outro sobre o que disse. E a mentira pode até funcionar por um tempo, mas logo é descoberta.

A maioria das pessoas consegue perceber quando alguém não está sendo verdadeiro, mas, de qualquer forma, a verdade sempre aparece. Não é possível escondê-la. Ela tem vida e, mais cedo ou mais tarde, o tempo se encarrega de fazê-la aparecer. E, quando a verdade for revelada, quem mentiu terá de conviver com a vergonha de ter errado, bem como com a desconfiança dos outros. Assim, se você quer conquistar a confiança de alguém, seja sempre verdadeiro, e, se você se comprometer com algo, mantenha a sua palavra e cumpra o que prometeu. Essas coisas são importantes para o seu caráter e para que as pessoas continuem acreditando em você.

4. NÃO DEEM MOTIVOS PARA QUE O OUTRO SE SINTA INSEGURO

Como eu disse, quem mente e é descoberto mentindo não pode reclamar caso o outro pare de confiar nele. Afinal, quem escolhe mentir e é apanhado mostra que não tem um bom caráter e não é digno de confiança. A melhor coisa que podemos fazer para o bem do nosso relacionamento é não dar motivos para que o outro se sinta inseguro em relação a nós. É muito chato conviver com os ciúmes e a desconfiança de outra pessoa. Isso não é saudável para o relacionamento.

Por isso, se desejamos ter um relacionamento realmente feliz, precisamos fazer o que estiver ao nosso alcance para evitar que os ciúmes e a desconfiança sejam parte dele. O que quero dizer é que, se seu parceiro se mostra inseguro em relação a certas amizades suas, à liberdade que você dá a alguns amigos ou com respeito a lugares que você frequenta, é fundamental que você pense se é mais importante continuar fazendo coisas que desagradem ao outro ou manter o seu relacionamento.

Se você acredita que é o seu relacionamento, então faça o possível para que seu parceiro se sinta seguro e comece a se afastar de alguns amigos, cortando algumas liberdades que dá a eles, e pare de frequentar certos ambientes onde a pessoa com quem você se relaciona não se sente bem. Eu sei que você vai dizer que acredita que seu parceiro deveria confiar em você, independentemente das pessoas com quem você tem amizade ou dos espaços em que circula. Mas imagine como você se sentiria se estivesse no lugar dele! Pensou? Agora, é bom pensar também que, por mais legais que todas essas coisas sejam, elas fazem seu parceiro se sentir inseguro em relação a elas (não em relação a você).

Portanto, se seu relacionamento é importante e você quer mantê-lo, deveria se esforçar para gerar confiança na outra pessoa, tanto quanto gostaria de que ela se empenhasse para que você se sentisse seguro, caso estivesse no lugar dela.

5. "QUANDO VOCÊ FAZ ISSO, EU ME SINTO ASSIM..."

Outro aspecto importante para constituir a confiança no relacionamento é falar sobre o que faz vocês se sentirem inseguros e fazer acordos para que essas coisas não fiquem se repetindo. A desconfiança é um problema real, e a continuidade dela em muitos relacionamentos é fruto da ausência de diálogo e da insensibilidade de um dos indivíduos. Acontece que, se, por um lado, falta uma conversa franca olho no olho por parte de um dos parceiros para explicar quais comportamentos do outro geram desconfiança e ciúmes, por outro lado, como eu já disse, falta empatia. Afinal, basta tentar compreender o que o outro pode estar sentindo e pensando e refletir sobre o que você gostaria de que ele fizesse caso você estivesse no lugar dele. Dessa forma, acredito que é fundamental que o casal tenha uma conversa franca para explicar o que sentem e o que pode estar provocando isso, comprometendo-se a lutar pelo relacionamento e a deixar de lado aquilo que está fazendo mal para a relação. O diálogo para expressar o que sentimos, a empatia para com o outro e a renúncia para fazer por ele o que gostaríamos de que ele fizesse por nós são coisas fundamentais para o casamento. Portanto, é muito importante que o casal de namorados as pratique desde o namoro. Afinal, ao chegar no casamento, estarão muito mais afiados e prontos para colocar o bem-estar da relação acima dos próprios interesses.

ATIVIDADE DO DIA

MOTIVO DE ORAÇÃO

Ore para que Deus ajude você a ser uma pessoa confiável e a confiar na pessoa com quem se relaciona (ou em seu futuro parceiro).

NAMORADOS

Você confia em seu parceiro? Se vocês ainda não confiam um no outro, precisam conversar e encontrar uma forma de mudar isso. Não dá para ficar ao lado de alguém em quem não confiamos. Conversem e encontrem atitudes que possam ajudá-los a criar um vínculo de confiança e segurança.

SOLTEIROS

Esteja pronto para tratar deste assunto no seu futuro relacionamento e, antes de entrar em um namoro, conheça a pessoa, para saber se você pode ou não confiar nela. Não comece o namoro sem antes ter um tempo de amizade para observar e conhecer a pessoa.

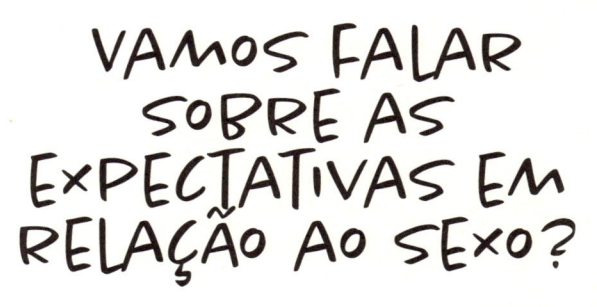

VAMOS FALAR SOBRE AS EXPECTATIVAS EM RELAÇÃO AO SEXO?

Ora, quanto às coisas que me escrevestes, bom
seria que o homem não tocasse em mulher;
mas, por causa da fornicação, cada um tenha
a sua própria mulher, e cada uma tenha o seu
próprio marido. O marido pague à mulher
a devida benevolência, e da mesma sorte a
mulher ao marido.
1 CORÍNTIOS 7.1-5

Você tem expectativas em relação a como será a vida sexual no casamento? É claro que tem! Afinal, quem não tem expectativas para a vida sexual quando se casar? E isso vale tanto para quem se guardou para o casamento quanto para quem não esperou. Acontece que, se por um lado, as pessoas que se guardaram estão um pouco ansiosas para saber como será, se vai ser bom e dar tudo certo, por outro lado, aqueles que não esperaram nutrem um tipo de medo de terem estragado os planos de Deus para sua vida sexual e, assim, não viverem o sexo ou o prazer sexual em toda a sua plenitude no casamento. Qual desses casos é o seu? Você está ansioso, com medo ou os dois? Seja lá qual for o seu caso, neste capítulo vou dar dicas importantes que podem ajudar pessoas que estão vivendo as duas experiências — esperam se casar para ter suas experiências sexuais ou não esperam e acabam "comendo biscoito antes do almoço".

O texto que lemos no início deste capítulo é uma exposição da teologia de Paulo sobre a sexualidade cristã, e nele o apóstolo estabelece alguns princípios importantes sobre o sexo. Ele diz que sexo antes do casamento é fornicação e imoralidade sexual e a única maneira lícita de alguém satisfazer seu desejo sexual, é no casamento. Mas também orienta que não fazer sexo no casamento é tão pecaminoso como fazê-lo no namoro. E, por fim, Paulo diz que os casados não devem se privar sexualmente, exceto em caso de consentimento mútuo para consagração, para que o diabo não os tente. Diante dessas palavras de Paulo, precisamos entender algumas coisas importantes a respeito do sexo e da sexualidade cristã.

1. O SEXO FOI CRIADO POR DEUS E É UMA BÊNÇÃO

Em primeiro lugar, Deus nos fez como seres sexuais para que nós pudéssemos multiplicar a imagem dele sobre a Terra. Nós fomos criados à imagem e semelhança de Deus, e, quando gerarmos uma criança, esta nascerá com a imagem de Deus também. Mas sexo não é só para procriação, como muitos acreditam. Sexo também é para o prazer do ser humano e nos foi concedido por Deus para que pudéssemos dar e receber prazer. Caso contrário, ele nos teria feito como as amebas, que não precisam de outro ser para se multiplicar. O método de reprodução das amebas é a bipartição, um tipo de reprodução assexuada em que a célula se divide, dando origem a duas células-filhas, com a mesma informação genética da célula-mãe. Graças a Deus esse nunca foi o plano dele para nossas vidas. Ele nos fez seres sexuais, encheu-nos de hormônios, de desejos e da capacidade de receber e proporcionar prazer a outra pessoa. Portanto, sexo é uma bênção, e não há nada de errado com o sexo ou com o prazer sexual. A maneira e o tempo em que o praticamos podem ser errados, mas o sexo é bom.

2. O SEXO FOI CRIADO PARA O CASAMENTO E QUEM O FAZ ANTES DE SE CASAR DEVE SE ARREPENDER

Entenda, a única forma lícita de você satisfazer seus desejos sexuais é por meio do casamento. Isso quer dizer que fazer sexo antes do casamento, masturbar-se, assistir à pornografia, tocar ou encostar as partes íntimas um no outro — com ou sem roupa —, enviar *nudes* ou fazer com que tenham prazer sexual sem estarem devidamente casados, tudo isso é pecado. Não adianta ficar com raiva de mim, e é bom que você saiba que, de acordo com a Bíblia:

> O que Deus quer de vocês é isto: que sejam completamente dedicados a ele e que fiquem livres da imoralidade. Que cada um saiba viver com a sua esposa de um modo que agrade a Deus, com todo o respeito e não com paixões sexuais baixas, como fazem os incrédulos, que não conhecem a Deus. Nesse assunto, que ninguém prejudique o seu irmão, nem desrespeite os seus

direitos! Pois, como nós já lhes dissemos e avisamos, o Senhor castigará duramente os que fazem essas coisas. Deus não nos chamou para vivermos na imoralidade, mas para sermos completamente dedicados a ele. Portanto, *quem rejeita esse ensinamento não está rejeitando um ser humano, mas a Deus* [grifo do autor], que dá a vocês o seu Espírito Santo.

1Tessalonicenses 4.3-8

Assim, se um casal ou um dos envolvidos no relacionamento viveu uma vida pecaminosa antes de se casar, a única maneira de não colher as consequências do pecado no casamento é clamando pelo perdão e pela misericórdia de Deus. Não dá para seguir em direção ao casamento sem ter um tempo de confissão, arrependimento e quebrantamento na presença de Deus. Foi bom fazer sexo antes de se casar? Foi! Ou talvez nem tenha sido tão bom assim. De qualquer forma, de acordo com a Bíblia, você fez sexo na hora errada, portanto cometeu pecado, precisa se arrepender e pedir perdão a Deus.

3. SE VOCÊ SE GUARDOU E VAI TER SUAS PRIMEIRAS EXPERIÊNCIAS NA LUA DE MEL, FIQUE CALMO

Quando se casar, não tenha medo de que as coisas não deem certo. Vai ficar tudo bem. E, ainda que alguma coisa não saia como vocês esperavam, vocês vão ter muito tempo para conhecer o corpo um do outro, se encaixar e se descobrir durante a vida de casados. O importante não é chegar preparado na lua de mel, fazer tudo cem por cento certo e ter o melhor momento de toda a vida sexual de vocês. Essa não é a ideia.

A lua de mel não é o dia de vocês praticarem o melhor sexo, e sim a hora de vocês se conhecerem, se beijarem, se tocarem e sentirem juntos toda a recompensa de terem esperado o momento certo para viverem as primeiras experiências sexuais de vocês.

Portanto, se os dois se guardaram para o casamento, é natural que estejam ansiosos pelo dia da lua de mel. Mas é preciso ir com muita calma. A ansiedade nunca faz bem, e ir com muita sede ao pote pode fazer com que vocês assustem um ao outro ou que as coisas não saiam como esperavam. Tenho certeza de que será muito, mas muito mais prazeroso ir com calma, se tocar e se beijar, do que ir com tudo direto ao ponto.

4. SE VOCÊ NÃO SE GUARDOU SEXUALMENTE E TEM MAIS EXPERIÊNCIA QUE A PESSOA COM QUEM VAI SE CASAR, VÁ COM CALMA, MUITA CALMA

Se, por um lado, aqueles que se guardaram para o casamento não devem esperar serem capazes de fazer tudo, por outro lado, as pessoas que já tiveram relações sexuais antes do casamento e possuem mais experiência, além de ir com calma, também precisam ajudar o parceiro a se acalmar. Isto é, se você tem experiência e está se casando com alguém que não tem, não siga em direção ao casamento esperando que seu parceiro faça por você o mesmo que as pessoas do mundo fizeram ou saiba como satisfazê-lo e agradá-lo.

Isso nem sempre vai acontecer nas primeiras vezes, e por isso você precisa ter calma para entender que a pessoa está começando, ela vai aprender e você pode contribuir para isso. O melhor é que os dois cheguem virgens no casamento e se descubram juntos, mas, se esse não for o caso, a experiência que alguém adquiriu na área sexual tem de servir pelo menos para que ele ajude o outro a ficar calmo e não exija da outra pessoa mais do que ela pode oferecer.

5. CONVERSEM SOBRE AS EXPECTATIVAS SEXUAIS DE VOCÊS

Entre os diferentes pilares que sustentam um relacionamento saudável, o diálogo é um dos principais. Conversar, trocar e compartilhar são pontos-chave para manter uma boa relação sem muitos atritos. E essa conversa deve incluir todos os temas que rondam a vida a dois, incluindo falar de sexo e preferências sexuais. Não dá para dizer ao seu parceiro apenas quando se casarem tudo o que espera dele na área da sexualidade. É preciso fazer isso antes, no namoro, e estabelecer acordos.

Por exemplo, já pensou o que pode acontecer se você deseja que seu parceiro faça sexo oral ou deseja fazer nele, mas não fala nada durante o namoro sobre isso e, quando vocês se casam, você descobre que ele tem nojo, ou que, de acordo com a forma como ele enxerga o sexo, sexo oral é errado? Alguém vai ficar sem algo que considera importante ou vai brigar com o parceiro toda vez que tiverem relações sexuais para tentar convencê-lo a fazer o que quer. Já imaginou? Você não quer que isso aconteça com você, não é? Portanto, se vocês estão seguindo em direção ao casamento e esperam que o outro lhe dê prazer além do sexo convencional, é muito importante que conversem sobre suas expectativas sexuais e façam isso com muita ordem, decência e temor.

6. O QUE A PORNOGRAFIA TEM FEITO AOS RELACIONAMENTOS?

A pornografia nunca esteve tão acessível — e já está muito clara a sua influência na destruição de casamentos. Poderíamos falar sobre como a pornografia, além de ser uma forma de infidelidade, gera um estilo de sexo egoísta, degrada a mulher, gera uma mente sexualmente problemática, provoca baixa autoestima, conduz à infidelidade física com outra pessoa e destrói a confiança entre o casal.

Além disso, a masturbação, acompanhada pela pornografia, pode tirar a sensibilidade do órgão genital e, acima de tudo, desagrada a Deus. Mas quero me concentrar no fato de que a pornografia tem gerado expectativas sexuais exageradas nas pessoas e, consequentemente, muita frustração entre os casais. O que quero dizer? Quer mesmo saber? Então, vamos lá! Quero dizer que talvez seu futuro marido não tenha um membro sexual do tamanho do daquele ator pornô que você vê no filme, ou sua esposa talvez não demonstre estar tão excitada como as atrizes. E ainda, no caso de ambos, pode ser — e é muito provável — que a pessoa com quem você vai se casar não tenha o mesmo apetite sexual, desenvoltura, não reproduza a mesma performance nem seja capaz de fazer tudo que é realizado nos filmes pornôs. Isso precisa ficar claro, nos filmes, há dois atores que são profissionais no que estão fazendo. Não há amor, carinho ou preocupação um com o outro e muito menos consigo mesmo. São dois personagens (alvos do amor e da misericórdia de Deus, mas se tratam como dois pedaços de carne) produzindo um filme para que idiotas (que também são alvos do amor de Deus, mas agem como idiotas) assistam ao que estão fazendo e se autogratifiquem por meio da masturbação.

E, o que é pior, se você tem o hábito de assistir a vídeos de sites que expõem a intimidade sexual de uma pessoa sem a autorização dela, você está cometendo um pecado ainda mais grave. Afinal, ali há uma pessoa, com sentimentos, que confiou em alguém e teve sua intimidade divulgada. E ela pode estar lidando com problemas seríssimos, como a depressão e o desejo de se matar — ou pode ser que tenha se matado — por ter sido exposta na internet. Já pensou que você pode estar se masturbando ao assistir a um vídeo de uma pessoa que acabou se suicidando por não saber lidar com o fato de ter tido sua vida sexual exposta?

Mas, para encerrar o assunto de modo simples, quero que você entenda que a pessoa com quem vai se casar não é um ator pornô. Sim, se você puder, diga isso: "Meu futuro marido não é um ator pornô", ou: "Minha futura esposa não é uma atriz pornô". Você não deve assistir a essas coisas para não criar expectativas de que a pessoa com quem vai se casar faça por você o que você viu lá.

7. O QUE NÃO PODE?

Voltando a tratar de sexo oral, como já mencionado, pode ser que um dos parceiros acabe tendo nojo ou não concorde com ele. Mas é importante entender que, se isso acontecer, a pessoa não quer fazer o sexo oral por uma convicção pessoal, porque ela se sente desconfortável ou acredita que não é certo. Contudo, não se pode dizer que sexo oral é pecado. Não há nenhuma evidência bíblica que aponte o sexo oral como algo pecaminoso. Na verdade, se você ler o livro de Cantares, vai perceber que Salomão passeava pelo corpo da sua amada, beijando-a e a acariciando-a. Então, fazer ou não sexo oral é parte de uma decisão pessoal. No entanto, quanto ao sexo anal, é proibido de forma clara pela Bíblia. Em Romanos 1.26-27, lemos o seguinte:

> Por causa das coisas que essas pessoas fazem, Deus as entregou a paixões vergonhosas. Pois até as mulheres trocam as relações naturais pelas que são contra a natureza. E também os homens deixam as relações naturais com as mulheres e se queimam de paixão uns pelos outros. Homens têm relações vergonhosas uns com os outros e por isso recebem em si mesmos o castigo que merecem por causa dos seus erros.

Nesse texto, Paulo está tratando das relações sexuais ilícitas e afirma que o homem e a mulher estão trocando as relações naturais pelas que não são naturais, tendo relações vergonhosas com pessoas do mesmo sexo. E, ao dizer que a relação sexual entre duas pessoas do mesmo sexo não é natural, Paulo cita que os "homens têm relações vergonhosas uns com os outros". Dessa forma, fica claro que o sexo anal é tido pela Bíblia como uma relação imoral e não natural, mesmo que aconteça entre um homem e uma mulher casados. Também não é permitido que um homem ou uma mulher casados encontrem prazer sexual de nenhuma outra forma e com nenhuma outra pessoa que não seja seu cônjuge, bem como que assistam à pornografia e a usem para aquecer a relação, ou um cônjuge se masturbe sozinho, pense sexualmente em outra pessoa ou faça sexo com alguém que não seja a sua esposa ou marido.

8. A IMPORTÂNCIA DO CONSENTIMENTO

Depois de eu ter dito tudo o que a Bíblia proíbe, devo salientar que todas as outras coisas são lícitas entre casais. A Bíblia diz para os maridos e esposas: "não vos priveis um ao outro, senão por consentimento mútuo por algum tempo..." (1Co 7.5). Esse versículo talvez estabeleça o princípio mais importante para as relações sexuais no casamento, isto é: qualquer coisa (além do que já dissemos ser proibido pela Bíblia) só deve ser praticada se existir consentimento mútuo. Os dois precisam conversar sobre o que concordam ou não em fazer e, se alguém forçar o outro a fazer o que não quer, esse, sim, cometerá um pecado que será punido pelo próprio Deus. Ninguém deve ser encorajado ou coagido a fazer algo com o que não se sinta confortável ou pense ser errado. Porém, se o marido e a esposa concordam que querem tentar algo como, por exemplo, sexo oral, posições diferentes e até mesmo roupas diferentes etc., a Bíblia não dá qualquer motivo para que não experimentem. Mas ela diz que isso só deve acontecer se os dois consentirem. Todavia, é bom deixar claro que usar objetos que imitem órgãos genitais em uma relação sexual entre cristãos casados é moralmente inaceitável e vai contra os princípios da nossa fé. Porém, não vejo problema algum em o casal usar um óleo, um estimulante sexual ou se vestir com algo especial um para o outro.

9. NÃO FAZER SEXO NO CASAMENTO É TÃO PECAMINOSO QUANTO FAZER SEXO NO NAMORO

Preste atenção nisto: Paulo diz que o marido deve cumprir o seu dever em relação à sua esposa, e a esposa deve cumprir o dever dela em relação ao marido. A palavra "dever" usada por Paulo aqui é *apodidomi*, que significa pagar uma dívida com um valor muito acima do que era devido. Como podemos compreender as palavras de Paulo? Podemos entender que, quando um homem e uma mulher se casam, eles assumem uma dívida diante de Deus de fazer sexo apenas um com o outro e de suprir as necessidades sexuais de ambos.

O sexo não pode ser usado como forma de chantagear o cônjuge ou como um tipo de disciplina ou castigo, pois assumiram diante de Deus uma dívida que deve ser paga. Dessa forma, é importante que o casal encontre uma quantidade ideal de vezes que seja bom para os dois praticarem o sexo dentro do casamento, não se privem, tentem compreender quando o outro não se sentir bem para fazer sexo, mas se esforcem para satisfazer o outro sexualmente, cumprindo o compromisso assumido diante de Deus.

10. O SEXO DEVE SER FEITO PARA A GLÓRIA DE DEUS

As Escrituras têm muito a dizer sobre sexo, pois ela tem muito a dizer sobre todas as coisas. Assim, em vez de procurar na Bíblia somente pela palavra "sexo", uma estratégia mais produtiva seria buscar pela expressão "todas as coisas", visto que o sexo é obviamente um subconjunto de todas as coisas. Se fizermos isso, veremos Paulo dizendo: "Porque dele, e por meio dele, e para ele são todas as coisas. A ele, pois, a glória eternamente. Amém!" (Rm 11.36) Também encontraremos: "Portanto, quer comais, quer bebais ou façais outra coisa qualquer, fazei tudo para a glória de Deus" (1Co 10.31). Um estudo atento desses versículos revelaria que todas as coisas — o que inclui o sexo — devem ser feitas de forma que glorifiquem a Deus. Por isso, quando os cônjuges decidem se satisfazer sexualmente no casamento, esse casal está praticando um ato para a glória de Deus. Portanto, ao fazer sexo com seu futuro marido ou com sua futura esposa, lembrem-se disso.

ATIVIDADE DO DIA

MOTIVO DE ORAÇÃO

Ore para que Deus ajude você a ter uma vida sexual abençoada no casamento.

NAMORADOS

Você e seu parceiro estão dispostos a seguir em direção ao casamento? Se a reposta é sim, vocês já conversaram sobre as expectativas sexuais para o casamento? Ainda não? Pois precisam fazer isso. Marquem um dia, numa praça ou em um lugar que iniba a tentação sexual, e falem abertamente sobre suas expectativas sexuais para o casamento — mas façam isso com ordem e decência.

SOLTEIROS

Esteja pronto para tratar deste assunto no seu futuro relacionamento, tenha uma vida em santidade e, quando começar a namorar, mantenha seu namoro puro, para que você colha a bênção de Deus na vida sexual — no casamento.

PARA TODOS

Lembre-se de que quem fez sexo antes de casar, acessou pornografia, se masturbou ou alcançou prazer sexual de qualquer outra forma deve se arrepender, pedir perdão a Deus e abandonar a prática para que o casamento não seja afetado pelas consequências do pecado.

CONVERSEM SOBRE FILHOS E SOBRE COMO CRIÁ-LOS!

Quando Raquel percebeu que não podia ter filhos, ficou com inveja da sua irmã Leia e disse ao marido: Dê-me filhos; senão, eu morro!
GÊNESIS 30.1

Pais, não tratem os seus filhos de um jeito que faça com que eles fiquem irritados. Pelo contrário, vocês devem criá-los com a disciplina e os ensinamentos cristãos.
EFÉSIOS 6.4

Temos dois textos como base deste capítulo: o primeiro trata da expectativa e o desejo frustrado de Raquel de ter filhos; e o segundo, dos princípios para criação dos filhos. Ter ou não filhos, quando tê-los, quantos filhos ter e como criá-los são assuntos que dividem opiniões. Fiz uma pesquisa por um aplicativo de mensagens e vi que 64% dos participantes estariam muito satisfeitos tendo apenas dois filhos. Mas, por outro lado, havia pessoas que queriam ter três ou mais filhos (19%);

outras desejavam ter apenas um filho (10%), e por fim, havia aqueles que não queriam ter filhos (7%). Além disso, é importante frisar que outra pesquisa que realizei no grupo indicou que 37% dessas pessoas estavam em um relacionamento. Portanto, diante dos números, fica claro que, se os casais do grupo não conversarem sobre quantos filhos desejam ter, eles terão um problema quando surgir esse assunto no casamento. E não apenas essas pessoas, mas todos que nutrem o sonho de se casar e ter filhos precisam conversar sobre isso com seus parceiros e fazer acordos, tendo assim o cuidado de não se unir a alguém que pensa muito diferente. De acordo com a Bíblia, os filhos são herança do Senhor. Por isso, para evitar que eles tragam problemas para o relacionamento, eu tenho alguns conselhos para você.

1. CONVERSEM PARA SABER SE VOCÊS QUEREM TER FILHOS, QUANTOS QUEREM TER E QUANDO PRETENDEM TER O PRIMEIRO

Para algumas pessoas, ter filhos é muito importante, a ponto de não se sentirem realizadas se não os tiverem. Esse é o meu caso. Nunca consegui imaginar minha vida sem eles. Sempre quis tê-los. E hoje, ao ter dois filhos, que são verdadeiras heranças do Senhor, não gosto nem de pensar como seria não os ter. Mas é inegável que, embora existam pessoas que, como eu, desejam muito ter filhos, também há aquelas que não têm o sonho de ser pai ou mãe. Ora, tente imaginar que duas pessoas se casaram sem falar sobre essa questão, e agora descobriram que uma quer muito ter filhos e a outra não. Consegue imaginar como será esse relacionamento? Você tem alguma dúvida de que eles vão enfrentar problemas por terem se casado sem ter conversado sobre isso no namoro? Pois tenho certeza de que uma pessoa que deseja ter filhos tanto quanto eu desejava não se sentirá bem ao lado de alguém que não quer a mesma coisa, e isso certamente causará muitos problemas entre eles, podendo resultar até mesmo no divórcio.

Outro problema muito comum que casais enfrentam quanto a essa questão é quando vão ter filhos. Em muitos casos, os dois desejam ter filhos, mas pensam em tê-los em momentos diferentes. Algumas pessoas querem se casar e logo ter filhos, mas outras pensam em curtir o casamento primeiro, passar bastante tempo junto com o parceiro, organizar-se e só depois pensar em aumentar a família. Esse é um mal menor, afinal, os dois desejam ter filhos, sendo assim só precisam entrar em um acordo sobre quando tê-los. Porém, pode ser desgastante para o casal um tentando convencer o outro a mudar de ideia. Portanto, a melhor solução será se prevenir.

O casal de namorados precisa conversar e definir quando desejam ter filhos antes de se casarem, para evitar que cheguem no casamento e se frustrem por perceber que um quer ter filhos mais cedo que o outro. Você quer ter filhos? Você e seu parceiro já falaram sobre isso? Não? Vocês devem conversar logo sobre esse assunto. Afinal, já imaginou se você se casa com alguém e descobre que essa pessoa não quer ter filhos, ou o contrário, que deseja ter doze filhos? Loucura, não é? É sim! Mas pode acontecer que um queira ter mais filhos que o outro, e, para que isso não prejudique o casamento, é muito importante que vocês conversem antes de se casar sobre se vão ter ou não filhos, quantos filhos desejam ter e quando vão ter o primeiro filho.

2. COMO SERÁ A CRIAÇÃO DOS FILHOS?

Esse assunto é muito complexo. Ninguém nasce pronto para ser pai ou mãe e, como nós já vimos, cada um de nós foi criado em culturas familiares diferentes. Tais diferenças podem fazer com que enfrentemos conflitos quando formos ensinar nossos filhos. Sendo assim, você e seu parceiro podem não ter a mesma visão a respeito de muitos aspectos. Havia uma forma de educar filhos no ambiente em que você cresceu às vezes muito diferente da dele. Desse modo, é muito importante que você pense que algo que era normal no lar de um pode não ter sido normal na casa do outro. E, se isso acontecer, o que fazer? É fundamental que vocês lembrem que não estão na família dos seus pais, mas na família de vocês. Na família que estão construindo, portanto, deve prevalecer aquilo que for o certo, independentemente do que era praticado em sua família de origem.

3. NÃO REPITA OS MESMOS ERROS DOS SEUS PAIS

É interessante que hoje sabemos exatamente em que nossos pais erraram conosco e, muitas vezes, chegamos a prometer que vamos fazer tudo diferente. Porém, sabe o que acontece quando nos casamos e temos filhos? Muitas vezes, acabamos cometendo os mesmos erros que os nossos pais. O fato é que temos a tendência de reproduzir o que vimos os outros fazerem, seja bom, seja ruim. Mas, felizmente, temos condições — até mais do que nossos pais tinham — de aprender muito sobre esse tema. Diferente dos nossos pais, temos bastantes informações e muito conteúdo sobre criação de filhos que podem nos ajudar a errar menos. Hoje em dia existem muitos artigos, vídeos, bons cursos e livros que podem nos auxiliar a acertar mais com nossos filhos. Tudo o que você precisa é ter interesse de buscar o conhecimento.

Mas é importante que você saiba que, tanto quanto seus pais, haverá momentos em que você vai errar. Ninguém nasce pronto. Seus pais não nasceram preparados, e muito do que aprenderam foi na prática. Da mesma forma, você também terá muito o que aprender. Ter ciência disso talvez o ajude a entender que grande parte — se não todos — dos erros dos seus pais foram cometidos com as melhores intenções possíveis. Eles amavam você, estavam tentando fazer algo para o que não nasceram prontos e aquela foi a forma que encontraram. Por isso, ame seus pais. Entenda-os. Perdoe-os. Aprenda a fazer o certo com eles. Mas, acima de tudo, tente não repetir os erros deles.

4. FALEM A MESMA LÍNGUA E NÃO DESAUTORIZEM UM AO OUTRO

Minha mãe e meu pai não falavam a mesma língua em relação à criação dos filhos. Quando eu era pequeno e queria fazer algo, eu pedia a minha mãe, e, se ela não deixasse, eu pedia ao meu pai. Eu sabia que um dos dois me daria permissão. Assim, eu conseguia fazer o que queria, porém isso provocava conflitos no relacionamento dos meus pais. Aqui em casa é diferente, não que meus filhos não façam isso, eles fazem! Mas eu e Michele falamos a mesma língua. Estudamos muito sobre como criar filhos, fizemos acordos, e, por isso, não temos problemas em relação à criação dos nossos filhos. Eu não revogo as ordens da Michele, e ela não revoga as minhas. E uma coisa que deixamos claro para os meninos é que se um já disse não, a resposta do outro também será não. Nós não pensamos igual sobre tudo, aliás temos muitas ideias diferentes, inclusive sobre como criar nossos filhos em alguns aspectos, mas nós nos respeitamos. E, quando percebemos que um de nós está exagerando em relação a algo, chamamos um ao outro em particular e falamos sobre isso. Tentamos convencer o outro a pegar leve, e até a revogar a disciplina. Mas nunca impedimos que o outro faça o que está decidido a fazer nem discutimos o assunto na frente das crianças. Aqui em casa também não existe o "pergunta para sua mãe" ou "pergunta para o seu pai"; nós tomamos as decisões em relação aos nossos filhos juntos. E, por isso, frequentemente sentamos e falamos: "A Isabela ou o Heitor quer fazer isso, o que você acha?". Então pensamos sobre o pedido deles, conversamos e decidimos juntos.

5. CRIEM SEUS FILHOS NO TEMOR DO SENHOR

Os pais são os representantes de Deus na vida dos filhos, e a responsabilidade deles não está em apenas preparar os filhos para esta vida, eles também precisam criá-los para serem homens e mulheres de Deus pensando na vida eterna. O lar é a primeira escola, e os pais, os primeiros professores. No Antigo Testamento Deus instruiu os pais, dizendo: "Estas palavras que hoje te ordeno estarão no teu coração; tu as inculcarás a teus filhos, e delas falarás assentado em tua casa, e andando pelo caminho, e ao deitar-te e ao levantar-te. Também as atarás como sinal na tua mão e serão por frontal entre os teus olhos. E as escreverás nos umbrais de tua casa, e nas tuas portas" (Dt 6.6-9).

Mais de mil e quinhentos anos depois de as palavras de Deuteronômio terem sido ditas, o apóstolo Paulo escreveu o segundo texto que lemos no início deste capítulo, e, nele, lemos que os pais devem criar seus filhos "com a disciplina e os ensinamentos cristãos". É bom que os pais se preocupem com a educação terrena das crianças, mas, se não zelarem pela vida espiritual dos filhos, eles os estão criando apenas para esta Terra.

Isso quer dizer que seu filho pode ser bonito, educado, bem--sucedido, admirado por todos, ter muitos diplomas, muitas viagens realizadas pelo mundo, conhecer várias culturas e falar vários idiomas, mas, se você não o tiver ensinado a temer e a amar o Senhor, todo o conhecimento dele queimará com ele no inferno. Por isso, mesmo que você ainda não tenha filhos, deve orar por eles e já os amar pela fé. Quando nascerem, ensine-os, acima de tudo, a amarem e a temerem a Deus. Vale lembrar que "o temor do Senhor é o princípio da sabedoria" (Pv 9.10). Toda sabedoria genuína começa com o *temor* a Deus. O temor ao Senhor é o *único fundamento* verdadeiro da sabedoria que *precisamos* ensinar a nossos filhos.

Portanto, criar filhos com êxito começa literalmente plantando o temor a Deus no coração deles. Mas Salomão deixa claro que é importante que o pai instrua os filhos "no" caminho e não "o" caminho, ou seja, a melhor forma de ensinarmos aos nossos filhos a amar e a temer a Deus é sendo um exemplo para eles, amando e temendo a Deus acima de todas as coisas. Sempre que leio a passagem de Provérbios 22.6, imagino a cena de um pai — e uma mãe — andando com o filho de mãos dadas no caminho, sendo um exemplo para ele, e não simplesmente apontando uma direção, dizendo o que viver e praticando outra coisa. Precisamos viver para ensinar.

ATIVIDADE DO DIA

MOTIVO DE ORAÇÃO

Ore para que seus filhos sejam bênçãos de Deus em sua vida.

NAMORADOS

Os filhos são heranças do Senhor, mas, quando um casal segue em direção ao casamento sem estabelecer acordos, pode enfrentar muitos problemas. Pensando nisso e para evitar que surjam surpresas desagradáveis em relação aos filhos, vocês devem conversar e fazer acordos sobre ter ou não ter filhos, quando ter o primeiro, quantos ter e que criação desejam dar a eles.

SOLTEIROS

Esteja pronto para tratar deste assunto no seu futuro relacionamento e não siga em direção ao casamento sem falar sobre a criação de filhos e suas expectativas em relação a ter ou não filhos, quando ter e quantos ter.

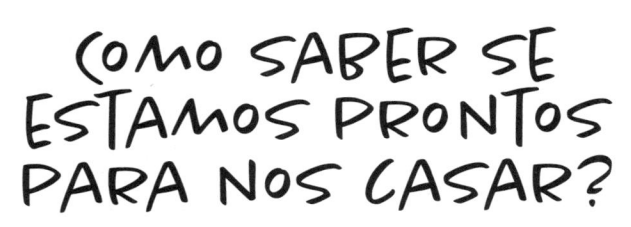

COMO SABER SE ESTAMOS PRONTOS PARA NOS CASAR?

Agir sem pensar não é bom; quem se apressa erra o caminho. A falta de juízo é o que faz a pessoa cair na desgraça; no entanto ela põe a culpa em Deus, o Senhor.

PROVÉRBIOS 19.2-3

Nesse versículo, Salomão está tratando da importância de não tomar decisões precipitadas e da necessidade de pensar e refletir antes de agir. Ele diz duas coisas essenciais: primeiro, quem se apressa erra o caminho; e segundo, quando pessoas apressadas erram, culpam a Deus pelas consequências. E não é que isso acontece? É comum encontramos pessoas que tomaram a decisão de se casar de forma precipitada, não pensaram direito e acabaram errando. O interessante é que, em vez de essas pessoas reconhecerem a falha delas, culpam tudo e todos que estão a sua volta, até mesmo Deus. Se observarmos quantos divórcios acontecem e quantas pessoas alegam ter decidido se separar por ter chegado à conclusão de que erraram ao se casar ou não escolheram a pessoa certa, veremos que agir movido pela pressa e sem refletir sobre a questão é um grande erro.

Por outro lado, Salomão afirma, em outro texto, que a procrastinação também é um erro: "O preguiçoso fica em casa e diz: 'Se eu sair, o leão me pega'" (Pv 26.13). O termo "preguiçoso" empregado aqui por Salomão refere-se a alguém que sabe que tem de tomar uma decisão, mas a adia por medo. E não é isso o que acontece em muitos relacionamentos? É, sim! E o mais interessante é que, na maioria das vezes, um casal é composto por um apressado e um acomodado. Um quer muito se casar, porém, o outro não se sente pronto. E, quando isso ocorre, o que fazer? Acredito que não é prudente agir de acordo com nossos sentimentos, eles são enganosos. Assim, tanto quanto uma pessoa pode errar por se precipitar e se casar, outra pode falhar por protelar demais a decisão de fazê-lo. Afinal, se o apressado erra o caminho, o acomodado nem sai do lugar. Portanto, quando isso acontece e o casal tem dúvidas sobre se deve ou não casar, penso que é necessário buscar instrução e conselho de alguém preparado para descobrir se o problema é a ansiedade de um ou a acomodação do outro. Dessa forma, podem saber se estão prontos para se casar ou se estão agindo movidos por impulso e realmente precisam esperar um pouco mais.

Muitos casais de namorados já estão juntos há algum tempo e com frequência surge a dúvida: será que já não está na hora de a gente se casar? Você convive com essa dúvida e quer saber quais são os sinais de que vocês estão prontos ou não para se casar? Se esse for o seu caso e da pessoa com quem você se relaciona, este capítulo é para vocês. Quero apresentar cinco sinais que demonstram se vocês estão prontos para o "sim".

1. QUEREMOS FICAR JUNTOS ATÉ QUE A MORTE NOS SEPARE?

Vocês devem tomar a decisão de se casar quando estiverem decididos a ficar juntos até que a morte os separe. Preste atenção, eu disse: ficar juntos até que a morte os separe! Isso é muito tempo. Talvez você não tenha entendido quanto tempo pode ser o "até que a morte nos separe", por isso permita-me explicar como isso pode representar bastante tempo: estudos apontam que a maioria das pessoas se casam por volta dos 25 anos, e a expectativa de vida do brasileiro é de aproximadamente 75 anos. Isso quer dizer que, se o casamento é para a vida toda e alguém se casa aos 25 anos, se essa pessoa viver mais de setenta anos, terá passado duas vezes mais tempo casada do que solteira.

Minha avó e meu avô se casaram quando ele tinha 18 anos, e ela, 13, e eles ficaram juntos "até que a morte os separou", quando completaram 64 anos de casados. Minha avó viveu quase cinco vezes mais tempo ao lado do meu avô do que ela viveu solteira. Portanto, "até que a morte nos separe" é muito tempo e, por isso, o casamento não pode ser um passo no escuro para ver no que vai dar; casamento tem de ser uma decisão consciente.

Como disse o mestre Yoda: "Faça ou não faça, a tentativa não existe". E, quanto ao casamento, não existe mesmo! Não podemos entrar nessa de "tentar para ver no que vai dar", é preciso estar disposto a fazer tudo o que for possível para dar certo. E, para que isso aconteça, é importante que duas pessoas só tomem a decisão de se casar quando tiverem certeza de que conhecem suficientemente bem uma à outra, as qualidades e os defeitos, e, com base nesse conhecimento, estiverem convictas de que querem ficar uma do lado da outra até o fim de suas vidas. Mas não romantize essa ideia de "até que a morte os separe". Seja racional. Lembre-se de que isso pode durar muito tempo. Portanto, só decida se casar quando tiver certeza de que conhece seu parceiro e que quer passar todos os dias da sua vida ao lado dele.

2. TEMOS CONDIÇÕES DE SUSTENTAR UM CASAMENTO?

Vocês devem tomar a decisão de se casar quando possuírem condições de sustentar o relacionamento. Mas o que é ter condições para sustentar um relacionamento? É poder suprir as necessidades básicas da vida a dois, que podem ser: mobiliar uma casa com aquilo que vocês acreditam ser importante para começar; conseguir pagar um aluguel; fazer a compra do mês; pagar as contas de água, de luz e do gás; ter uma reserva para uma emergência, e ainda sobrar um dinheiro para tomar um sorvete nos fins de semana. Muitas pessoas dizem que só vão se casar quando tiverem sua casa, seu carro e possuírem estabilidade financeira. Tudo bem, é uma decisão pessoal delas, e elas têm o direito de pensar assim. Mas eu acredito que é possível se casar com alguém tendo o mínimo, assim os dois podem lutar juntos para prosperar e alcançar o que desejam. E, para falar a verdade, é isso que faz a vida valer a pena.

Eu e Michele conquistamos tudo juntos, nada do que tínhamos no início do casamento e nada do que temos em nossa casa foi ganho. Tudo foi adquirido à custa de suor e muito esforço da nossa parte. E hoje, quando olhamos e percebemos que as coisas estão começando a ficar do jeito que desejamos, ficamos felizes e podemos dizer: "Conquistamos tudo isso com a ajuda de Deus e com o apoio um do outro". Já falei e repito: não dá para se casar sem ter o mínimo de condições e sem ter os recursos necessários para arcar com as despesas de um lar. Ninguém vive de amor, e contas são pagas com dinheiro. Não dá para ir ao mercado, colocar a compra no carrinho e depois fazer coraçãozinho para o caixa do estabelecimento. Não vai rolar, ele vai querer receber o pagamento por sua compra, em dinheiro.

E, nesse sentido, não posso deixar de falar que acho muito errado quem faz "vaquinha" na internet para se casar, e acredito que só um irresponsável contribui para algo assim. Eu não ajudo! Penso que, se isso acontece, está claro que o casal não está pronto e, portanto, quem ajuda está atrapalhando. Afinal, o dinheiro da vaquinha até pode dar para eles se casarem e viverem um ou dois meses, mas e depois? Eles terão de fazer outra vaquinha? Você vai ajudar novamente? Duvido que você esteja disposto a bancar o casamento de outra pessoa. Portanto, acredito que você não vai contribuir na nova vaquinha, e agora o casal que você ajudou a se casar sem que estivesse preparado terá de lidar com problemas que, talvez, não enfrentassem se tivessem esperado um pouco mais. Por isso, acredito que duas pessoas só devem se casar quando tiverem certeza de que possuem condições financeiras de arcar pelo menos com o mínimo necessário para que vivam juntas.

3. JÁ COMEMOS UM SAQUINHO DE SAL?

Vocês devem tomar a decisão de se casar depois que tiverem comido um saquinho de sal juntos. Já ouviu essa expressão? Os antigos falavam assim: "Você só conhece uma pessoa depois que come um saquinho de sal com ela". Sabe o que isso quer dizer? Você tem ideia de quanto tempo dura um pacote de sal na vida de um casal recém-casado? Pode levar mais de um ano para acabar com um quilo de sal no casamento. Sério, um saquinho de sal foi suficiente para mais de um ano quando me casei com Michele. Portanto, comer um saquinho de sal com outra pessoa diz respeito a estar tempo o bastante ao lado dela para conhecê-la e, desse modo, saber como ela age e reage nos momentos difíceis da vida.

Assim, podemos entender que, quando os antigos dizem que só conhecemos uma pessoa quando comemos um saquinho de sal ao lado dela, eles estão nos ensinando que leva tempo para conhecer alguém de verdade, sendo necessário passar por dias difíceis um ao lado do outro e superá-los juntos. É ter tempo suficiente ao lado de alguém para saber quem ele é e, ainda assim, estar decidido a se casar com ele.

4. JÁ MATAMOS NOSSO EGO?

Vocês devem tomar a decisão de se casar quando forem capazes de matar o ego de vocês e estiverem dispostos a servir um ao outro. A ordenança bíblica é para que nós sejamos servos um do outro. E isso se aplica ao casamento. Com frequência vemos na Bíblia Jesus dizendo que devemos servir um ao outro, e não apenas dizendo, mas também dando o exemplo. No tempo de Jesus, quando as pessoas chegavam em casa, lavavam os pés, porque muitos andavam descalços ou de sandálias em lugares empoeirados e sujos. E era comum quando recebiam convidados em uma casa que a pessoa de posição mais baixa daquele lar, isto é, o servo ou o servo do servo, lavasse os pés dos visitantes.

Normalmente, lavar os pés era o trabalho dos escravos ou da última pessoa que chegasse ao ambiente. Mas houve um momento na vida de Jesus quando, ao que parece, ao chegarem numa casa, ninguém queria lavar os pés uns dos outros. Então, o Senhor Jesus Cristo, que qualquer um de nós deveria estar contente pelo simples fato de se achar digno de lhe lavar os pés, mesmo sendo a pessoa mais importante daquele lugar e não tendo a obrigação de lavar os pés de ninguém, fez o trabalho que precisava ser feito e ninguém queria fazer. Jesus lavou os pés dos discípulos e, em seguida, disse: "Se eu, o Senhor e o Mestre, lavei os pés de vocês, então vocês devem lavar os pés uns dos outros. Pois eu dei o exemplo para que vocês façam o que eu fiz" (Jo 13.14-15).

O exemplo de Jesus é suficiente para que entendamos nosso chamado ao serviço, mas Paulo é bem mais direto quanto ao chamado de Deus para que maridos e esposas sirvam um ao outro. Em Efésios 5.21, quando trata dos deveres dos cônjuges no lar, ele diz: "sujeitando-vos uns aos outros no temor de Cristo". Essas palavras de Paulo deixam claro que os maridos devem servir suas esposas, e as esposas, seus maridos, como se estivessem servindo ao Senhor. Isso quer dizer que você não deve retribuir ao outro agindo da forma que ele merece, e sim fazer para ele o que você faria para o próprio Deus.

5. OS DESEJOS SEXUAIS ESTÃO AUMENTANDO?

Vocês devem tomar a decisão de se casar quando já tiverem feito tudo o que eu disse antes e o negócio estiver "pegando fogo" para vocês. Mas entenda que o casamento não é a legalização do sexo. E eu posso até ser mal interpretado, mas prefiro correr o risco e dizer que, se alguém deseja se casar só para fazer sexo, é melhor que procure uma pessoa que queira tanto fazer sexo quanto ele e façam sexo, mas não se case. Para que duas pessoas se casem, existe todo um processo antes, e é importante que tenham em mente que tomar essa decisão envolve ter um casamento e formar uma família para glória de Deus. Porém, depois de terem passado por todo esse processo mencionado até aqui, se os desejos sexuais estiverem mais intensos, também são um forte indício de que essas pessoas devem se casar. Paulo disse: "se vocês não podem dominar o desejo sexual, então casem, pois é melhor casar do que ficar queimando de desejo" (1Co 7.9). Portanto, de acordo com Paulo, quando o casal percebe que seus desejos sexuais estão cada vez mais difíceis de ser controlados — e já possui condições mínimas de se casar —, é melhor prosseguir com o casamento e, assim, satisfazer os desejos que possuem um em relação ao outro debaixo da bênção de Deus.

ATIVIDADE DO DIA

MOTIVO DE ORAÇÃO

Ore para que Deus lhe mostre quando você estiver pronto para se casar.

NAMORADOS

Conversem com base em tudo o que aprenderam até aqui e descubram se vocês estão ou não prontos para se casar. Se a resposta for: "Sim, estamos prontos" e vocês possuem condições, que tal marcar a data? Mas, se a resposta for: "Não! Ainda precisamos organizar algumas coisas", comecem a se preparar e a se organizar para que o casamento seja uma realidade breve em sua vida.

SOLTEIROS

Esteja pronto para tratar deste assunto no seu futuro relacionamento. Pense no que foi dito em todo o livro até aqui e descubra o que você precisa buscar para que, quando encontrar alguém, esteja resolvido e pronto para seguir em direção ao casamento. Após descobrir as respostas, esteja pronto para quando encontrar a pessoa com que vai se casar e passar a vida toda.

ZEREM A CONTA!

Ninguém põe vinho novo em odres velhos. Se alguém fizer isso, os odres rebentam, o vinho se perde, e os odres ficam estragados. Pelo contrário, o vinho novo é posto em odres novos, e assim não se perdem nem os odres nem o vinho.

MATEUS 9.17

Nesse texto, Jesus está falando sobre algo muito importante para quem deseja viver as coisas novas de Deus: a renovação. O vinho novo representa as coisas grandes e novas que Deus tem para todas as áreas da nossa vida, o que inclui a área sentimental. E o odre simboliza nossa vida. Em outras palavras, Jesus está dizendo que, para que possamos receber e manter o novo de Deus para nossa vida, precisamos experimentar uma renovação e deixar as coisas velhas no passado. Caso contrário, poderemos até vivenciar coisas novas, mas, como aconteceu aos odres que estavam envelhecidos e se rasgaram, nós também não seremos capazes se mantê-las e, consequentemente, as perderemos.

É isso o que acontece com muitas pessoas que não fecham o ciclo de solteiro corretamente. Elas até começam um relacionamento, mas, por estarem presas às pendências do passado, não se sentem felizes, colocam sua relação em risco e até mesmo não conseguem mantê-la por muito tempo. Isso se aplica aos casais de namorados e noivos que, por não encerrarem o ciclo do tempo de namoro e noivado de forma correta, levam questões não resolvidas desse período para a vida de casados, e, quando essas pendências se somam aos problemas comuns do casamento, o relacionamento entra em crise e o compromisso assumido entre eles fica ameaçado. Para que isso não aconteça, quero tratar sobre a importância de zerar a conta da vida de solteiro, do namoro e do noivado, antes de seguir em direção ao casamento, visto que não é prudente levar pendências.

1. DÊ TCHAU PARA O TEMPO DE SOLTEIRO

Qualquer pessoa que ainda não está casada é solteira, e isso quer dizer que tanto aqueles que namoram quanto os que estão noivos são legalmente solteiros. Antes de se casar, temos liberdade de viver e agir como solteiros, mesmo aqueles que namoram e assumiram o compromisso de dedicar tempo ao outro. Afinal, após ter deixado seu parceiro em casa ou depois de ter se despedido dele, a pessoa volta para casa, para sua família, seus amigos, seus hobbies, seu tempo de ócio, podendo estar sozinho e fazer o que quiser da vida. Isso demonstra a liberdade que um solteiro possui, mesmo que esteja em um relacionamento com outra pessoa. Porém, depois de casados, essa liberdade diminui muito.

Depois de casados, você não volta mais para a casa dos seus pais e para suas coisas, após ter ficado um tempo com a pessoa; agora, você está em casa. Você também não pode se encontrar com o outro apenas quando quiser ou for possível; agora vocês moram juntos. E você também não poderá agir como bem entender, na hora que sentir vontade e com quem quiser, sem ter de prestar contas à outra pessoa do que fez — casar e dar satisfação ao cônjuge são coisas indissociáveis. Portanto, a decisão de se casar deve ser tomada de forma consciente, entendendo que, após casados, estamos abrindo mão, em certa medida, de parte da liberdade que possuíamos enquanto éramos solteiros, pois algumas condutas não combinam com o compromisso do casamento.

Como já tratamos em capítulos anteriores, para o bem do casamento, é importante que cada cônjuge tenha um dia para fazer algo para si, o que inclui um esporte, atividade e tempo com os amigos. Mas é fundamental que tenhamos em mente que o tempo para nós mesmos diminui significativamente após o casamento. E não poderia ser diferente, afinal, as coisas de solteiro devem ficar para trás, e agora é mais importante o "nós" do que o "eu". Desse modo, seguir em direção ao casamento é fazer um compromisso radical com alguém, e nesse contexto eu não posso agir como se fosse solteiro. Não posso ignorar o fato de que agora tenho, sim, de prestar contas a alguém e preciso colocar essa pessoa acima de todas as outras — abaixo apenas de Deus.

2. VOCÊ TEM ALGO A DIZER AO SEU PARCEIRO?

Surpresas boas podem até ser bem-vindas, mas precisamos evitar as surpresas desagradáveis. Claro que não podemos ignorar o fato de que a vida é cheia de imprevistos, nem sempre as coisas saem como esperamos, porém devemos evitar a todo custo qualquer situação que possa gerar algum transtorno. Casamento não é lugar de surpresas desagradáveis e muito menos de ser surpreendido por algo que poderia ter sido revelado no namoro.

Conheço alguém que se casou e tinha um casamento muito legal, até que um dia uma mulher apareceu na porta de sua casa com uma menina, afirmando que a criança era filha dele. Ele traiu a esposa? Não! Ele traiu a namorada! O homem não confessou a traição no namoro, pensou que conseguiria manter o que fez escondido, mas, como eu já disse, a verdade tem vida e sempre aparece. Se a verdade tivesse sido revelada durante o namoro, provavelmente teria levado ao fim da relação. Mas ele decidiu esconder, pagar para ver, não contou o erro que havia cometido, e o resultado do que ele fez bateu a sua porta, fazendo com que a casa e o casamento dele viessem abaixo.

A mentira não resolveu o problema. Ela só adiou o problema e, quando ele veio à tona, teve um impacto muito maior. Consequentemente, havia muito mais coisas que o namoro para destruir: ele perdeu a esposa, a presença do filho e tudo o que eles tinham construído juntos. O casamento deles, que tinha tudo para ser muito feliz, não resistiu a essa "surpresinha" nada agradável. E esse é só um exemplo de como é muito importante revelar ao parceiro qualquer coisa que acreditamos que ele precise saber antes de seguirmos em direção ao casamento.

3. PERDOE E PEÇA PERDÃO

Isto é zerar a conta das ofensas do namoro e do noivado para começar o casamento livre de pesos desnecessários: perdoar e pedir perdão. Não dá para levar a falta de perdão por erros do namoro e do noivado para o casamento. Alguém que se casa e não consegue perdoar é como se dormisse e acordasse com a pessoa que mais ama, mas, por causa de algo que aconteceu, também é a pessoa que mais lhe causa dor. Além disso, quem não perdoa pode ser tentado a se vingar quando surgir uma oportunidade e colocar o casamento em risco, ou pode acabar desistindo dele por não conseguir se livrar da dor do passado. Outro problema comum da falta de perdão é o famoso "desenterrar defuntos".

Você já ouviu falar sobre desenterrar defuntos? Isso significa citar problemas antigos toda vez que o casal discute. A discussão é sobre outra coisa, mas a pessoa que não perdoa insiste em trazer conflitos antigos e acusar o parceiro por causa deles. Não dá para permitir que isso aconteça no casamento. É preciso que toda ofensa do namoro e do noivado seja tratada, perdoada e curada, para que não reapareça no casamento. Devemos sepultar o passado, e isso só é possível quando perdoamos e somos perdoados. Não se case sem passar o passado a limpo.

4. RESOLVA OS PROBLEMAS

Casamento é muito bom, mas qualquer pessoa que lhe diga que casamento não tem problemas está mentindo para você. Casamento tem problemas, sim! E, por causa dos atritos que são próprios do matrimônio e da adaptação de duas pessoas, não dá para levar conflitos do namoro para a vida de casado. Problemas do namoro devem ser tratados no namoro. Por isso, antes de assumir o compromisso do casamento, o casal precisa sentar e resolver todas as dificuldades com as quais possam estar lidando. Os momentos que antecedem o casamento são tempos de cortar o mal pela raiz. É hora de olhar um no olho do outro e dizer: "Já deu, a gente precisa resolver essas coisas, e só seguimos em direção ao casamento depois de fechar o ciclo do namoro e do noivado". Fechar ciclos e sepultar o passado são as melhores formas de desfrutar de um futuro feliz e, talvez, até sejam as únicas maneiras.

5. ARREPENDAM-SE DOS PECADOS QUE VOCÊS COMETERAM

Muitos casamentos estão sendo destruídos por causa de sementes podres plantadas no namoro. O namoro é o tempo de semear o que vamos colher no casamento. Por isso, quem semeou o pecado precisa jogar o *Roundup* (produto usado para controlar o crescimento de plantas daninhas) do arrependimento nessa plantação para evitar ter de colher os frutos negativos do pecado no casamento. Você pecou no tempo de solteiro? Viveu muitos relacionamentos e teve uma vida sexual em pecado? Sente que esses pecados fizeram com que você estivesse ligado às pessoas do passado? Entende o que a Palavra diz sobre o pecado e suas consequências? Não quer ter de colher os resultados dos erros da vida de solteiro no casamento? Então, coloque seu joelho no chão, confesse suas transgressões e peça perdão a Deus! Você e seu parceiro pecaram no namoro? Sabiam o que a Bíblia diz sobre santidade, mas acabaram não conseguindo segurar os desejos? Coloquem os joelhos no chão juntos, orem, confessem seus pecados e implorem o perdão a Deus. A Bíblia diz que o salário do pecado é a morte, portanto não sigam em direção ao casamento sem admitir os erros cometidos e se consertar, eles podem matar o seu relacionamento. Confessem seus pecados a Deus, arrependam-se, mudem suas atitudes, peçam que o Senhor tenha misericórdia, apague toda maldade e os livre das consequências dos pecados cometidos antes do casamento. Zerem a conta e sigam em direção ao casamento sem pendências.

MOTIVO DE ORAÇÃO

Ore pedindo a Deus sabedoria para encerrar o ciclo do tempo de solteiro, do namoro e do noivado, para que seu casamento seja feliz.

NAMORADOS

Não dá para levar pendências do tempo de solteiro, do namoro e do noivado para o casamento. Precisamos encerrar o ciclo de solteiro, resolver questões emocionais, perdoar nosso parceiro, pedir perdão, tratar problemas e pedir perdão a Deus por nossos pecados. Portanto, façam isso, zerem a conta e sigam em direção ao casamento livres de pendências.

SOLTEIROS

Esteja pronto para tratar deste assunto no seu futuro relacionamento e seja um solteiro feliz, mas tome muito cuidado com o que você semeia na sua vida de solteiro, pois tudo o que plantamos vai gerar frutos.

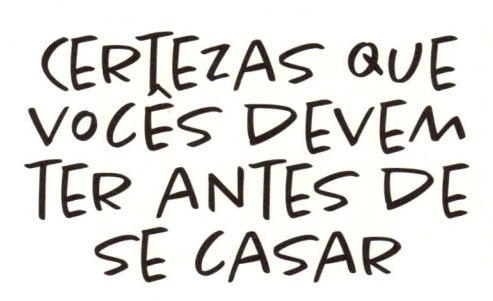

CERTEZAS QUE VOCÊS DEVEM TER ANTES DE SE CASAR

Que o casamento seja respeitado por todos,
e que os maridos e as esposas sejam fiéis um
ao outro. Deus julgará os imorais e os que
cometem adultério.

HEBREUS 13.4

Nesse versículo Paulo está declarando a importância do casamento diante de Deus. Ele diz que o casamento deve ser respeitado por todos, pois Deus vai julgar aqueles que pecarem contra o casamento e contra seus cônjuges. Nós, cristãos, afirmamos que o casamento é um projeto de Deus, mas nem sempre encaramos o matrimônio com a devida seriedade que ele exige. Como posso dizer isso? Basta ver que muitas pessoas se casam sem se preparar para ter um casamento que dure o tempo estabelecido por Deus, isto é, "até que a morte os separe".

E a quantidade de divórcios que vêm acontecendo entre cristãos também demonstra, de maneira clara, que aqueles que deveriam tratar o casamento com responsabilidade, por enxergá-lo como um projeto de Deus, também não têm o compromisso que se espera de uma pessoa que faz uma promessa tão séria diante do Senhor.

Não podemos permitir que o mundo nos veja como pessoas que não dão a devida importância ao casamento e, para que isso não aconteça, precisamos investir demasiadamente no preparo para o casamento, a fim de que, ao assumir esse compromisso, sejamos capazes de levá-lo até o fim.

Para evitar que o sonho do casamento se transforme no pesadelo do divórcio, é necessário que você entenda que a decisão de seguir em direção ao casamento é muito séria, de tal forma que, após entregar sua vida a Jesus Cristo, a escolha da pessoa com quem você vai se casar é a mais importante da sua vida. E, como já vimos, passar a vida toda ao lado de alguém é muito tempo. Não dá para se casar estando com dúvida. Nesse sentido, quero tratar neste capítulo sobre cinco certezas que você deve ter antes de se casar.

1. TENHA CERTEZA DE QUE ESSA É A PESSOA CERTA PARA VOCÊ SE CASAR!

É importante lembrar que, como já abordamos, não existe uma pessoa certa do tipo que vai se encaixar de forma perfeita ou fácil na nossa vida. Para que um relacionamento seja bom e o casal se encaixe, são necessários tempo e esforço. A união entre duas pessoas é como a de um parafuso e uma porca: na primeira vez que vamos unir essas peças, é preciso certo esforço para que elas se ajustem. E não é diferente em relação ao casamento. Na verdade, no início, um vai encostando no outro, causando um atrito aqui e outro ali, até que o casal consiga se encaixar perfeitamente. Portanto, a ideia de pessoa certa tem a ver com encontrar alguém com quem somos capazes de conviver apesar dos defeitos. Você conhece os defeitos do seu parceiro, não é mesmo? E você tem certeza de que quer se casar com essa pessoa, apesar dos defeitos dela? Sim? Não? Ficou em dúvida? Busque a resposta para essa pergunta e não siga em direção ao casamento sem estar certo de que quer se casar e passar a vida toda ao lado da pessoa com quem se relaciona.

2. TENHA CERTEZA DE QUE ESTA É A HORA CERTA E DE QUE VOCÊ ESTÁ PREPARADO PARA ESTE COMPROMISSO

Se você ou a outra pessoa sente que ainda não estão preparados e precisam de mais de tempo, aconselho que esperem um pouco mais, tratem o que está causando dúvida e só depois assumam o compromisso do casamento. Não fique pressionando o outro para se casar. Deixe que a pessoa com quem você se relaciona chegue, no tempo dela, à conclusão de que está pronta, é a hora certa e quer passar a vida toda ao seu lado. Dar um passo tão importante quanto o casamento não pode ser decidido na dúvida, por pressão ou por medo.

Pessoas que pressionam o parceiro para casar quando este precisa de mais tempo correm o risco de, quando enfrentarem momentos difíceis no casamento, o outro dizer: "Está vendo, eu disse que não estava pronto e você me pressionou, a culpa é sua". Entende por que é importante que os dois se sintam preparados? Além disso, ninguém nasceu para ser o risco ou a dúvida de outra pessoa. Portanto, não se submeta a isso! Também não faça isso com outra pessoa! E só se case quando você e o seu parceiro estiverem prontos e decididos.

3. TENHA CERTEZA DE QUE VOCÊ QUER FICAR AO LADO DESSA PESSOA ATÉ QUE A MORTE OS SEPARE

Você entraria em um táxi em que o motorista lhe dissesse que só tem gasolina para a metade do caminho? É óbvio que não. Certamente, você escolheria outro táxi, até porque o objetivo não é entrar no veículo, mas, sim, chegar ao seu destino. Da mesma forma, o mais importante não é se casar, é se manter casado.

Já comentei anteriormente que você só deve se casar quando tiver certeza de que está pronto e encontrou a pessoa certa, mas preciso insistir em dizer também que você só deve se casar quando estiver convicto de que deseja passar a vida toda ao lado da pessoa que escolheu. E acredito que isso é importante, porque é possível que uma pessoa esteja certa de que quer se casar com alguém, mas ainda não tem certeza de que deseja passar a vida toda ao lado dele.

Como vimos até aqui, o compromisso do casamento não pode ser um risco, para ver no que vai dar. É necessário que você que deseja se casar esteja ciente de que casamento implica fazer o compromisso de passar a vida toda ao lado daquela pessoa. Assim, se você quer muito se casar, mas sente que não vai conseguir sustentar a decisão até o fim de conviver com a pessoa com quem se relaciona "até que a morte os separe", ou, se percebe que essa pessoa demonstra não ter gasolina para chegar ao fim da estrada ao seu lado — isto é, se você percebe que ela não está tão certa de que você é a pessoa para a vida dela —, melhor não seguir em frente. Alguém vai ficar na estrada, e, por experiência própria, a gasolina sempre acaba em lugares muito ruins.

4. TENHAM CERTEZA DE QUE VOCÊS TÊM CONDIÇÕES DE SUSTENTAR O CASAMENTO POR TODA A VIDA

O sustento financeiro é fundamental. Como já vimos, amor não paga as contas e, portanto, não dá para pagar as compras fazendo coraçãozinho com as mãos para o caixa do mercado, ele vai querer receber em dinheiro. Não aconselho ninguém a se casar sem antes estar certo de que pode sustentar sua casa financeiramente. Porém, quando digo sustentar, estou falando em todos os aspectos, financeiro, emocional, sexual e espiritual. Essas quatro áreas são muito importantes! E, antes de se casar, você precisa ter certeza de que dá conta. Afinal, casar não é só assumir a responsabilidade de suprir as necessidades financeiras de uma casa, mas também de sustentar uma pessoa emocional, sexual e espiritualmente. Você está certo de que pode fazer isso?

5. TENHA CERTEZA DE QUE VOCÊ ESTÁ SE CASANDO PELAS MOTIVAÇÕES CORRETAS

Por que você quer se casar? Sério! Não se finja de bobo. Não desvie o assunto. E me responda! Por que você quer se casar? Se você estivesse diante de mim, eu estivesse olhando nos seus olhos e lhe fizesse essa pergunta, qual seria sua resposta? Não, você não tem tempo para pensar, precisa dizer a primeira coisa que vem à sua mente. Diga-me: por que você quer se casar?

As pessoas se casam por diversas razões, como, por exemplo: para poder fazer sexo, fugir de problemas da casa dos pais, ser feliz, porque todos seus amigos estão se casando, porque estão envelhecendo, por medo de ficar sozinhas, ou por simples conveniência. Tudo isso pode fazer parte do casamento, pode ser suprido por ele e até pode ser parte da decisão de se casar, mas não deve ser o único ou o maior incentivo. Você deve se casar com a motivação de glorificar a Deus, porque ama o seu parceiro e quer fazê-lo feliz, deseja ser inspiração para outras pessoas e sonha em construir uma família. Se essas não são as motivações mais importantes, você deseja se casar e começar as coisas pelos motivos errados, e isso pode não terminar bem. Por isso, creio que todo namorado, namorada, noivo ou noiva devem olhar um nos olhos do outro e perguntar: "Por que você quer se casar comigo?".

Ao ouvir seu parceiro falando sobre a motivação dele em se casar com você, você pode descobrir se suas motivações estão certas ou vocês estão se casando por razões muito diferentes. Assim, vocês podem mudar suas motivações para que estejam corretas e alinhá-las para que o casamento tenha o mesmo significado para os dois, isto é, para que se casem pelas mesmas razões ou pelo menos o mais parecidas possível.

MOTIVO DE ORAÇÃO

Ore para que essas certezas estejam presentes em seu relacionamento quando você for tomar a decisão de se casar e peça a Deus que seu futuro casamento seja edificado com as motivações corretas.

NAMORADOS

Não dá para seguir em direção ao casamento com dúvidas ou ao lado de alguém que parece ainda não estar certo sobre se deve ou não se casar conosco. Por esse motivo, é muito importante que você e a pessoa com quem você se relaciona possuam cada uma das certezas que descrevemos neste capítulo.

SOLTEIROS

Esteja pronto para tratar deste assunto no seu futuro relacionamento e faça o compromisso consigo mesmo de nunca aceitar ser a dúvida de ninguém.

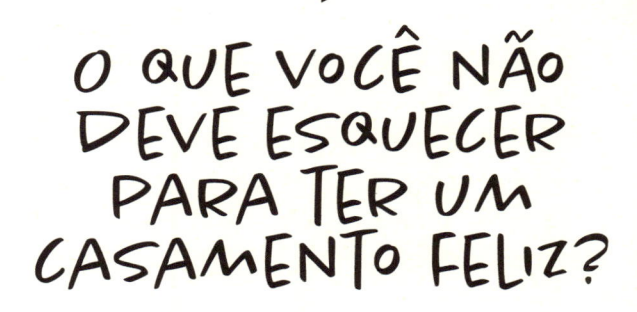

O QUE VOCÊ NÃO DEVE ESQUECER PARA TER UM CASAMENTO FELIZ?

Procure obter sabedoria e entendimento; não se esqueça das minhas palavras nem delas se afaste.

PROVÉRBIOS 4.5

Que bom que você chegou até aqui. Passamos tanto tempo juntos e até nos tornamos um pouco íntimos um do outro, não é? Bom, depois de todo esse tempo de relacionamento entre nós, sinto que tenho liberdade para lhe dar alguns conselhos, mas não são quaisquer conselhos, vou aconselhá-lo da forma que eu pretendo fazer com a minha filha, Isabela, e o meu filho, Heitor, quando Deus os honrar com um relacionamento.

Portanto, neste capítulo, minhas palavras são as mesmas de Salomão: "Não se esqueça de tudo o que falei com você e pratique essas coisas". Porém, além de pedir que você sempre se lembre de tudo o que aprendemos ao longo de todo este livro, também quero destacar cinco coisas que você nunca deve esquecer.

1. NÃO ESQUEÇA JESUS

A Bíblia conta em João, no capítulo 2, sobre um casal que convidou Jesus para sua festa de casamento. O texto é claro ao dizer que Jesus e seus discípulos só estavam ali porque haviam sido convidados. Em um determinado momento da festa, o vinho acabou, e a felicidade daquele casal estava prestes a ser interrompida pela vergonha de não ter suprimento suficiente para servir os convidados. Felizmente, Jesus estava ali, e a sua presença mudou a realidade daquele casal.

Porém, há outro momento em que Bíblia também conta que Jesus foi esquecido. Não estou falando de alguém que simbolicamente esqueceu Jesus durante sua vida e viveu distante dele. Estou me referindo a pessoas que, literalmente, esqueceram Jesus e o deixaram para trás. Consegue imaginar isso? Difícil, não é? E se eu lhe dissesse que foram os próprios pais dele que o esqueceram? Sim, José e Maria! Eu sei, é difícil de acreditar, e, se você não conhece essa história, deve estar pensando que eu sou louco. Porém, isso aconteceu na realidade, e a Bíblia conta esse episódio.

Quando Jesus tinha doze anos, seus pais, José e Maria, o levaram ao Templo em Jerusalém para celebrar a Páscoa. Ao fim da festa, os pais de Jesus voltaram para casa, esquecendo-se dele em Jerusalém. Veja o texto bíblico que narra este acontecimento: "Terminada a celebração, partiram de volta para Nazaré, mas Jesus ficou para trás, em Jerusalém, sem que seus pais notassem sua falta" (Lc 2.41-43).

Parece absurdo isso?

Pode ser que sim!

Mas quantas pessoas acabam se esquecendo de Jesus após a festa? Sim, quantos não investem suas vidas a servir Jesus apenas até o casamento, mas, logo que se casam, se esquecem dele? Muitas pessoas agem assim. Todavia, isso não deveria acontecer! Afinal, precisamos convidar Jesus para fazer parte dos nossos planos, mas devemos cuidar para não nos afastar dele quando nossos projetos derem certos.

A verdade é que pode nos faltar tudo, só não pode faltar Jesus. Sem ele, você e seu parceiro podem ter tudo o que duas pessoas precisam para ser felizes, mas, por não terem a presença dele, nada do que possuem pode lhes trazer felicidade.

O maior segredo de um casal feliz é nunca se esquecer de Jesus!

2. NÃO ESQUEÇA O COMPROMISSO

Eu já disse e repito: o casamento não é para ver no que vai dar, é para fazer dar certo. E, para isso, é necessário que o casal se esforce muito e coloque o compromisso que assumiram entre si acima dos seus sentimentos. Pode ser que vocês enfrentem situações difíceis e "sintam" que devem se separar, ou pode acontecer que vocês se "sintam" atraídos por outra pessoa ou "sintam" que o sentimento está acabando. Mas vocês não devem esquecer que a Bíblia diz que nosso coração é enganoso e, por isso, não dá para tomar decisões com base em sentimentos momentâneos. Momentos passam, mas as escolhas erradas que fazemos podem deixar marcas permanentes e dolorosas.

Por esse motivo, nunca — especialmente depois de casados — tomem decisões baseadas nos sentimentos. Fundamentem suas decisões na Palavra de Deus e estejam sempre prontos para colocar o compromisso de fazer dar certo acima dos seus sentimentos e desejos.

3. NÃO ESQUEÇAM O DIÁLOGO, O RESPEITO E O PERDÃO

Não existem receitas mágicas ou milagrosas para o sucesso no relacionamento, mas estas três coisas, diálogo, respeito e perdão, podem ajudar você e seu parceiro a evitar ou resolver qualquer problema que possa surgir no relacionamento. Frases simples como: "Você é tão importante para mim, vamos conversar para resolver o que está te chateando?"; "Não concordo com você, mas te respeito"; ou "Não gostei do que você fez, mas te perdoo" podem mudar qualquer situação e auxiliar vocês a superarem as dificuldades de maneira inteligente. Sem diálogo, respeito e perdão, dificilmente um relacionamento sobreviverá. Portanto, para que seu relacionamento dê certo e seja feliz, nunca esqueça essas três coisas.

4. NÃO SE ESQUEÇA DE FAZER AS COISAS QUE VOCÊ FAZIA NO COMEÇO

Quando conhecemos uma pessoa, fazemos tudo para agradá-la e conquistá-la. Descobrimos o que ela gosta de fazer e tentamos encontrar o máximo de coisas em comum para que tenhamos um bom relacionamento. Muitas pessoas cativam seus parceiros com gestos de amor e carinho, mas, depois que se acostumam com a presença deles, param de fazer tudo o que fizeram para conquistá-los.

Isso é um erro grave.

Não dá para ser uma pessoa antes de casar e outra depois do casamento. Não é correto conquistar alguém fazendo determinadas coisas e depois simplesmente mudar. A pessoa com quem você se relaciona está se casando com você justamente porque você faz essas coisas. Por isso, deixar de fazê-las pode colocar seu relacionamento em sério risco.

Há uma forte exortação de Jesus Cristo à igreja de Éfeso sobre isso em Apocalipse. Jesus diz à igreja: "Tenho, porém, contra ti que deixaste o teu primeiro amor. Lembra-te, pois, de onde caíste e pratica, [...] as primeiras obras" (Ap 2.4-5). As palavras de Jesus dirigidas à igreja de Éfeso mostram que não podemos nos acostumar com as pessoas a ponto de deixar de fazer as coisas que fizemos para cativá-las.

Para que um relacionamento possa dar certo, é preciso que estejamos dispostos a conquistar a mesma pessoa todos os dias, e, para isso, além de surpreendê-la fazendo coisas novas, também devemos manter as práticas que fizeram com que ela nos escolhesse.

5. NÃO ESQUEÇA TODO O BEM QUE O OUTRO LHE FEZ SÓ PORQUE ELE DEIXOU DE LHE FAZER O BEM EM ALGUM MOMENTO

Um rei estava para se casar e, após ter visto muitas pessoas do seu convívio terem seus casamentos destruídos, procurou a pessoa mais sábia do reino e pediu-lhe um conselho que pudesse ajudá-lo a ter um casamento feliz e duradouro. O sábio disse que não existia nada que ele pudesse dizer para que isso fosse possível. O rei ficou muito nervoso por ter perdido a viagem indo até o tal sábio. Por isso, com medo de que seu casamento acabasse, como os demais que ele conhecia, colocou o sábio contra a parede, com a espada encostada na garganta dele, e disse: "Você tem até a noite anterior ao meu casamento para me dar esse conselho. Quero escrevê-lo em quadros e espalhar pelo castelo. Assim, toda vez que eu ou minha esposa estivermos

chateados um com o outro ou quando pensarmos em nos separar, poderemos ver um desses quadros, voltar a ficar felizes e
desistir da separação. Se você não for capaz de fazer isso, vou
matar você com minhas próprias mãos".

Aquele sábio ficou perturbado e, com medo de morrer,
começou a entrevistar pessoas para saber o que elas faziam
para lidar com suas frustrações e voltar a ser felizes. Foi então
que ele chegou em uma casa onde havia dois idosos que já
estavam casados há mais de sessenta anos. Ele estava convicto de que, se descobrisse o segredo daquele casal, poderia
ajudar o rei com o conselho de que ele precisava. O sábio fez
apenas quatro perguntas para o casal. A primeira pergunta foi:
"Quem de vocês é o mais feliz?". Os dois logo responderam
que ambos eram felizes, mas, se tivessem de escolher apenas
um deles, certamente o homem era o mais feliz. A segunda:
"Ao longo de todo o tempo em que vocês estão juntos, quem
teve mais motivos para ficar triste um com o outro?". Antes
que a mulher pudesse falar qualquer coisa, o homem a interrompeu e disse: "Eu era muito cabeça-dura na minha juventude, demorei para mudar e, por isso, ela teve mais motivos para
ficar triste em todo o nosso casamento". Então, o sábio olhou
para aquele homem e fez a terceira pergunta: "O que mais o
deixa feliz no casamento?". Ele abraçou sua esposa e respondeu: "O que mais me deixa feliz é lembrar tudo de bom que ela
fez por mim". E, por último, ele perguntou à mulher: "O que a
senhora fez para superar todas as tristezas do casamento?".
Ela olhou para o marido e disse: "Toda vez que ele me deixava
triste, eu olhava para ele e sabia que poderíamos ser muito felizes como somos hoje, por isso, eu respirava fundo e pensava:
isso vai passar!".

O sábio encerrou a entrevista, agradeceu ao casal por terem lhe dado aquele tempo e por todo ensinamento através daquilo que lhe falaram. Ao sair dali, o sábio foi logo se reunir com os pintores particulares do rei e mandou que eles escrevessem a seguinte frase no quadro: "Para que um casal se sinta feliz, cada um nunca deve esquecer todo o bem que o outro já lhe fez, e, quando um ficar triste um com o outro, a ponto de não encontrar nenhum motivo para ficar feliz, deve respirar fundo e pensar: isso vai passar!".

O rei ficou impressionado com o que o sábio descobriu e mandou fazer vários quadros para dar aos seus amigos e aos súditos mais próximos. Assim, toda vez que ele estava triste com sua esposa ou ela com ele, eles se deparavam com um dos quadros, se lembravam do quanto um fazia o outro feliz e entendiam que a tristeza era momentânea e, certamente, iria passar.

Esse conselho ainda é muito importante em nossos dias, e nós não podemos esquecê-lo. Afinal, existirão momentos em que vocês e o que sentem um pelo outro serão provados, vocês terão dificuldades para demonstrar amor um pelo outro, e nesse caso, o amor pode não ser suficiente. Haverá ocasiões em que um vai magoar e fazer o outro se sentir mal. E, se isso acontecer (ou quando isso acontecer), vocês podem ser tentados a pensar: "Ele só me faz mal, só me machuca e só me faz sofrer". Pode ser que essas coisas lhe pareçam muito verdadeiras quando você estiver triste ou nervoso. Mas, se você esperar esses sentimentos passarem, respirar e pensar um pouco, vai perceber que esses pensamentos não são verdade. Sim, basta você fazer o exercício de trazer à memória aquilo que pode lhe dar esperança. Você deve se lembrar das coisas boas que vocês viveram juntos, tudo de especial que o outro lhe fez e pensar: "É só um momento, vai passar! Eu tenho mais razões para ser feliz e permanecer ao lado dele do que para me separar".

ATIVIDADE DO DIA

MOTIVO DE ORAÇÃO

Ore para que Deus não permita que os momentos difíceis que você pode enfrentar ao lado da pessoa que ama (ou ao lado da pessoa com quem você se casará no futuro), apaguem todo o bem que ela já lhe fez ou que ainda pode fazer.

NAMORADOS

Pensem sobre tudo o que aprenderam neste capítulo. Conversem sobre aquilo que vocês não podem esquecer. Escrevam e imprimam o conselho do sábio e coloquem ao lado de uma foto de vocês. Deste modo, vocês poderão se lembrar de todos os motivos que os fizeram escolher um ao outro e, quando estiverem tristes, serão lembrados de que a tristeza vai passar.

SOLTEIROS

Esteja pronto para tratar dessas coisas que não devem ser esquecidas em seu futuro relacionamento e, quando encontrar alguém, não se esqueça do conselho do sábio. Concentre-se no bem que a pessoa lhe faz, acredite que a tristeza vai passar e que, com a ajuda de Deus, vocês serão muito felizes.

CONCLUSÃO

Se você percorreu o livro todo e agora está lendo minhas palavras finais, acredito que está se sentindo muito feliz por ter chegado até aqui. E quero muito que você saiba que também estou contente. Sim, eu estou muito feliz por você. Acredito tanto no poder dos princípios da Palavra de Deus expostos neste livro que tenho certeza de que, mesmo que você não tenha concordado com tudo o que leu, certamente aprendeu bastante.

Saber que agora você pode usar todo o conhecimento que adquiriu por meio deste livro para que seu relacionamento (ou futuro relacionamento) se torne um namoro com propósito no centro da vontade de Deus e, mais tarde, possa se transformar em um casamento firme e inabalável na presença de Deus me deixa muito feliz.

Por isso, o desejo mais profundo do meu coração é que, depois de ter lido este livro, você tenha entendido que o namoro com propósito não é só uma página nas redes sociais, um ministério, um congresso ou só um casal (eu e Michele). O namoro com propósito é muito mais que isso, e todo solteiro que escolheu ter uma vida com propósito ou todo casal que deseja que seu relacionamento esteja baseado nos princípios da Palavra de Deus fazem parte do namoro com propósito.

Você não está sozinho!

Existem milhões de jovens que, como você, escolheram viver para a glória de Deus. E acredito que, em tempos de profunda devassidão e perversão sexual, Deus está levantando uma geração que viverá os princípios de pureza e de relacionamento em santidade de maneira radical.

Por isso, oro para que, após a leitura deste livro, você sinta Deus convidando-o para uma vida de pureza radical e para ter um relacionamento em santidade. Peço ao Senhor para que você que está solteiro encontre alguém que esteja disposto a viver para a glória de Deus ao seu lado e a praticar tudo o que você leu neste livro.

E oro para que você, que está em um relacionamento e pretende seguir em direção ao casamento, possa construir um matrimônio que sirva de inspiração para os jovens da sua igreja, cidade e até mesmo para as pessoas da sua geração.

Com o coração cheio de esperança e gratidão a Deus por sua vida e por tudo o que você vai viver na sua vida sentimental, por escolher caminhar de acordo com a vontade de Deus, eu oro por você, por seu relacionamento, por seu futuro casamento e por sua futura família e o abençoo com a bênção sacerdotal ministrada por Arão sobre o povo de Israel: "Que o Senhor os abençoe e os guarde; que o Senhor os trate com bondade e misericórdia; que o Senhor olhe para vocês com amor e lhes dê a paz" (Nm 6.24-26).

SOBRE O AUTOR

Júnior Meireles é teólogo, pós-graduado em terapia familiar, professor de diferentes disciplinas em graduação, pós-graduação e licenciatura no grupo Faveni e autor de dez livros sobre relacionamento para solteiros, namorados, noivos e casados.

Conheça outras obras da GOD books

SEXO E SANTIDADE

Em tempos de grande confusão sobre a sexualidade sadia, muitos cristãos acabam imersos em questionamentos sobre como lidar com essa área de sua vida sem negociar a fidelidade a Deus. É possível extrair o máximo de prazer do sexo sem acabar imerso em pecado e culpa? Como podemos ter uma vida sexual plena, intensa e prazerosa diante de nossas inclinações e de uma sociedade que questiona incessantemente o sexo bíblico? É o que Augustus Nicodemus responde em *Sexo e santidade*.

DEUS UNE PROPÓSITOS

O objetivo deste livro é fazer com que você entenda a importância de descobrir e cumprir o propósito de sua vida. E não só isso: em *Deus une propósitos*, você vai compreender o quanto é importante descobrir qual é sua missão na terra antes de iniciar um relacionamento e antes de entregar seu coração a alguém. Aceite o desafio, embarque nessa jornada e tenha certeza de que este livro será muito útil para sua vida!

A CURA DA SOLIDÃO

Estatísticas e pesquisas científicas mostram que há uma pandemia de solidão em curso, que faz vítimas, inclusive, entre cristãos. Fato é que existem, até mesmo nas igrejas, multidões que sofrem, silenciosamente, com as dores da solidão. A boa notícia é que esse mal tem cura e ela está ao alcance de quem sofre do problema e de todo aquele que deseja contribuir para a cura dos solitários, como mostra Maurício Zágari em *A cura da solidão*.

CASAMENTO COMEÇA NO NAMORO

Este livro foi escrito com a missão de alertar os solteiros sobre a importância do namoro e sobre uma série de assuntos pertinentes ao casamento, que devem ser definidos antecipadamente — no namoro e no noivado. Afinal, é nessas fases que o casal tem de estabelecer a base para um casamento feliz e que dure a vida toda. Quem deixa para depois, acreditando que é possível viver o casamento sem uma preparação adequada, corre o sério risco de viver infeliz e ver seu relacionamento ser destruído.

10 MANDAMENTOS DO NAMORO COM PROPÓSITO

Se você deseja ter um relacionamento de sucesso do namoro ao casamento, esta é uma leitura imprescindível. Este livro é um manual sobre princípios bíblicos para um relacionamento que glorifica a Deus. Quem deve ler? Quem está sozinho e quer aprender para não errar em um futuro relacionamento e quem está namorando, pois a prática de princípios descritos neste livro aproximará o casal de Deus e tornará o relacionamento muito mais forte e saudável.

NAMORO IDIOTA, TÔ FORA!

Você sabe o que é um namoro idiota? Talvez não saiba, mas, se você já namorou e não deu certo, é provável que seu namoro tenha sido aquilo que o autor Júnior Meireles chama de "namoro idiota". O objetivo é que, ao final da leitura deste livro, você entenda que é melhor esperar o tempo de Deus e receber a recompensa da fidelidade do que ficar encalhado ao lado da pessoa errada.

EIS-ME AQUI

Qual é o plano de Deus para a minha vida? O que devo fazer para cumprir os propósitos divinos para mim? Perguntas como essas costumam incomodar profundamente os cristãos. Jesus deixou claro que todos recebemos chamados para a obra de Deus e transmitiu uma série de ensinamentos valiosíssimos para quem deseja servir, com diligência e obediência, à sua vocação. Partindo dessa constatação, o livro *Eis-me aqui!* aponta para o cumprimento dos planos divinos na vida de cada leitor.

O IMPÉRIO DO AMOR

A leitura deste livro extraordinário oferece muitos frutos a quem deseja viver de acordo com o coração de Deus. Esta obra remete a um profundo senso de temor ao Senhor, piedade e devoção ao próximo, e chama o leitor a uma reflexão necessária e transformadora sobre o papel do amor bíblico na vida do cristão. Se você é daqueles que entendem que o amor é a força mais poderosa e transformadora do mundo, *O império do amor* é uma leitura imprescindível.

UNIDOS PELO SANGUE

Dois irmãos gêmeos vivem em unidade perfeita, até o dia em que seu pai, o poderoso Isten, os envia na missão mais importante de sua vida. É a oportunidade ideal para que o arqui-inimigo Hostium execute sua vingança mortal. A ficção cristã *Unidos pelos sangue* mistura aventura, romance, muita adrenalina e ensinamentos preciosos, em uma trama alucinante. Prepare-se para acompanhar a saga dos filhos de Isten e descobrir o poder da unidade, da fraternidade e do amor que Jesus tanto ensinou.

DÄMMERUNG

Basta uma decisão errada. Um momento, um erro, um pecado... e todo o rumo de nossa vida é terrivelmente afetado — e, também, o das pessoas que amamos. Mas será que existem meios de alterar os caminhos equivocados pelos quais decidimos andar, a fim de encontrar paz, felicidade e redenção? É o que você descobre em *Dämmerung*, esta obra tocante e transformadora, que segue a tradição de grandes autores de ficção, como C. S. Lewis, J. R. R. Tolkien e John Bunyan.

Adquira: www.godbooks.com.br
Siga-nos nas redes sociais: @editoragodbooks

Este livro foi impresso pela Lis gráfica, em 2022, para a Thomas Nelson Brasil.

O papel do miolo é pólen soft 80g/m², e o da capa é cartão 250g/m².